Heinz von Hobe
Oberst d.R. a.D.

Morgen wird es besser

Verhöhnung, Vertröstung oder Anlaß zur berechtigten Hoffnung

Preußischer Militär-Verlag

Das Verlagssignet stellt die Stickerei auf den Aufschlägen des Waffenrocks der preußischen Generale gar, zurückgehend auf die Stickerei an den Offizierröcken des friderizianischen Infanterieregiments Alt-Latisch Nr. 26. Seine Majestät der Kaiser und König, Wilhelm II., bestimmt per A.K.O. vom 22. März 1900:

„Ich will heute, am Geburtstage Meines unvergeßlichen Herrn Großvaters, des Großen Kaisers und Königs Majestät, den Generalen Meines Heeres durch Verleihung einer Auszeichnung auf dem Kragen und den Aufschlägen des Interimwaffenrockes einen erneuten Beweis Meiner Königlichen Gnade zu Theil werden lassen. Ich habe hierzu die Stickerei bestimmt, welche von dem Regimente Alt-Larisch getragen worden ist, einem Truppenteil, der sich im Siebenjährigen Kriege unvergänglichen Ruhm erkämpft und auf seinem letzten Waffengange des Preußischen Namens sich würdig gezeigt hat."

CIP-Titelaufnahme der Deutschen Bibliothek

Hobe, Heinz von

„Morgen wird es besser" : Verhöhnung, Vertröstung oder Anlaß zur berechtigten Hoffnung / Heinz von Hobe. - 5. Aufl., 3.-5. Tsd. - Reutlingen : Preuß. Militär-Verl., 1989

ISBN 3-927292-01-X

Printed in Germany

ISBN 3-927292-01-X

Druck und Binden: J. Ebner, Graphische Betriebe, Ulm

Inhalt

Vorwort

Damals hieß es: „Morgen werdet Ihr Brot, Zucker, Fisch und Zigaretten erhalten."

„Morgen werdet Ihr Post und Pakete aus der Heimat erhalten."

„Morgen werdet Ihr Kriegsgefangenen nach Hause fahren!"

Heute sagen wir: „Morgen werde ich mich bessern."

„Morgen werde ich neu anfangen!"

Morgen: „Ja, morgen wird unser Leben zu Ende sein!"

Gedanken mit denen wir fast täglich konfrontiert wurden und werden. Was wäre aus uns Kriegsgefangenen geworden, wenn nicht die Hoffnung Tag und Nacht unser Begleiter gewesen wäre?

Was wird aus uns morgen, ohne Glaube, Hoffnung und Liebe?

In den langen Jahren des Wartens, des Hoffens, Heimwehs, und ich möchte fast sagen, des Hinvegetierens, wo wir oft Stunden, ja Tage und Wochen untätig saßen, lagen und standen, wo viele nur über Essen und Trinken oder sonstigen Unsinn sprachen, habe ich das Schweigen und Grübeln – vielleicht würde man heute sagen, das Meditieren – gelernt. Das Schweigen hatte seine Vorteile, wußte man doch leider nie, ob das Gesagte nicht in Kürze bei dem Kommissar auf dem Tisch lag. Schon damals faßte ich den Entschluß, meine Erlebnisse einmal zu Papier zu bringen. Schreiben war in den Lagern nicht gerne gesehen. Wer schrieb, war verdächtig! Trotzdem begann ich im Rahmen des Möglichen mit Aufzeichnungen. Papier gab es in den ersten Jahren nicht, einen Tisch zum Schreiben hatte ich nicht. Tinte gab es auch nicht. Aus abgeschabten Kopierstiften wurde sie hergestellt. Die Feder tauschte ich ein, gegen Brot.

Leere Zigarettenschachteln, schmutziges Packpapier aus der Küche oder aus den Papierkörben der Russen wurde geglättet. Im dritten Stock der Pritsche, auf den Knien, beschrieb ich mein Erlebnis seit der Gefangennahme. Das Geschriebene lernte ich auswendig. Auf Anraten meiner Kameraden habe ich die Unterlagen nach einiger Zeit vernichtet, um mich nicht in Gefahr zu begeben.

Da ich nichts von dem Erlebten vergessen wollte, habe ich gleich nach meiner Heimkehr im Januar 1954 alles, was ich noch wußte, in nüchterner Form, so wie mir der Schnabel gewachsen war, niedergeschrieben.

Zwei Dinge hielten mich davon ab, meine Erinnerungen zu veröffentlichen:

1. War ich der Meinung, daß über die Gefangenschaft schon sehr viel geschrieben wurde, von Leuten, die eine bessere Feder führten und vielleicht auch mehr erlebt hatten als ich.

2. Hatte ich nach meinem Wiedereintritt in das Berufsleben keine Zeit, stand ich doch 43jährig mit Frau und 4 Kindern vor einem Nichts. Heute lebe ich sozusagen im Ruhestand. 26 Jahre vergingen seit meiner glücklichen Heimkehr. Ich habe eine reiche Berufserfahrung sammeln können und trage eine besondere Verantwortung für meine nunmehr große Familie, mit 4 erwachsenen Kindern und 11 Enkeln.

Die politische Situation ist sehr unerfreulich, sie erfüllt uns alle mit Sorge und stellt uns fast täglich vor neue Rätsel. Mein Bericht könnte vielleicht zum Nachdenken anregen und zum besseren Verständnis mancher politischer Vorgänge beitragen. Das teuflische System, dem wir Kriegsgefangenen, Verschleppten, aber auch die eigenen Sowjetbürger damals ausgeliefert waren, hat sich nicht geändert. Zahlreiche politische Ereignisse in der Sowjetunion und in den Satellitenstaaten bestätigen im Großen, was wir fast täglich im Kleinen erlebten. Durch das Kriegsgefangenenproblem sind seinerzeit Millionen von Menschen in der ganzen Welt wachgeworden.

Sie haben erfahren, daß es Menschenrechte für Kriegsgefangene kaum gab. Noch heute werden die Menschenrechte in den Ostblockstaaten und vielen Ländern der Welt mit Füßen getreten.

Zum besseren Verständnis meiner folgenden Ausführungen stelle ich dem Bericht aus der Gefangenschaft drei Kapitel über meine Jugend und meine Soldatenzeit bis zum Tage der Gefangenschaft voraus.

Zeittafel

Geburt	25.4.1911 in Ohrfeld, Kreis Flensburg
Abitur am	25.3.1930
Diensteintritt am	1.4.1930
Kriegsbeginn am	1.9.1939
Generalstabsdienst ab	1.1.1941 (1. Kavalleriedivision und später 24. Panzerdivision)
Stalingrad	25.10.1942
XXXXI. Pz.Korps	1.1.1943 (Mittelabschnitt)
340. Inf.Div.	13.2.1944 (Abschnitt Nordukraine)
Aus dem Kessel von Kamionka Strumilowa	16.7.1944 (ausgebrochen)
Gefangennahme	21.7.1944
Kriegslazarett bis	5.8.1944
Gefängnis in Moskau	5.8. bis 9.11.1944
Lager 27	9.11.1944 bis Juni 1945
Lager Kloster Susdal bei Wladimir	Juni 1945 bis Juli 1946
Lager Oranki und Monasyrka	Juli 1946 bis November 1949
Gefängnis Nr. 1 in Gorki	November 1949 bis Mai 1950

Verurteilung am	23.11.1949
Lager Brjianka	Mai 1950 bis Oktober 1951
Lager Krasnopolje	Oktober 1951 bis August 1952
Lager Gunderowka	August 1952 bis Dezember 1953
Heimkehr	2.1.1954
Landwirt auf Gut Ohrfeld	1.7.1955 bis 1.5.1962
Referent für Wehrfragen in Kiel	1.5.1962 bis 1.5.1967
Beforderung zum Oberst d. Res.	28.10.1965
Caritasdirektor in Kiel	1.5.1967 bis 30.4.1977
Bürgermeister in Gelting seit	20.4.1978

I.
Meine Jugend

Am 25.4.1911 eines Jahres, in dem ein Jahrhundertwein geerntet wurde, erblickte ich, als drittes von neun Kindern, auf dem Gute Ohrfeld, in dem damaligen Kreis Flensburg, das Licht der Welt. Unsere Familie stammte ursprünglich aus Mecklenburg, wo sie im Jahre 1278 erstmalig erwähnt wird. Seit dem Beginn des 19. Jahrhunderts sind die Hobes in Schleswig-Holstein auf dem Gute Gelting ansässig. Seit 1812 ist dieser Zweig der Familie katholisch.

Mein Vater kaufte im Jahre 1908 das Gut Ohrfeld, auf dem ich geboren wurde. Er war ein passionierter Landwirt, Jäger, Reiter und Soldat. Sein Leben war getragen von einem tiefen unerschütterlichen Glauben, von einer großen Liebe und Fürsorge für seine Frau und seine Kinder und die ganze Familie. Das Wohlergehen der Arbeiter und Angestellten des Hofes war ihm jederzeit ein besonderes Anliegen. Mein Vater war bescheiden in seinen Ansprüchen, unendlich fleißig, stets bestrebt,

Ungerechtigkeiten zu vermeiden, immer hilfsbereit gegenüber allen Menschen in Not. Seinem Fleiß, seiner Anspruchslosigkeit und seinem Sinn für die Praxis ist es zu verdanken, daß unser Gut Ohrfeld, trotz großer finanzieller Schwierigkeiten, der Familie erhalten blieb und alle neun Kinder etwas wurden. Er erzog uns mit großer Strenge. – Meine Mutter, aus einem Koblenzer Bankhaus stammend, war von rheinischem Temperament, musikalisch, belesen und sprachgewandt. Unsere Eltern führten eine vorbildliche Ehe. Sie ergänzten sich prächtig. Kurz gesagt, wir hatten eine glückliche Jugend und die für die Entwicklung des Kindes so wichtige Nestwärme. Unter uns Geschwistern herrschte – und herrscht auch heute noch – volles Einvernehmen.

Mit 4 Jahren erkrankte ich plötzlich an der spinalen Kinderlähmung, die während des ersten Weltkrieges häufig auftrat. Ich war linksseitig gelähmt. Nach einem Jahr, in dem mein linkes Bein geschient war, wurde ich dank der hervorragenden Behandlung, dieser damals meist unheilbaren Krankheit, wieder gesund. Meine Gesundheit war zunächst schwächlich, ich war anfällig und sah immer erbärmlich aus. In schlechtester Erinnerung habe ich die Bemitleidung „der arme Kleine" und ähnliche Worte, die ich immer wieder hören mußte. Meine sportlichen Leistungen blieben hinter denen anderer Kinder zurück, was mich deprimierte, aber auch anspornte, mit Geduld an mir zu arbeiten. Schwimmen, Laufen, Reiten und Jagen waren meine Passionen. Mit 13 Jahren kam ich in das Internat des Benediktiner-Klosters Ettal in Oberbayern, wo mein älterer Bruder bereits die Bewährungsprobe bestanden hatte. Er war ein Musterschüler und wurde mir als Vorbild hingestellt. Das fand ich gar nicht schön. Nach anfänglichen Schwierigkeiten und einer „Pause" in der Obertertia schaffte ich 1930 das Abitur.

In Ettal wurde die Erziehung unseres Elternhauses in gewisser Weise fortgesetzt. Wir waren bescheiden, an Ordnung gewöhnt, mußten uns fügen, lernten, auf andere Rücksicht zu nehmen. Bergtouren mit harten Anforderungen waren meine besondere Freude. Sonnenaufgänge auf der Spitze der Berge sind unvergeßliche Eindrücke. Ich war gerne in diesem Internat und fühle mich noch heute mit Ettal eng verbunden.

Die Berufswahl hat mich in den letzten beiden Jahren der Schulzeit sehr beschäftigt. In die enge Wahl kamen:

Ingenieur, Geistlicher, Offizier, Landwirt. Die Kosten eines längeren Studiums konnten meine Eltern mit neun Kindern und einem in den 30er Jahren um seine Existenz ringenden landwirtschaftlichen Betrieb nicht aufbringen. Als Erbe des Hofes kam ich nach dem Höferecht und dem Testament meines Vaters nicht in Frage. Die Passion für den Soldatenberuf steckte in unserer Familie. Auch damals waren mehrere Verwandte als Offiziere in der Reichswehr. Mein älterer Bruder, schon auf der Schule mein Vorbild, war bereits 1927 in das Art.Regiment 6 eingetreten und schien mit seinem Beruf zufrieden zu sein. Ich entschloß mich also für den Soldatenberuf und bewarb mich bei der Marine, die mir als Anwohner der Ostsee von Kindesbeinen an vertraut war. Mein Onkel, damals Stationschef der Nordsee in Wilhelmshaven, freute sich und versprach mir zu helfen. Die Rechnung war aber ohne den Wirt gemacht. Mein Vater, der seine Zustimmung geben mußte, da ich noch nicht volljährig war, sagte: „Nein". Er meinte, ich sei für diese Waffengattung nicht geeignet. Außerdem bestand in der Familie noch ein Vorurteil gegen die Marine, weil Matrosen 1918 in Kiel die Revolution begonnen hatten. So kam es dann, daß ich nach einigen Schwierigkeiten in dem 6. Preuß.Art.Reg. als Fahnenjunker angenommen wurde. In dem Hunderttausendmann-Heer durfte jedes Art.Reg. nur 4 Fahnenjunker einstellen. Mein Dienst begann am 1.4.1930 als Kanonier in der A. Batterie Hannover.

II.
Ich bin Soldat

Wir waren also 4 Offizieranwärter, die am 1.4.1930 den Dienst bei der Ausbildungsbatterie in Hannover antraten. Man nannte uns, wie alle Rekruten „Kanoniere". Die Unteroffiziere, vor allem der „Spieß", legten großen Wert darauf, daß wir uns nicht Fahnenjunker oder Offizieranwärter nannten.

Sechs Monate blieben wir in dieser Einheit. Den normalen Dienst der Rekruten machten wir mit, mit allen Härten. Zusätzlich erhielten wir eine eigene Reitstunde und Unterricht durch unseren Fähnrichsvater Oberleutnant H.. Was er uns bot, war mäßig. Außer Dienst kümmerte er sich kaum um uns. Nach 3 Monaten durften, oder besser mußten, wir mit den Offizieren in das Kasino gehen oder mit dem Rad dorthin fahren.

Am 1. Oktober wurden wir Gefreite. Es folgte ein Unteroffizier-Lehrkommando in Minden in Westfalen, welches 6 Monate dauerte. Die schärfsten Unteroffiziere waren unsere Ausbilder und wir wurden geschliffen bis zum äußersten. Dazu schikanierte mich mein Unteroffizier besonders, weil er merkte, daß ich schwächer war als die anderen. Unsere 2 Offiziere wußten um diese Dinge und duldeten sie. Unser Chef ließ sich selten sehen und kümmerte sich um nichts. Nur im Kasino und bei der Schlußbesichtigung trat er in Erscheinung.

Im Herbst 1931 Beförderung zum Unteroffizier und ein Kommando zur Infanterieschule in Dresden für 9 Monate. Hier wurde uns dienstlich und privat sehr viel geboten. Es war eine herrliche Zeit. In unserem Jahrgang herrschte eine vorbildliche Kameradschaft, die unter den Lebenden noch heute besteht.

Dem Lehrgang in Dresden folgte ein Kommando zur Art.Schule in Jüterbog bei Berlin. Hier wurden wir erst richtige Artilleristen. Es erwachte die Leidenschaft für das Schießen mit unseren guten Geschützen. Meine schon lange bestehende Reitpassion wurde ein Jüterbog besonders gefördert. Meine Leistungen verbesserten sich ständig, da ich das Glück hatte, auf einem besonders guten Pferd zu reiten. Die freien Wochenenden verbrachte ich in Berlin, bei Verwandten und Freunden. In diese Zeit fiel der 30. Januar 1933, an dem Adolf Hitler die Macht übernahm. Durch meine Bekanntschaft mit der Familie von Papen hatte ich das Glück, den Zapfenstreich und die Begeisterung der Berliner am 30.1. abends zu erleben. Im März konnte ich an einem Empfang im Hause Papen teilnehmen, bei dem ich Adolf Hitler vorgesellt wurde. Es waren aufregende Minuten.

Am 1.8.1933 wurden wir zum Leutnant befördert. Unsere Freude war übergroß und wir feierten 3 Tage. Ich war wieder in Hannover gelandet. Aufgrund meiner gut beurteilten reiterlichen Kenntnisse, durfte ich morgens zwischen 5 und 6 Uhr auf der Rennbahn ein Pferd trainieren. Auf Wunsch meines Batterie-Chefs, Hauptmann J., gab ich den Rennsport im Oktober wieder auf, um mich in Zukunft der Dressur, dem Springen und der Vielseitigkeitsreiterei zu widmen. Dieser Chef förderte mich auf allen Gebieten und war mir ein väterlicher Freund. Im Herbst 1934 schenkte Hauptmann J. mir seine Einladung zum Reichsparteitag in Nürnberg, Reise 1. Klasse und Unterbringung im besten Hotel, Abholung zu jeder Veranstaltung. Für mich, als jungen Offizier, waren dies gewaltige Eindrücke.

Am 1.10.1934 trat ich die Stelle des Abteilungsadjutanten in Münster an. Mit beiden Kommandeuren, die ich in dieser Stellung erlebte, verband mich eine echte Freundschaft. Im März 1936 marschierten wir als erste Einheit in das bisher entmilitarisierte Rheinland ein. Meine neue Garnison war Düsseldorf. Der Jubel der Bevölkerung war ungeheuer. Im April habe ich in Hannover geheiratet. Zu meiner großen Freude wurde ich – auf Grund der mehrjährigen guten Turniererfolge auf allen nordwestdeutschen

Plätzen – am 1.10. auf die Reitschule Hannover kommandiert. Es folgte ein schönes, sportliches und kameradschaftliches Jahr. Im August 1937 durfte ich als Schiedsrichter zu dem großen Manöver des I. Korps fahren und lernte das herrliche Land Ostpreußen kennen und lieben. Nach Beendigung meines Kommandos auf der Reitschule, folgte die Ernennung zum Batteriechef in Aachen. Die schönste Verwendung eines jungen Offiziers! In diese Zeit fiel die Wehrkreisprüfung, durch die die zukünftigen Generalstabsanwärter ausgewählt wurden. Meine Vorgesetzten ließen mir keine Zeit für die ein halbes Jahr dauernde Vorbereitung. Ich bestand die Prüfung nicht. Am 20.4.1939, kurz vor der Parade zu Ehren Adolf Hitlers, wurde mir meine Beförderung zum Hauptmann mitgeteilt.

In Aachen zeigten sich erstmals politische Spannungen innerhalb des Offizierkorps. Die jüngeren Reserveoffiziere, die im Zivilberuf politisch gebunden waren, trugen dazu bei. Ich wurde von einem dieser Leute als Reaktionär angezeigt und wäre vor ein Gericht gekommen, wenn nicht General von Kluge und mein Regimentskommandeur die Sache niedergeschlagen hätten. Die Entlassung des Generaloberst Freiherrn von Fritsch und anderer Generale verstimmte uns alle sehr und dämpfte vorhandene Begeisterung für Hitler und seine Gefolgsleute. Auch die in Aachen besonders stark hervorgetretenen Ereignisse aus der Kristallnacht stimmten uns bedenklich.

Obwohl seit dem Herbst 1938 ständig von einem bevorstehenden Krieg gesprochen wurde, waren wir zutiefst betroffen, als alle Offiziere, aufgrund der Mobilmachung am 1.9.1939, von dem Aachener Turnier abgerufen wurden. Diese Betroffenheit galt für uns Soldaten wie für unsere Familien. Meine Frau, die gerade das zweite Kind erwartete, wurde mit vielen anderen Frauen aus Aachen evakuiert und fuhr nach Hannover zu ihren Eltern. Ob wir uns damals alle des Ernstes der Situation bewußten waren? Ich sicher!

III.

Im Krieg

Meine erste Mobilmachungsverwendung war die Stellung als Regimentsadjutant des Art.Reg. 253, welches als zweite Welle in Düsseldorf aufgestellt wurde. Die Mobilmachungskalender waren gut vorbereitet. Alles klappte wie am Schnürchen. Die ersten 8 Tage gab es kaum Schlaf, zumal die Verantwortung auf meinen Schultern lag. Der neue vorgesehene Regimentskommandeur war noch nicht eingetroffen. Nach Beendigung der Aufstellung marschierten wir an den Westwall, in die Gegend nördlich von Aachen. Unser Stab lag in dem kleinen Städtchen Erkelenz. Es folgten 3 Monate der Ausbildung und des Ausbaues am Westwall.

Im Februar 1940 wurde die Division in den Raum südlich von Aachen verlegt. Wir lagen sozusagen vor den Toren unserer eigenen Kasernen. Unsere evakuierten Frauen waren unterdessen zurückgekehrt. Am 1.4.1940 wurde ich in den Stab der 253. Infanteriedivision versetzt. Ich sollte mich durch diese Tätigkeit auf eine evtl. vorgesehene Generalstabsausbildung vorbereiten. In dem damaligen ersten Generalstabsoffizier der Division fand ich einen vorbildlichen, fleißigen und gewissenhaften Generalstabsoffizier, mit dem mich bis heute eine große Freundschaft verbindet. Unsere Frauen waren übrigens in Stolp auf der gleichen Schule gewesen, wie sich zufällig herausstellte. Am 10. Mai traten wir aus der Umgebung unserer Friedensgarnison Aachen – eine schwere Batterie stand unmittelbar vor unserer Haustür auf der Wiese – zum Einmarsch in Belgien an. Das war sicher eine einmalige Situation. Ein erstes Angriffsziel der Division war zufällig das Schloß eines entfernten Vetters. Besonders aufregend war der Kampf um Lille, in dessen erster Phase mein Divisionskommandeur, General K., für kurze Zeit in die Gefangenschaft der Franzosen geriet. An seiner Befreiung war ich persönlich beteiligt. Bei Beendigung der Kämpfe in

Frankreich lag unsere Division an der Loire. Die Freude über den Waffenstillstand wurde getrübt durch den Tod vieler Kameraden, unter denen bereits zwei Angehörige meiner Familie waren.

In diesen Tagen hatte ich erstmals die Gelegenheit Paris zu betreten. Trotz der leeren Stadt war ich begeistert. Die nächsten Monate verbrachte unsere Division in dem Département Châlons s.M.[1].

Auffrischung, Umorganisation und Auswertung der Erfahrungen und Neuaufstellungen waren unser Auftrag. Dazu Wiedereinrichtung der Zivilverwaltung. Im Zuge der geplanten neuen Stellenbesetzung war ich vorgesehen als Abteilungskommandeur einer bespannten leichten Artillerieabteilung. Auf diese Position durfte ich mich nur kurz freuen, da ich zur Kriegsakademie in Berlin kommandiert wurde, um an dem zweiten Kriegsgeneralstabslehrgang teilzunehmen.

Es folgten 3 Monate harter Arbeit, in dem nicht gerade gemütlichen Berlin, mit vielen Fliegeralarmen. Zu meiner großen Freude bestand ich den Lehrgang und durfte sogar einen Wunsch für meine zukünftige Verwendung äußern. Während des Weihnachtsurlaubs in Schleswig-Holstein erreichte mich die Versetzung in den Stab der ersten und einzigen Kavalleriedivision. Mein sehnlichster Wunsch war in Erfüllung gegangen.

Der dortige Divisionskommandeur, General F., war nicht so begeistert wie ich, weil er sich einen Kavallerieoffizier und keinen Artilleristen gewünscht hatte. Wir hatten uns aber nach kurzer Zeit so zusammengerauft, daß er seinen kleinen Kummer wohl vergaß. Die Division lag ostwärts von Warschau am Bug. Mehrfach hatte ich Gelegenheit, die damals noch fast unzerstörte schöne Stadt Warschau zu besuchen.

Am 22.6.1941 überschritten wir den Bug und gingen in mehr oder weniger Gewaltmärschen am rechten Flügel der 3. Armee durch die

[1] gemeint ist der Hauptort des Départements Marne: Châlons-sur-Marne

Oberstleutnant Strobel, Kdr.A.R. 340, im Gespräch mit Oberstleutnant i.G. Heinz von Hobe vor der gr. Offensive Nordukraine

Pribjet-Sümpfe vor. Unser erster Generalstabsoffizier, Major von M., war ein hervorragender, unermüdlicher, fleißiger und ideenreicher Lehrmeister für mich. Sein Wahlspruch, den er immer wieder vor Augen hatte, lautete, so weit ich mich entsinnen kann: „Vorwärtsdenken, vorwärtsschauen, vorwärtsreiten!". Danach wurde geplant, befohlen und gekämpft.

Das Offizierkorps konnte man, ohne überheblich zu sein, als eine Elite bezeichnen. Ein herrlicher Kampfgeist beseelte alle, bis zum letzten Gefreiten. Mensch und Pferd leisteten Ungeheures in diesen ersten Monaten des Rußlandfeldzuges. Aber Anfang Oktober war die Division weitgehend ausgeblutet. Es zeigte sich, daß ein berittener Verband für den weiteren Kampf in der Weite Rußlands nicht mehr geeignet war. Als im Oktober der Befehl kam, abzusitzen und die Pferde abzugeben, hat manches Reiterherz geblutet.

Unsere Division wurde in die Heimat verlegt, in wenigen Monaten umgerüstet und ausgebildet. Sie erschien bereits Mitte Mai 1942 als 24. Pz.Div. auf dem russischen Kriegsschauplatz, um an der Schlacht bei Woronesch teilzunehmen. Von dort führten die folgenden Kämpfe die Division über den Don in Richtung auf Stalingrad. Der Vorstoß begann am 12.8. und endete am 18.11. in der Mitte der großen Stadt. Ende Oktober sollte die Division herausgezogen werden, um an dem von Adolf Hitler befohlenen Vorstoß auf den Kaukasus teilzunehmen. Ich wurde als Vorkommando in die Gegend von Elisa, südlich der Kalmückensteppe, entsandt. Dort sollte die Auffrischung vorgenommen werden. Kaum war alles erkundet, wurde ich über Funk zurückgerufen. Die Lage in Stalingrad hatte sich so zugespitzt, daß an eine Herauslösung unserer Division nicht mehr zu denken war.

Anfang November wurde ich bei einem nächtlichen Fliegerangriff leicht am Kopf verletzt. Dann befiel mich eine so schwere Gelbsucht, daß ein Einsatz auf längere Sicht nicht mehr in Frage kam. Mein General schickte mich zum

Flugplatz; und ich wurde in die Heimat geflogen, um mich auszukurieren. Ich war dem General sehr dankbar für diesen Befehl, der mir vermutlich das Leben rettete. Wer konnte ahnen, daß ausgerechnet dieser Mann, 7 Jahre später in der Gefangenschaft, über mich Aussagen machen würde, die zu meiner Verurteilung führen mußten. Eine vorgesehene neue Verwendung im Stab der 6. Armee, bei Feldmarschall Paulus, konnte ich nicht mehr antreten.

Anfang Januar kam ich in den Abschnitt Mitte, als zweiter Generalstabsoffizier des XXXXI. Pz.Korps, bei dem ich einige Monate später erster Generalstabsoffizier wurde. Unser Armeeoberbefehlshaber war General Model. Mit diesem Korps erlebte ich schwere Kämpfe zur Frontbegradigung, einschließlich die Schlacht um Orel. Am 1.8.1943 wurde ich zum Oberstleutnant im Generalstab befördert. Januar 1944 entsandte man mich für 6 Wochen zu einer neu aufgestellten Artilleriedivision. Hier erlebte ich die Kesselschlacht um Charkow. Mein General, ein Bayer, der gerne aß, trank und rauchte und sehr bequem war, und ich, wurden plötzlich in die kleine Stadt Uman geschickt. Wenige Stunden nach unserem Eintreffen war die Stadt eingeschlossen und durfte, laut Führerbefehl, nicht geräumt werden. Es gelang uns, den Ort einige Tage zu halten, die Reste verschiedener Truppenteile zu sammeln, bis wir nach 3 Tagen, durch einen Angriff von außen, entsetzt wurden. Leider nutzte diese Aktion nichts, da die gesamte Front bereits wieder zurückgenommen war. Meine Tätigkeit bei dieser Artilleriedivision, die damals lediglich als Feuerwehr eingesetzt wurde und immer wieder Teile abgeben mußte, gefiel mir gar nicht.

Ich bat daher, ohne Wissen meines Divisionskommandeurs, bei der Armee, deren Oberbefehlshaber der mir aus Dresden bekannte General Hube war, um eine andere Verwendung. Schneller als erwartet, wurde meine Bitte erfüllt. Am 13. Februar – dem Geburtstag meiner Frau – mußte ich für den gefallenen ersten Generalstabsoffizier der 340. Inf.Div. eintreten. Ich kam so richtig in den Schlamassel hinein. Die Division in schwerem Kampf in der Gegen nördlich von Winniza, die einzelnen Verbände verstreut, große Ausfälle an Menschen und Gerät. Wir wurden fast täglich weiter zurückgedrängt. Es kam zur Schlacht um Brody. Immer wieder konnten wir einige Tage halten, dann ging es weiter zurück. Eine dieser Absetzungsbewegungen in den letzten Tagen wurde erschwert durch plötzlichen Schneefall und Frost. Etwa Mitte April bezog unsere Division eine Stellung in der Gegend nordostwärts von Lemberg. Hier sollten wir fast 3 Monate bleiben. Der Russe zog einen großen Teil seiner Truppen, vor allem Panzer und schwere Artillerie in den Mittelabschnitt. Im Mittelabschnitt bereitete man den großen Durchbruch vor, der zum Zusammenbruch der Heeresgruppe und ungeheueren Verlusten führte.

Unser Divisionsstab konnte Quartier in einem kleinen Städtchen mit Namen Stojanow beziehen. Das katholische Pfarramt bot sich an, weil es zentral lag und genügend Räume hatte. Der Pfarrer, ehemaliger Hausgeistlicher einer österreichischen Adelsfamilie, war Nationalpole und absolut deutschfreundlich. Er und viele Bewohner des Ortes sahen in uns die Befreier, von der seit Herbst 1939 bestehenden Herrschaft der Russen. Im Gegensatz zu ihm haßte uns sein Kaplan. Er sprach kein Wort und machte einen Bogen um jeden von uns. Nachts habe ich mit dem Pfarrer manches Gespräch geführt. Ein Pater von St. Ottilien, als Sanitäter bei uns eingesetzt, durfte jeden Morgen in der Kirche die heilige Messe lesen. Ich habe ihm öfter gedient. An meinem Geburtstag, dem 25.4.1944, kamen alle Kommandeure mit kleinen Gaben zu mir. Doch nicht nur die Kommandeure, sondern viele Offiziere und Mannschaften, ja sogar ein Teil der Bevölkerung des Ortes, erschienen mit den ersten Frühlingsblumen zum Gratulieren. Unser Trompeterkorps gab ein Platzkonzert. Ich war zutiefst ergriffen und hatte das Gefühl, daß es so nicht weitergehen konnte.

Die Zeit bis Ende Juni benutzten wir zur Auffrischung der Truppe mit

Menschen und Material. Durch kleine Begradigungsangriffe wurde die Hauptkampflinie verkürzt. Störungsangriffe der Russen erinnerten uns immer wieder daran, daß wir noch im Kriege waren. Mit Sorge verfolgten wir die Berichte von den anderen Kriegsschauplätzen: die Invasion im Westen, den Zusammenbruch der Heeresgruppe Mitte. Mein Divisionskommandeur, General E., wurde an die Westfront versetzt. Sein Nachfolger, General B., kam aus dem Ministerium und hatte noch wenig Fronterfahrung. Sehr schnell fanden wir uns zusammen und ergänzten uns gut. Seine Klugheit und vornehme Gesinnung eroberten sich bald die Herzen der Soldaten. In der zweiten Junihälfte gingen bei uns ständig Nachrichten über neue Truppenteile an der gegenüberliegenden Front ein. Dann wurde vermehrt Artillerie gemeldet. Anfang Juli berichtete unsere hervorragende Feindaufklärung über eine Ansammlung von Panzern im Raume Nordukraine. Die Stellungen waren überall recht gut aufgebaut. Hinter der Front fehlten natürlich die Reserven, vor allem Panzerdivisionen. Wo sollten diese, nach dem Zusammenbruch in der Mitte, auch herkommen?

Interessanterweise warnte uns die Zivilbevölkerung, der polnische Geistliche und die Eltern eines jungen Mädchens, das durch meine Vermittlung freiwillig zu meiner Familie in Schleswig-Holstein gegangen war. Am 12.7. kam diese Familie zu mir und sagte, sie habe ihr Haus verkauft und führe heute noch nach Deutschland, weil morgen der Großangriff kommen und sie dann wahrscheinlich verschleppt würde. Wir waren bereits aus der Stadt, auf unseren Ausweichgefechtsstand gezogen. Tatsächlich begann am 13.7. um 03.00 Uhr ein Artilleriefeuer von etwa 1 Stunde, wie ich es bisher nur in Stalingrad miterlebt hatte. Um 04.00 Uhr setzte zusätzlich ein Panzerlärm ein, der nichts Gutes ahnen ließ. Wir baten noch einmal das XIII. Korps, eine Panzerdivision hinter uns zu ziehen, als Eingreifreserve. Jetzt folgte Meldung auf Meldung. Bereits nach einigen Stunden brach der Russe bei unserem linken Nachbarn durch.

Divisionskommandeur und erster Generalstabsoffizier waren auf eine Mine gefahren und schwer verwundet. Wir bogen den linken Flügel unserer Hauptkampflinie zurück und versuchten zu halten. Eine große Anzahl von Panzern wurde abgeschossen. Das Korps verkündigte das Anrücken der 20. Inf.Div. (mot) unter dem mir bekannten General J. an. Die Verbindung zum Korps riß zeitweilig ab. Mit kleinen Frontveränderungen hielten unser rechter Nachbar und wir bis zum 16.7., unter schwersten Verlusten an Menschen und Material, aus. Dann wurden wir im Raume Kamionka Strumilowa eingekesselt. Der Korpsbefehl lautete, wie nicht anders zu erwarten: „Halten Sie die Stellung, 20. Inf.Div. (mot) ist zur Entlastung angetreten!". Dann riß die Verbindung zum Korps ganz ab.

Ich richtete einen persönlich gehaltenen Funkspruch an den General J. und teilte ihm mit, wo wir einen Gegenstoß erwarten würden. Er hat den Funkspruch zwar erhalten, aber es war ihm nicht möglich, zu helfen. Nach meiner Heimkehr 1954 hat mir General J., anläßlich eines Treffens in der Nähe von Münster, die damalige Situation bestätigt. Am 17.7. nachmittags kämpfte unsere Division immer noch mit letzter Kraft. Die Angriffe der Russen hatten an Stärke nachgelassen, weil sie bereits wieder an eine andere Stelle umgruppiert hatten. Nach langen Beratungen faßte unser Divisionskommandeur den Entschluß, entgegen dem Befehl der vorgesetzten Dienststelle, auszubrechen. Das war für mich das erste und einzige Mal, daß ich gegen den Befehl der vorgesetzten Dienststelle handeln mußte. Soweit uns das Lagebild bekannt war – wir hatten den ganzen Tag in südlicher Richtung aufgeklärt – mußte es möglich sein, in kleinen Gruppen, den südlich von uns fließenden Fluß Bug zu überwinden und durch die hier schwachen Sicherungen durchzubrechen. Schnell wurden die Kommandeure zusammengerufen. Ich schilderte anhand der Karte die Lage. Der General gab seinen Entschluß bekannt. In dieser Situation waren nur Sattelbefehle möglich. Die noch vorhandenen Geschütze und Fahrzeuge wurden unbrauchbar gemacht und z.T. in den nahen Sumpf gefahren. Auch mein Bursche fuhr unseren Kübelwagen, mit dem Gepäck, in den Sumpf.

Eine Frage bewegte uns sehr. Was sollte aus den vielen Verwundeten, die wir nicht mitnehmen konnten, werden. Auf die Frage, welcher Arzt freiwillig bleiben würde, meldete sich ein Oberfeldarzt, Vater von 5 Kindern. Der General lehnte dieses Angebot ab und teilte einen jüngeren Arzt für diese Aufgabe ein.

Wir standen im Halbkreis um unseren General. Er stellte plötzlich die Frage an uns alle, ob wir zu einem evtl. Selbstmord ständen, um der Gefangenschaft zu entgehen. Ich, auf dem rechten Flügel stehend und Dienstältester, sollte zuerst antworten. „Kommt nicht in Frage" war meine Antwort, „als Christ und Vater von nunmehr 3 Kindern".

Keiner der Anwesenden stimmte für einen (evtl.) Selbstmord. So rollte planmäßig ab 23.00 Uhr der Ausbruch in 3 Gruppen. Nach kurzen Feuergefechten standen wir plötzlich am Ufer des hier schätzungsweise 30 m breiten Bug, über den man schwimmen mußte. Ein Bild des Schreckens: – Eine ungeahnte Zahl von Soldaten konnte nicht schwimmen, schon gar nicht mit Stiefeln und Gewehr. Es war geradezu erstaunlich, wie sich einige Leute, vor allem alte Feldwebel zu helfen wußten, um die Kameraden über den Fluß zu bringen. Mir riet ein Feldwebel, meine Stiefel auszuziehen und mit der Pistole, als Paket, über den Fluß zu werfen, dann mich selber auszuziehen und die Uniform mit dem Koppel auf den Kopf zu binden. Eine tolle Idee! Am anderen Ufer hatte ich trockene Sachen und konnte weiter die Gruppe führen.

Unser General war seit 2 Stunden verschwunden. Wir fürchteten das Schlimmste. Er fand sich später wieder ein, war aber nicht mehr in der Lage einen Befehl zu geben. Seine Kräfte waren zu Ende. Die ganze Verantwortung lag auf mir. 3 Tage wurde nachts marschiert und tagsüber geschlafen, bzw. erkundet. Essen fiel aus. In der Nacht vom 20. auf dem

21.7. stellten unsere Spähtrupps fest, daß wir im Rücken einer nach Westen kämpfenden Feindtruppe lagen. Die Einwohner bestätigten diese Erkundung und wußten sogar etwas über die Bewaffnung der Russen. Am 21.7. früh war unser General nach Genuß von aufputschenden Medikamenten wieder da und sagte wörtlich: „Heute ist der Geburtstag meiner Frau, das war immer mein Glückstag. Wir werden heute Mittag um 12.00 Uhr in glühender Sonne angreifen, dann sind die anderen schläfrig!". Das war sein letzter Befehl. An diesem, „seinem Glückstag", mußte er sein Leben lassen. Kurz vor 12.00 Uhr waren wir bereit. Der General wollte, daß ich bei dem Ausbruch aus dem Walde neben ihm laufen sollte. Ich lehnte dieses ab, mit der Begründung, daß ich in einer solchen Situation an die Spitze der Truppe gehöre. Das war der erste und vermutlich letzte Sturmangriff meines Lebens, den ich geführt habe. Ein Stoßgebet und um 12.00 Uhr sprang ich mit meinen Männern auf!

IV.
Ein trauriges Erwachen

Ein glühend heißer Julitag in der Ukraine geht zu Ende. Der Himmel hat sich bezogen. In der Ferne zucken Blitze. Immer näher kommt das Grollen eines Gewitters, dann Blitz und Donner in schneller Folge. Endlich der erste Tropfen. Erst einer, dann zwei und drei und nun wie aus Eimern. Ich bin aus meiner Ohnmacht erwacht und weiß nicht was los ist. Der Kopf ist schwer wie Blei, ein Gefühl wie früher nach einer durchfeierten, langen Nacht. Ich liege auf dem Bauch, eine für mich ungewohnte Lage. Bei dem Versuch mich aufzurichten, merke ich, daß der linke Arm versagt, ein stechender Schmerz im Gelenk. Was ist mit meinen Beinen? Alles klebt an der Haut, ein merkwürdiges Jucken geht über meinen Körper. Langsam sacke ich in die Ausgangslage zurück und versuche zu denken. Da beginnt ein starkes Artilleriefeuer. Granaten schlagen in meiner Nähe ein. Ganz klein werde ich. Wenige Meter von mir sehe ich, bei dem nächsten Blitz, eine flache Mulde. Da muß ich hin! So hatten wir es ja gelernt. Auf allen Vieren krieche ich in die Mulde, ganz flach, wie Unteroffiziere Cassens es uns im Jahre 1931 in Minden auf dem Kasernenhof beigebracht hatte. Er wollte uns damals vorbereiten auf den Ernstfall, manchmal wollte er uns auch schleifen und fand darin seinen Spaß! Erneut versuche ich meine Gedanken zu ordnen. Was war geschehen? Nur Bruchstücke des Erlebten tauchten auf.

Es war der 21. Juli 1944. Hatte doch unser General dieses Datum und diesen Tag als seinen Glückstag bezeichnet! Seit 3 Tagen waren wir nachts nach Westen marschiert und hatten die Tage im Wald verbracht. 3 Tage hatten wir nichts zu uns genommen. Unser Ziel war es, nach dem Durchbruch durch die russischen Stellungen, den Anschluß an die deutsche Truppe wieder zu finden. Eine Hauptkampflinie gab es schon lange nicht mehr. Der Durchbruch durch die russischen Stellungen war uns ohne Verluste geglückt. Gegen geringen Feindwiderstand stürmten wir an einer Siedlung vorbei, nach Westen. Es ging über die Felder, über eine Straße und dann einen flachen Hügel hinauf. Plötzlich Motorengeräusch. Da kamen einige Panzer T 34 und nahmen uns unter Feuer. Ein Offizier stand auf dem vordersten Panzer mit einer Maschinenpistole und knallte mich ab, wie bei der Treibjagd. Ich war zusammengebrochen, meine Kraft und mein Wille hatten mich verlassen; es wurde dunkel um mich. Wo waren meine Kameraden, wo war mein General? Was war zu tun? Daß in den Abendstunden die Höhen von meinen Kameraden nach mir und anderen Verwundeten abgesucht worden waren, hatte ich nicht gemerkt. Man hatte mich gefunden, wie ich später hörte, für tot gehalten und konnte mich nicht mehr bergen. Daraus entstand die Meldung, daß ich vermutlich gefallen sei.

Am 2. August, wenige Stunden nach der Geburt unseres vierten Kindes, erreichte diese Nachricht meine Frau. Nach meiner Heimkehr, hörte ich mehrfach die Äußerung: „Wir haben Sie damals für tot gehalten". In meinem Personalbogen, der in Cornelimünster, bei Aachen, gelagert ist, steht geschrieben: „Am 21.7.1944 gefallen". Ich aber lebte und mußte jetzt handeln! Noch war ich frei. Voll der Hoffnung kroch ich in Richtung auf ein nahes Kornfeld, um mich dort zu verstecken.

V.
Der Freiheit beraubt

Bevor ich mein Ziel erreicht hatte, trat aus dem Kornfeld eine Gestalt, der noch zwei weitere folgten. Mit einem katzenähnlichen Sprung stand ein russischer Leutnant vor mir und hielt mir seine Pistole vor die Brust und sagte: „Stoj! Halt! Hände hoch!".

Ich war ein Kriegsgefangener der SU. 14 Jahre einer im Frieden unbeschwerten und im Kriege harten, erfolgreichen Soldatenzeit waren mit einem Schlag zu Ende. Es folgte die übliche und bekannte Prozedur: „Bist Du Offizier? Hast Du eine Uhr?" Die Pistole hatte ich noch rechtzeitig fortgeworfen, und sonst führte ich nichts Gefährliches bei mir. Meine Taschen wurden entleert. Der Truppenausweis, die Bilder meiner Familie, mein Portemonnaie, wechselten den Besitzer. Dann fand der Leutnant in meiner linken Hosentasche, mit dem Taschentuch, meinen Rosenkranz, in einer kleinen, von meiner Frau gestrickten Tasche. Unser Vater hatte uns immer gesagt: „In die Tasche eines katholischen Mannes gehört der Rosenkranz". „Was ist das?", lautete die Frage des russischen Leutnants. Vom Heiligen Geist geführt, sagte ich: „Mein Talismann". Das wurde akzeptiert. Ich durfte das Täschchen wieder einstecken und habe diesen

Rosenkranz die ganze Gefangenschaft hindurch behalten und später heimbringen dürfen. Noch heute ist er mein treuer Begleiter.

Nun folgte ein soldatisch und menschlich beachtenswerter Akt. Ich hatte es ja mit Frontsoldaten zu tun. Einer untersuchte meine Wunden, schnitt den Ärmel meines Rockes auf, riß den Ärmel meines Hemdes ab und legte aus einem amerikanischen Verbandspäckchen einen sachgemäßen Verband an. Dann stellte der Leutnant an mich die Frage: „Wie lange hast Du nichts gegessen?". Ich sagte: „Etwa 4 Tage". Jetzt gab er seinen Begleitern ein Zeichen und ich hörte das gräßliche Wort „Dawaj", d.h. los oder marsch. Wie oft haben wir dieses Wort in den kommenden Jahren hören müssen! Meist bedeutete es etwas Unangenehmes. Zwei Soldaten faßten mich an und führten, oder trugen mich fort. Der Leutnant folgte mit der Pistole hinter meinem Rücken. Mit Tränen in den Augen und zitternden Knien trat ich am 21. Juli 1944, etwa um 23.00 Uhr, meinen Weg in die Gefangenschaft an. Gott sei Dank ahnte ich nicht, was mir bevorstand. Mein Stoßgebet in dieser Stunde lautete: „Dein Wille geschehe".

VI.
Ein Akt der Menschlichkeit

„Ich bin ein Gefangener", das sind die Worte, die ich mir immer wieder vorspreche und die mir mein Herz aufwühlen, die mir die Kehle zuschnüren. Was hat man im Unterricht gelernt über Verhalten in der Gefangenschaft? Was hat die Propaganda eines Goebbels uns vorhergesagt, über die furchtbaren Greuel, die uns bevorstanden? Langsam schlich unser Trauerzug durch das Gelände. Vereinzelt kamen dieSterne heraus, die gleichen, die jetzt auch über unserer Heimat, wohl auch über meinem Elternhaus stehen. Plötzlich hörte ich leise Stimmen. „Aha, jetzt wird es ernst!", sagte ich mir. Da sehe ich auch schon kleine Rauchwölkchen gegen den nächtlichen Himmel emporsteigen und vor mir im Dunkeln, angelehnt an eine Baumgruppe, steht eine Feldküche, bei ihr etwa 20 Mann, die am Straßenrand sitzend und stehend, essen. Mir wird mit einemmal klar, warum dieser Leutnant micht fragte, wielange ich nichts gegessen habe. „Willst Du essen?" fragt er mich jetzt. Ich konnte nicht anders, als mit „Ja" antworten; denn bei dem Geruch des Essens lief mir das Wasser im Munde zusammen. Der Leutnant nahm einen Blechteller, ließ ihn mit einer gutriechenden und noch besser aussehenden Gemüsesuppe füllen und reichte ihn mir hin. Dazu gab er mir einen bunten Holzlöffel. Diese Art Löffel sah ich zum ersten Mal im Sommer 1941 auf dem Vormarsch in einem Magazin in größeren Mengen liegen. 3 Stücke hatte ich mir damals mitgenommen, um sie meinen Kindern zum Spielen am Ostseestrand zu schicken. Nun sollte dieser Löffel auf viele Jahre mein einziges Eßgerät sein! Er hatte den Vorteil, daß er billig und leicht zu beschaffen war. Von Hygiene konnte man bei so einem Löffel weniger sprechen. Das Essen von Brei oder Kascha, wie die Russen sagen, aus diesen tiefen Löffeln, war eine Kunst für sich.

Den ersten Löffel mit Suppe führte ich an meinen Mund, aber ich konnte nicht schlucken. Ein zweiter Versuch scheiterte genauso. Die inneren Erregungen schnürten mir die Kehle einfach zu. Die Umstehenden betrachteten das „Raubtier" mit gespannter Miene! „Was wird er tun?". Nur der Leutnant erkannte die Situation und nahm mir den Teller freundlich aus der Hand. Er ließ sich zwei Scheiben von dem russischen Hartbrot geben, bestrich diese dick mit Butter und wickelte sie in ein eigentlich zum Rauchen bestimmtes Stück Zeitungspapier. Jetzt kannte ich das russische Butterbrotpapier! Dann überreichte er mir das Päckchen mit den Worten: „Morgen wirst Du essen". Er betrachtete mich fragend und sagte ferner: „Trinken?" Ich nickte, denn ich war wie ausgedörrt. Aus einer Schüssel trank ich dann, gierig wie ein Tier, mindestens einen halben Liter heißes

Wasser. Ich glaube, selten hat mir etwas so gut geschmeckt, wie dieses Wasser. Selbst ein heimatlicher Grog schien mir in den Schatten gestellt. Hatte ich doch drei Tage nicht einen Tropfen getrunken, sondern nur mit dem Wasser der Pfützen meinen Mund ausgespült. Die große Hitze der letzten Tage und der erhebliche Blutverlust, aus meinen vielen Wunden, wirkten nach. So, das war die erste Etappe! Jetzt kam der unangenehmere Teil.

VII.
Die erste Vernehmung

Man schleppte mich weiter bis an einen Hohlweg, in den geschickt eingestellt ein Ford-Lastwagen, mit einem Holzverdeck darüber, als Befehlswagen, eingebaut war. Die an der Rückwand des Wagens hängende Plane wird aufgeschlagen, der Leutnant steigt einen Tritt herauf und erstattet seine Meldung über den „großen Fang", den er gemacht hat. Dann erhielt ich einen Stoß in den Rücken und werde die drei Stufen hinaufgehoben. In dem Lastauto hängen zwei Lampen, auf den Tisch heruntergezogen, damit kein Lichtstrahl herausfallen kann. Zwei aneinander gestellte Tische, auf der rechten Seite daran ein Oberst, ein Major, ein Leutnant und der unvermeidliche Regimentskommissar. Eine Lampe wurde leicht angehoben und mir in das Gesicht geleuchtet. Gehässige Blicke fielen mir zu. Es erschien ein Dolmetscher. Mein Überbringer, der Leutnant, wurde entlassen. Es folgten die üblichen Fragen: „Wie heißen Sie, Vorname, Vaters Name, usw.". Die Frage nach dem Vatersnamen kam mir zunächst sehr komisch vor. Erst später lernte ich, daß dieser in Rußland immer zum Namen gehört, um die verschiedenen Leute mit gleichen Namen unterscheiden zu können. Dort gibt es ja nicht zwei oder drei Müller oder Hansen in einem Ort, sondern oft zehn oder fünfzehn. Auch die Töchter erhalten den Vatersnamen mit dem Anhängsel „ka" angehängt, z.B. Petrowka.

Die gestellten Fragen durfte ich ohne Gewissensbisse beantworten. Man hatte mir ja mein Soldbuch und meine Erkennungsmarke bereits abgenommen. Ich sah diese nie wieder, obwohl nach dem Völkerrecht die Soldbücher wieder zurückzugeben sind.

„Wo ist Ihr General?" „Ja, das möchte ich selber gerne wissen!" sagte ich. „Wir wissen es!" sagte mit höhnischer Miene der Dolmetscher. „Der ist tot!". Was konnte ich anderes sagen, als „das glaube ich nicht". Da zog der Oberst einen Brief aus einer Tasche und warf ihn auf den Tisch. Ich erkannte das blaue Briefpapier, mit dem die Frau unseres Divisionskommandeurs schrieb, auf der Rückseite war ihr Monogramm J.B. zu erkennen. Mir lief es kalt den Rücken herunter. Ein zweiter Griff in seine Tasche förderte dann die Achselstücke und die Spiegel meines Generals an den Tag. „Nun, glauben Sie jetzt? Eine Pak-Granate hat ihn getroffen und der Dolmetscher Ihrer Division v.M., den wir eben vernommen haben, hat uns über seine letzten Minuten berichtet". Nun mußte ich leider glauben. –

Nach der Heimkehr im Jahre 1954 habe ich die Frau meines letzten Generals besucht und festgestellt, daß sie noch nichts Näheres über die letzten Stunden ihres Mannes wußte. Nach fast 10 Jahren konnte ich das Dunkel, wenigstens etwas, lichten. Ein trauriger Auftrag.

Diese letzte Nachricht und der starke Blutverlust, natürlich auch die große Übermüdung, ließen mich zusammensacken und von der Bank fallen. Ein Arzt wurde gerufen. Nach einigen Minuten erschien ein Feldscher des Regiments. Ich erhielt, soweit ich mich besinnen kann, eine Spritze und wurde dann genau untersucht und verbunden. Die Vernehmung ging weiter. Immer wieder wurde ich der Lüge bezichtigt, immer wieder hieß es: „Das müssen Sie wissen, Sie wissen doch, daß wir Sie gleich erschießen lassen können!" usw.

Dann folgte eine Pause und ich wurde draußen unter einen Baum gelegt. Ein Posten stand in meiner Nähe. Er beobachtete mich scharf und kritisch. Eigentlich wollte ich schlafen, aber ich hatte das richtige Gefühl, hier stimmt was nicht. In einem ruhigen und unbeobachteten Moment kam der Posten näher, beugte sich über mich und gab mir durch Zeichen zu verstehen, daß ich schnell die Stiefel ausziehen solle. Ich weigerte mich energisch. Auch ein weniger Minuten später erfolgter zweiter Angriff auf meine Stiefel wurde abgewehrt. Plötzlich erschien, wohl durch unser Gespräch herbeigerufen, ein Offizier und untersagte dem Posten sein Treiben. Ein leicht einsetzender Regen erfrischte mich für den folgenden Vernehmungsgang. Aus den an mich gerichteten Fragen und dem Verhalten der Offiziere, konnte ich mir ein Bild machen, wie der Kampf meiner Kampfgruppe ausgegangen sein mußte. Es war anscheinend nur ein kleines Häuflein durchgekommen und in den deutschen Reihen gelandet.

Im Morgengrauen war ich erlöst und wurde auf einen Lastwagen, mehr oder weniger, geworfen, um begleitet von zwei Posten, nach rückwärts zu fahren. Wir kamen in ein Dorf, wo eine lange Kolonne von Lastautos stand. An einem dazwischenstehenden Omnibus hielt der Lastwagen.

VIII.
Die zweite Vernehmung

Ein sehr unfreundlicher Oberstleutnant nahm mich in dem Omnibus in Empfang. Etwa um 8.00 Uhr setzte sich die lange Reihe der Fahrzeuge in Bewegung. Mein neuer „Gastgeber" nahm mir gegenüber, an einem Feldtisch, Platz und begann während der ganzen mehrstündigen Fahrt eine Vernehmung gemeinster Art. Es folgten die wütendsten Beschimpfungen der deutschen Armee, der Politiker und der Kapitalisten.

Nach dem Untergang meines Korps waren leider ein großer Teil der schriftlichen Unterlagen, der Befehle und der Vorschriften, den Russen in die

Hände geraten. Darunter auch Geheimakten und Befehle, die bei Gefahr eigentlich zu vernichten gewesen wären. Immer wieder zog er ein Beutestück aus der Schublade und warf es vor mir auf den Tisch, mit den Worten: „Sie brauchen gar nicht zu behaupten, daß Sie nichts wissen, wir haben alle Unterlagen und werden Ihnen beweisen, daß Sie das wissen, oder daß Sie lugen!" (Die Russen sagten nicht lügen, sondern lugen).

Gegen Mittag passierten wir eine größere Ortschaft und machten am Ortsausgang eine Betriebspause. Die Tür des Omnibusses wurde geöffnet und zwei große, für Rußland selten gut gewachsene Generale, traten ein. Ich blieb ruhig sitzen und beachtete sie gar nicht. Sehr ergrimmt über die Mißachtung ihrer Person, bekam ich eine Strafpauke zu hören und erhielt den Befehl mich zu erheben, zu einer Ehrenbezeugung. Es folgte nun eine kurze Vernehmung, die damit endete, daß der eine General zu mir sagte: „Wenn Ihr Deutschen alle so dumm seid, dann müßt Ihr ja den Krieg verlieren!". Diese Bemerkung bekam ich später, bei weiteren Vernehmungen, noch öfter zu hören.

Die Fahrt ging weiter. Etwa 20.00 Uhr landeten wir in einem großen-Wald. Man brachte mich mit einem Motorrad auf eine in der Nähe liegende Kolchose. Hier fand ich in einer Panjehütte, gemeinsam mit zehn bis fünfzehn Rotarmisten, die spuckend und Machorka rauchend, ttrockenes Brot essend, herumsaßen, eine Unterkunft.

Mir wurde eine Ecke zugewiesen, wo ich auf dem Boden liegen durfte. Unter diesen Umständen war an Schlaf natürlich gar nicht zu denken, außerdem hatte ich starke Schmerzen an meinen verschiedenen Wunden. Am 23.7., früh, führte mich ein Posten auf den Hof der Kolchose und ich erhielt als Sitzgelegenheit einen großen Holzstoß zugewiesen. Die Sonne schien warm und freundlich. Nach einiger Zeit erschien ein Oberleutnant, begrüßte mich in gebrochenem Deutsch und sagte, nach den üblichen russischen Fragen „Nun, wie geht es, weißt Du schon daß Hitler tot ist und mit ihm viele

Generale?". Ich verneinte es. Darauf erhielt ich die ersten Nachrichten über die Vorgänge des 20. Juli 1944, die mich natürlich in größte Überraschung versetzten. Außer der Person Hitlers, wurde eine Reihe, mir gut bekannter Leute, als tot bezeichnet. Natürlich folgten Fragen, was ich von diesem Attentat halten würde, ob ich mich freuen würde, ob ich glauben würde, daß der Krieg nun bald zu Ende sei, usw..

IX.
Die Ärztin

Kaum hatte ich die eben erhaltenen Nachrichten in mich aufgenommen, erschien eine junge Ärztin, die mich sehr gründlich untersuchte und verband. Meinen durchschossenen linken Arm legte sie in eine Schiene, die dort auf dem Hof mit größter Geschicklichkeit und Schnelle, aus einem Brett und etwas Draht hergestellt wurde. Die Verletzungen an der Stirn tastete sie vorsichtig ab und legte einen Verband an. Ich sagte der Ärztin, daß ich so komische Schmerzen in den Beinen hätte, als ob ich mir einen „Wolf" gelaufen habe. „Dann ziehen Sie mal die Hose aus!" Ich mußte erröten. Ein neues Erlebnis, daß eine Frau so mit mir sprach. Eine Ärztin war mir bisher in meinem Leben nicht begegnet. Diese Untersuchung in aller Öffentlichkeit auf dem Hofplatz war mir peinlich, aber wir mußten uns ja in der nächsten Zeit noch an vieles gewöhnen. Nun stellte die Ärztin lächelnd fest, daß beide Beine durchschossen waren. Aber es handelte sich gottlob nur um glatte Durchschüsse. Auch ein Streifschuß an der Hüfte wurde festgestellt. Ich hatte in den Aufregungen der letzten Tage nichts von diesen Verletzungen gemerkt. Die Wunden wurden sorgfältig gereinigt und verbunden. Bei den zahlreichen Untersuchungen der nächsten Jahre – jeden Monat wurden wir, teils gründlich, teils weniger gründlich, untersucht bzw. kommissioniert, wie es in den Lagern genannt wurde – hatte man meist das Gefühl, daß es hier um eine Art Viehmusterung ginge, bei der der Mastzustand geprüft und die Bewertung nach einem Kniff in die Gesäßbacken festgelegt wurde. Diese Kommissionierung fand oft im Freien statt und wir mußten mehr oder weniger nackt vor Ärzten, Ärztinnen und Schwestern antreten. Sonst wurde das Herumlaufen mit entblößtem Oberkörper im Lager verboten und mit den Worten: „Nichts Kultura" bezeichnet.

X.
Fürsorgliche Betreuung

Zurück zu meinem Holzstoß, auf dem ich zuletzt gesessen hatte. Der o.e. Oberleutnant schien mein Betreuer auf längere Sicht zu sein. Nach der Untersuchung erklärte er mir höhnisch, nun bekäme ich wieder einen Burschen. Er rief einen deutschen Obergefreiten, stellte ihn mir vor und beauftragte diesen, mich gut zu betreuen und mir alle Wünsche zu erfüllen. Bei der nächsten Gelegenheit versuchte ich zu ergründen, wes Geistes Kind mein neuer Betreuer sei und stellte fest, daß er – nach seinen Angaben – Kommunist aus Braunschweig war und sich nach seiner Gefangennahme den Russen angeboten hatte, alle Dienste für sie zu tun. Er genoß vollstes Vertrauen und konnte sich auch hier in Frontnähe frei bewegen. Er hat seinen Auftrag an mir gut erfüllt und rührend für mich gesorgt. Als erstes wusch er mich, dann nahm er mir den Bart mit großer Geschicklichkeit ab, was nicht so einfach war; der Bart war immerhin schon fast eine Woche alt. Seine nächste Aufgabe bestand darin, mir eine Schlafstätte in einem Stall zu bauen. Ich konnte mich auf eine Pritsche legen und einige Stunden schlafen. Mein Pfleger weckte mich mit dem Essen. Zunächst nur ein Feldküchengericht, aber abends holte er einige Frühkartoffeln vom Felde und machte mir sogar Bratkartoffeln! Ich wunderte mich natürlich über die gute Kost, aber schon bald hatte ich den Grund heraus: Man wollte mich frisch machen für die kommenden Vernehmungen.

XI.
Die dritte Vernehmung

Nun ging es aber los, ich möchte fast sagen, in pausenlosem Einsatz. Vertreter aller Waffengattungen erschienen und wollten mich quälen. Es war wie ein Kreuzfeuer von Fragen über Waffen, Stärken, Gliederungen, Stimmung der Truppe und Beurteilung von Persönlichkeiten. Zwei oder dreimal wurde ich ohnmächtig bzw. sackte erschöpft zusammen, dann gab es eine kurze Pause, eine Verwarnung meines Oberleutnants, und es ging weiter. Am nächsten Morgen gaben sie den erfolglosen Kampf mit mir auf. Ich stellte fest, daß sie über fast alles im Bilde waren und nur eine Bestätigung für ihr Wissen suchten. Im Verlauf der Gespräche war es interessant festzustellen, vor welchen militärischen Führern und auch Persönlichkeiten aus unserer Regierung sie Respekt hatten.

XII.
Begegnung mit dem „Freien Deutschland"

Nachdem nun meine quälenden Vernehmungen abgeschlossen waren, durfte ich noch einen Gast empfangen. Ein ehemaliger deutscher Unteroffizier, jetzt ohne Abzeichen, erschien an meinem Lager und stellte sich vor als Frontbevollmächtigter des „Freien Deutschland", mit dem Auftrag, für diese Organisation zu werben. In einem späteren Kapitel werde ich über die politischen Dinge eingehender berichten. Hier sei nur gesagt, was dieser Mann mir zu erzählen hatte. Neben vielem anderen, was die Front und den Krieg betraf, meinte er, man müsse endlich die gesamte Industrie verstaatlichen; denn es sei doch haarsträubend, daß jetzt im 5. Kriegsjahr die Großindustriellen noch lebten wie der Herrgott in Frankreich und jeden Tag ihren Braten hätten und sozusagen inWein baden dürften. Auf meine erstaunte Frage, wann er das letzte Mal bei Krupp z.B. zu Gast gewesen sei und das beobachtet habe, konnte er nichts erwidern, sondern ging zu einer neuen Berufsklasse über. „Es ist doch haarsträubend", sagte er, „daß die Bauern noch heute in Butter und Fett und Fleisch schwimmen. Auch sie müßte man endlich enteignen". Da ich vom Lande stamme, konnte ich diese Dummheiten gleich widerlegen und ihn zum Schweigen bringen. Von seinen Theorien tischte er mir noch einiges auf, bis ich ihn veranlaßte, mich schleunigst zu verlassen. Von meinem Oberleutnant erhielt ich daraufhin eine strenge Verwarnung und wahrscheinlich den ersten Minuspunkt in der Beurteilung!.

XIII.
Grauenvolle Bilder

Am 24.7. wurde ich von einem Posten an die nächste Straße gebracht und in einen Flitzer – einen kleinen Geländewagen, wie ihn die Besatzungstruppen hier zeigten – gesetzt. Trotz meiner Bewegungsunfähigkeit bewachten mich ein Major und ein Oberleutnant, die ständig den Finger am Abzug ihrer Maschinenpistole hatten, den ganzen Tag während der nunmehr beginnenden Fahrt nach Osten. Die Reise ging durch das Gebiet, in dem zwei Tage vorher die letzte Schlacht meines Korps stattgefunden hatte. Ein Bild des Grauens! Nie hatte ich bisher ein solches Trümmerfeld gesehen. Absichtlich ließ der Major halten, zeigte mir mit höhnischer Miene die Toten und alles was dort herumlag. Weiter ging die Reise bis Tarnopol. Auch hier von der großen Schlacht um Tarnopol nur Trümmer. In den Straßen des Ortes mußten wir einmal halten, um eine Kolonne durchzulassen. Da sprang eine junge Frau auf das Trittbrett des Wagens und hielt mir die Faust unter die Nase. Sie schrie mir zu „Fritz". Zum ersten Mal hatte ich nun aus dem Munde der Russen diesen, mir bisher nur aus Erzählungen bekannten Spitznamen der Deutschen gehört. Mit Einbruch der Dunkelheit erreichten wir das Stabsquartier der Front „Südukraine".

XIV.
Zwei Landsleute

Ein Posten übernahm mich und beförderte mich durch einen unsanften Stoß in einen Schuppen, um dann hinter mir die Türe zuzuschließen. Ich stolperte über dieBeine von schlafenden Menschen und hörte einen lauten plattdeutschen Fluch. Auf die Frage, wer dieser Störenfried sei, nannte ich meinen Namen und machte in den nächsten Minuten eine sehr nette Feststellung. Der Mann über dessen Füße ich gestolpert war, war ein alter Bekannter und der danebenliegende Mann war ein Feldpostmeister, der aus meinem Heimatdorf Lehbek stammte. Wir lagen uns in den Armen und saßen die ganze Nacht zusammen. Ich kannte seine Eltern und seine Schwester. In der Werkstatt seines Vaters hatten wir unsere ersten Versuche mit Säge und Hobel gemacht. Dieser arme Landsmann war schon im ersten Weltkrieg in Gefangenschaft gewesen. Nun war er das zweite Mal in den Händen der Russen. Am nächsten Morgen hat er mich in rührender Weise verbunden, gewaschen und frisiert. Dann wurden wir natürlich wieder getrennt. Es war der 25.7.1944. Wie ich später feststellte, ist dieser Landsmann gesund nach Hause gekommen. Ich habe ihn aber leider nie wieder getroffen.

An diesem Morgen führte mich ein Posten in ein Wohnhaus, ließ mich dort in einem Zimmer alleine sitzen und stellte sich vor dem Fenster als Wachposten auf. Es vergingen einige Minuten, da tat sich die Tür auf und ein deutscher Offizier trat ein. Er war sehr gut angezogen, trug keine Dienstgradabzeichen, stattdessen aber eine schwarz-weiß-rote Binde am Arm. Seine Begrüßung war sehr freundlich und er stellte sich vor als Frontbevollmächtigter des „Freien Deutschland". Aus verschiedenen Flugblättern, die in letzter Zeit über den Fronten abgeworfen worden waren und aus der dienstlichen Mitteilung über die Verurteilung des Generals von Seydlitz war uns bekannt, daß die Organisation „Freies Deutschland" verboten war und von dem deutschen Volk und Heer abgelehnt wurde. Diese Frontbevollmächtigten hatten nach einer gründlichen Schulung das Vertrauen der Russen erworben und hielten sich nun in der Nähe der Front auf, um durch Rundfunk und Flugblätter die Truppe zur Aufgabe des Kampfes zu bewegen. Sie forderten Offiziere und Soldaten auf, überzulaufen. Der vor mir stehende Offizier überreichte mir einige Exemplare der Zeitung des „Freien Deutschland" und sagte, er hätte die Möglichkeit, meine Familie über mein Wohlergehen zu unterrichten und mir auch sonst in jeder Weise zu helfen. Als ich ihm erklärte, daß ich auf seine Hilfe verzichtete, meinte er: „Na, vielleicht kommen Sie noch einmal auf mein Angebot zurück". Ich bin aber nicht mehr darauf zurückgekommen. Er selber machte seinen „Dienst" bis zur Kapitulation und ging dann gleich nach Berlin, um dort einen Posten zu übernehmen. Einige Zeit später war er Minister in der SBZ. Seine besonderen Freunde waren Bechler*, Pieck, Grotewohl und Ulbricht, die damals als Emigranten in der SU lebten und die Organisation „Freies Deutschland" erfunden und mit aufgebaut hatten.

* als Major i.G. seit 1943 in russischer Kriegsgefangenschaft gewesen

XV.
Es geht in ein Feldlazarett

Gegen Mittag des 25.7. wurde ich, zusammen mit zwei schwerverwundeten Generalen (Divisionskommandeure) meines untergegangenen Armeekorps, auf einen Lkw geladen und unter strenger Bewachung zum Bahnhof Tarnopol gefahren. Auf der Fahrt durch die Stadt hielt der Lkw vor einem Krankenhaus. Zwei sehr freundliche ältere Schwestern brachten Weißbrot, Wurst und Butter und reichten uns heißen Tee. Mit Tränen in den Augen bedienten sie uns und wünschten alles Gute. Auf dem Bahnhof lud man uns in einen Waggon, wie er bei uns zu Hause nur zum Viehtransport benutzt wird. Der Kommissar, unser Begleiter, hockte rauchend und spuckend bei uns, große Fürsorge vorspielend. Nach langem Warten und zahlreichen Kontrollen, begann meine erste Eisenbahnreise in der Sowjetunion als Gefangener. Gott sei Dank währte die Fahrt nicht sehr lange. An dem Endbahnhof las ich das Schild Proskurow. Ein Lkw brachte uns in ein Feldlazarett. Unser Eintreffen glich einer Schaunummer im Zirkus oder im Zoo, bei der neue wilde Tiere ausgeladen werden. Die zwei Generale und ich – anscheinend die einzigen Deutschen – unter, wie wir später hörten, etwa 3.000 verwundeten Russen, wurden gleich abgesondert. Alles was lieb und wert war, hatte man bei der Gefangennahme bereits fortgenommen. Trotzdem tastete man uns erneut von oben bis unten ab. Die Haare wurden durchwühlt – damals hatte ich noch einige –, ein Blick in den Mund, unter die Zunge, die Achselhöhlen und zwischen den Beinen, einschließlich des Afters! Im Jargon des Kriegsgefangenen nannte man diese totale Kontrolle „Filzen". Filzen bedeutete für uns jedes Mal eine Entwürdigung und eine starke seelische Belastung.

„Ausziehen, bis auf Hemd und Unterhose!", lautete der nächste Befehl. Alle Bekleidungsstücke gingen auf einem Bügel in die sogenannte

Entlausung, eine sehr heiße Kammer, in der alle Läuse einschließlich der Eier, vernichtet werden sollten. Da ich bis zu diesem Tage noch keine Laus gespürt, geschweige denn gesehen hatte, hielt ich diesen Prozeß für überflüssig. Später mußte ich aber erfahren, daß die Bekämpfung der Läuse als der Überträger des Fleckfiebers für viele von uns rettend gewesen ist. Unsere eigenen Uniformstücke hielten die dauernden Entlausungen aus, bis sie auseinanderfielen und wir schmerzlichst Abschied nehmen mußten von den letzten äußeren Zeichen unseres Berufes. Zitternd vor Kälte stehen wir in Hemd und Unterhose in der großen zugigen Halle. Da erscheint eine kleine kräftige Frau mit bunter Gummischürze und führt mich in einen heißen, feuchten Raum. „Ausziehen, alles", war der Befehl. Splitternackt folgte ich der Frau. Eine große Blechwanne, gefüllt mit angenehm heißem Wasser, lud mich zum Bade ein, aber nicht im Sitzen, sondern im Stehen wurde ich von der Bademeisterin abgescheuert! Ich hatte das dunkle Gefühl, daß ich zur Aufbahrung fertiggemacht würde! Meine Verbände blieben an mir.

Nach dieser Prozedur machte ich die Bekanntschaft mit der russischen Einheitswäsche – ein knapp dreiviertel-langes Hemd und eine meist geflickte Unterhose – zum Zubinden –, aber leider fehlten die Bänder. Ich wunderte mich über die kurzen Hemden, erfuhr aber später, warum sie so kurz waren: Das hängt zusammen mit dem ständigen Mangel an Klosettpapier! Die weiteren Schlußfolgerungen überlasse ich dem Leser. Mit einem beigefarbenen Bade- bzw. Lazarettmantel bekleidet, werde ich jetzt in den ersten Stock geleitet. Gespannt folge ich meinem Führer, einem verwundeten Rotarmisten durch einige Gänge, eine Treppe hinauf, durch einen großen Saal, in dem etwa 100 sowjetische Verwundete lagen, in ein kleines Zimmer. Hier finde ich die beiden Generale wieder. Ein sauberes Zimmer, drei Betten mit Nachttisch, ein großer Tisch mit Tischtuch – natürlich ein Bettuch – und man staune, ein Radio ältester Fertigung, fand ich vor. Das Bett war weich, die Wäsche weiß und sauber.

Ein Zittern ging durch meinen Körper, die Knie wurden weich, wie beim ersten Aufstehen nach einer langen schweren Krankheit. Kaum habe ich mich ausgestreckt – seit mehr als 3 Wochen zum ersten Mal in einem Bett – gab es nur einen Wunsch: „Schlafen, schlafen, schlafen". Im Einschlafen bemerkte ich, wie sich ein weibliches Wesen über mich beugte und mit liebervoller Hand sich an meinem Bett zu schaffen machte. Die Kraft, die Augen zu öffnen, hatte ich noch. Ich blickte in das frische Gesicht einer netten, sauberen, jüngeren Schwester, die mich in gebrochenem Deutsch freundlich begrüßte und nach meinem Befinden fragte. In dem Gefühl der Geborgenheit schlief ich ein. Die geschilderte Schwester war für die Zeit des Aufenthaltes in diesem Lazarett „meine" Schwester. Sie las mir jeden Wunsch von den Augen ab, benetzte meine Lippen, gab mir zu trinken, machte mein Bett und ermunterte mich. Sie stammte aus der Ukraine und war noch vor 3 Wochen in einem deutschen Lazarett tätig gewesen. Alle Schwestern brachten zum Ausdruck, daß es ihnen in dem deutschen Lazarett sehr gut gegangen sei!

Abendvisite: Es öffnet sich die Tür und zwei Männer in „Weiß", Ärzte oder Feldschere, betreten den Raum. Alles wurde kritisch revidiert, bevor sie sich uns zuwandten. „Nun, wie gehts?" „Schlecht", war meine Antwort, hatte ich doch ziemliche Schmerzen im linken Arm, Kopfweh und das Gefühl von Fieber. „Bald wird es besser", lautete die Antwort. Diesen Satz konnten wir in den späteren Jahren immer wieder hören, wenn wir Klagen hatten. Wir lernten aber bald zu unterscheiden, ob es eine Phrase war, oder der Ausdruck des guten Willens. Nach der Visite auf dem Zimmer wurden wir einzeln in die Ambulanz gebracht. Es folgten jeden Tag die gleichen Fragen: „Name, Vatersname, Alter, Dienstgrad, usw.". Die Verbände wurden ersetzt. Sauberes, ehemalig deutsches Verbandsmaterial war genügend vorhanden. Beim Anblick meines Armes machte der Chirurg ein sehr bedenkliches Gesicht. Das Ellbogengelenk war stark geschwollen und voller Eiter. Die Schwellung ging hinter vom Ellbogen bis zum Handgelenk. „Ich fürchte der Arm muß abgenommen werden. Bei dem Durchschuß wurden anscheinend Knochen und Sehnen verletzt", erklärte der Arzt. Meine Antwort war: „Nein, und wenn ich sterbe!" Es wurde angeordnet eine Röntgenaufnahme zu machen, sobald die Schwellung und das Fieber zurückgegangen seien. In der folgenden Nacht verfolgte mich der Gedanke, ohne den Arm kann ich nicht mehr reiten, nicht mehr schießen, nicht mehr jagen und vieles andere. Ein oder mehrere Stoßgebete sandte ich zum Himmel um Hilfe. Als alle meine Verletzungen – am Kopf, der linke Arm, die Hüfte und beide Oberschenkel – sorgfältig geröntgt waren, stellte man fest, daß wie der Arzt sagte „für Leben nichts kaputt" war. Ein Stein fiel mir vom Herzen.

Während der Nächte wachte ein verwundeter Soldat, auf einem Schemel vor dem Fenster sitzend, über uns drei. Er war leise, höflich und hilfsbereit. Für ihn waren wir eben Kameraden. Die „Fürsorge" in diesem Lazarett ging noch weiter. Jeden Morgen um 10.00 Uhr erschien ein Oberleutnant, ein Kommissar, in unserem Zimmer und erkundigte sich in deutscher Sprache nach unserem Befinden. Man hatte das Gefühl, daß ihm der Gesundungsprozeß nicht schnell genug ging. Ob man die Betten brauchte, wie das in Krankenhäusern ja so üblich ist, oder ob er etwas mit uns vorhatte? Ich wußte es nicht. Mißtrauen kannte ich damals noch nicht, ging doch alles korrekt vor sich. Nach den persönlichen Gesprächen wurden wir über den Wehrmachtsbericht informiert. Erfolge der Deutschen Wehrmacht gab es natürlich nie. Beißende Ironie und Gehäßigkeit klangen aus jedem Wort.

Hauptthema war täglich der 20. Juli und seine Folgen an der Front und vor allem in der Heimat. Immer wieder versuchte dieser Oberleutnant unsere Stellungnahme zu dem Kommunismus, zu dem großen Unrecht des Krieges und anderen Problemen herauszulocken. Wir merkten die Absicht und schwiegen.

Durch die gute ärztliche Behandlung, die liebevolle Betreuung und die kräftige Kost kamen wir schnell wieder auf die Beine. Ich war schließlich erst

33 Jahre alt. Unser Kommissar verfolgte unsere Fortschritte mit Interesse und meinte, nach Rücksprache mit dem Arzt am 4. August, nun seien wir transportfähig. Jeder wurde gefragt, ob er transportfähig sei. Man wolle uns ja in einSanatorium bringen, wo wir weiter gepflegt werden könnten. Das Wort „Sanatorium" entlockte mir die skeptische Frage „was er unter einem Sanatorium verstände?". „Ein Erholungsheim, wo schon viele Kameraden von euch sind", war die Antwort. Wir stimmten dem Abtransport zu, wenn auch mit einem unguten Gefühl.

Am nächsten Morgen um 6.00 Uhr wurden wir geweckt, mit Bratkartoffeln verpflegt und mußten uns zum Transport herrichten. „Meine" Schwester half mir liebevoll beim Anziehen. Als wir bereit waren, nahmen wir mit herzlichem Dank von den Schwestern Abschied, die uns mit traurigen Blicken nachschauten. Ob sie ahnten, wohin die Reise ging, oder ob sie auf ein „Trinkgeld" warteten?

XVI.
Wir fliegen in ein „Sanatorium"

Ein Lkw, alt und verkommen steht vor der Tür des Lazaretts. Der uns schon bekannte Oberleutnant, unser Betreuer, wartet schon. Die Lazarettleitung gibt uns abgenommene Gegenstände, Papier, Brieftasche, Fotos vollständig zurück und erklärt uns Offiziere, für aus dem Lazarett entlassen. Auf dem Flugplatz angekommen, zeigte unser Begleiter uns voller Stolz die fabelhafte, den Amerikanern nachgebaute, Maschine der Firma Douglas. Der Pilot wurde als hochdekorierter Offizier – Held der Sowjetunion – vorgestellt. Außer uns kletterten einige Offiziere der Roten Armee und einige Zivilisten in das Flugzeug. Ich war bis zu diesem Zeitpunkt schon sehr oft geflogen und konnte feststellen, daß der Pilot sehr gut und sicher flog.

Start und spätere Landung erfolgten weich. Sechs Stunden dauerte der Flug von Proskurow nach Moskau, dem wir mit Spannung entgegen sahen. Endlich, da lag die Riesenstadt! Bei einer Schleife über der Stadt, wurden uns der Kreml und einige markante Gebäude von oben gezeigt. Nach dem Aussteigen führte unser Oberleutnant seine drei Opfer in das Flugplatzgebäude. Wir landeten in dem schlichten Büro des Platzkommandanten. Dieser hatte seine Gäste offensichtlich erwartet. Er empfing uns freundlich und führte uns an einen gedeckten Teetisch! Eine Frau mit weißer Schürze und Häubchen brachte Tee, Zucker, Gebäck und Papyrossi. Mir blieb der Mund offen stehen. Sollten denn die von Goebbles versprochenen Grausamkeiten so aussehen? Der Betreuer sah unser Staunen und sagte: „So werden in Moskau kriegsgefangene Offiziere behandelt". Es dauerte aber nicht lange, dann belehrte man uns eines anderen. „Zuckerbrot und Peitsche", war uns aus der Literatur ein Begriff. Immer wieder litten wir, auch später, unter dem bekannten Wechsel von Stimmung und Taktik, der überraschender Weise auf innige „Umarmung" – eisige Zurückhaltung, Brutalität folgen ließ.

Als es dunkel wurde, erschien ein großer hagerer Oberstleutnant mit Brille, warf einen unfreundlichen Blick auf uns. „Marsch" sagte er, „folgen Sie mir". Unser Betreuer ging am Ende der Reihe. Draußen auf dem verdunkelten Platz stand kein Krankenwagen, wie ich nach der Teestunde erwartet hatte, sondern ein geschlossener Lastwagen, der sich bei näherem Hinblicken als „Grüne Minna" erwies. Vielleicht hatte man im Kriege keine Krankenwagen, dachte ich in meiner Harmlosigkeit. Wir rollten mit Getöse durch die teilweise holperigen Straßen der dunklen Hauptstadt der Sowjetunion. Die Ritzen der vergitterten Fenster ließen keinen Ausblick zu. Ob wir wohl in ein Lazarett oder Sanatorium fuhren? Plötzlich hielt unser Fahrzeug; der Oberleutnant, unser Begleiter seit Proskurow, stand auf, verabschiedete sich durch Handschlag und sprach die prophetischen Worte:

„Der Krieg ist bald zu Ende und dann werdet ihr gleich nach Hause geschickt". Ein Glück, daß wir damals noch nicht wußten, was „Bald" oder „Morgen" im Munde eines Kommissars bedeuteten. Eine zweite Ankündigung folgte: „Gleich werdet ihr im Sanatorium sein". Dieses „Gleich" stimmte, nur das Sanatorium nicht. Wenige Minuten später bog der Wagen von der Straße ab und hielt vor einem großen Tor, das sich dann wie von Geisterhand bewegt mit einem leisen Surren öffnete. Heute öffnen sich bei uns viele Garagen oder Firmentore ferngesteuert. Die Sowjetunion hatte das damals schon! Erwartungsvoll betraten wir eine große Halle, deren Wände halbhoch gekachelt waren. Der Fußboden hatte große bunte, glatte Steinplatten. Hinter einer Theke stand ein Mann in Uniform. Hinter ihm ein sehr großes Brett mit vielen Schlüsseln. Doch ein Sanatorium, und zwar ein sehr großes? In alle Richtungen führten eiserne Türen. Kein Laut war zu hören. Der große Oberstleutnant übergab uns dem „Portier". Es erschien ein Soldat mit blauen Spiegeln am Kragen, winkte uns herbei und schloß eine der vielen Türen auf. Wir traten ein, die Tür fiel ins Schloß und wurde von außen abgeriegelt. Also – kein Sanatorium –.

XVII.
Im Staatsgefängnis Budyrskaja

Zwei bis drei Stunden Warten. Es ging auf Mitternacht. Auf unseren Gesichtern stand die gleiche Frage, wo sind wir hier, was sollen wir hier? Wie werden wir uns verhalten, werden wir getrennt? Unsere letzten militärischen Erlebnisse bis zur Gefangennahme hatten wir schon leise ausgetauscht. Auch das Komitee „Freies Deutschland" wurde, soweit möglich, besprochen. Wir waren uns einig: Die Männer des „Freien Deutschland" sind Verräter, mit denen wir nichts zu tun haben wollten. Wir würden keine

Unterschriften leisten, das war klar! Noch klar, möchte ich sagen. Wußte doch keiner von uns, was bevorstand. Keiner kannte die teuflischen Methoden, die Menschen in die Knie zu zwingen. Ich wage sogar zu behaupten, keiner von uns kannte die Grenze der eigenen Belastbarkeit. Erfahrungen, wie sich ein Mensch in der Lage bedrückender, freiheitsberaubender Einengung und schmerzenden Hungers verhält, lagen nicht vor.

Der Hunger machte sich bemerkbar, die unversorgten Wunden schmerzten. Gegen den Willen meiner Leidensgefährten, die ja wesentlich älter als ich waren, fing ich an, an der Türe zu klopfen. Nichts erfolgte. Mich packte die Wut. Mit der Faust hämmerte ich gegen die Tür. Ich hörte nicht auf, bis ein Posten die Tür aufschloß, mich anfuhr und „Ruhe" brüllte. Gegen unvorhergesehenen Lärm, zumal in der Nacht, war man im Gefängnis allergisch; konnte doch jemand im Hause aufmerksam werden. Auf die Frage, was ich wollte, versuchte ich mit meinen wenigen russischen Worten und Gebärden zu sagen und zu zeigen, daß wir Hunger hätten und, daß ich einen Arzt benötigen würde. Die Antwort lautete: „Essen nein, mitten in der Nacht, Essen nein. Aber einen Arzt ja. Gleich wird er kommen". Diese Wachsoldaten trugen die Verantwortung für ihre Schützlinge, wenn diesen etwas zugestoßen wäre, wären sie dran gewesen. Er ging. Nach wenigen Minuten, wieder der Schlüssel in der Tür. Eine ältere, garstige Frau trat ein und begann uns zu untersuchen. Eigentlich wurde nur der Puls gefühlt. Mit den Worten „Alles in Ordnung" schlich sie wieder raus. Wieder begann ein längeres ungewisses Warten. Warten wurde unser Los, daß wußten wir jetzt schon. Wieder ein Schlüssel. Ein Posten erschien und entführte die beiden Generale. Ein kurzer Abschied mit den Worten „Ohren steif halten, nichts unterschreiben!". Ich war allein. Nach wenigen Minuten holte man auch mich ab. Es folgte der erste Nachtmarsch durch das riesige Gefängnis. Eiserne Türen, lange Gänge, Steinfußböden darauf Kokosläufer. Vor jeder eisernen Tür ein Halt. Ein Blick durch das

Guckloch, ein Klopfen mit dem Schlüssel gegen die Eisentür. Dieses Zeichen bedeutet: „Achtung, es kommt jemand". Keiner sollte uns sehen! Ein unheimliches Gefühl. Es ging vorbei an einem kleinen Wachhäuschen, in dem ein Posten saß. Türen rechts und Türen links. Am Ende des Flures stand ein älterer Posten, der bei unserem Kommen mit dem Schlüssel klapperte. Er hatte uns erwartet und öffnete eine Tür. Ich wurde in einen Raum geschoben, die Eisentür ging zu. Dämmerung umgab mich. Über der Tür eine kleine Luke, darin eine schwache Birne. Das Fenster verdunkelt. Es war mir unbegreiflich was dieses alles bedeuten sollte.

Ich inspizierte den Raum und stellte fest, 4 Eisenbetten, zwei rechts, zwei links, 4 nachtkastenähnliche Gebilde und vier Schemel. Sonst nichts. Nach einigen Minuten erschien mein Posten wieder und brachte mir folgende Gegenstände:

1 Matratze mit Kopfpolster,

1 weißes Laken mit Kopfkissenbezug

1 emaillierte, stark abgestoßene und nicht mehr saubere Blechschüssel

1 gleichen Blechbecher und

1 Holzlöffel, wie ich ihn schon früher einmal geschildert habe.

Die Tür knallte wieder ins Schloß. Mit knurrendem Magen, schmerzenden Wunden, hundemüde, saß ich auf der Bettkante. Wie gerne hätte ich mich zum Schlafen gelegt, aber mit Stiefeln? Allein konnte ich sie nicht ausziehen. Ein Stiefelknecht gehörte nicht zu meinem großartigen Inventar. Der beobachtende Posten klopfte und sagte: „Schlafen!". Ich zeigte auf die Stiefel und machte ein verzweifeltes Gesicht. Die Tür ging auf, hilfsbereit kam der Posten und zog mir die Stiefel, die nach einem Auffein von mehr als 24 Stunden fest am Fuß saßen, nach Soldatenmethode aus. Mit Wolluste konnte ich mit einem Fuß auf den Hintern des Rotarmisten treten. Auch beim Ausziehen war der Mann behilflich. In Unterhose und Hemd legte ich mich nieder. Zu einem Hilferuf an meinen Herrgott und an die

Mutter Gottes, wobei ich besonders an das Gnadenbild von Ettal dachte, vor dem ich so oft und so gern gekniet hatte, reichte meine Kraft gerade noch aus. Es begann die erste Nacht in diesem Hause, das als Staatsgefängnis Geschichte gemacht hat.

Durch ein Poltern an der Tür wurde ich wach. 6. August 1944. Jeden Morgen und ungezählte Male am Tage dachte ich darüber nach, was jetzt zu Hause los sei. Am 6. August hatte Tante Klara, eine der sieben Schwestern meines Vaters, Geburtstag. Wir haben sie als Kinder gefürchtet, wir wußten aber, daß sie sehr fromm war und ich spürte, daß sie jetzt mit meiner ganzen Familie unaufhaltsam für mich betete, für mich, der ich um diese Zeit doch für tot gehalten wurde.

Ein Sergeant betrat mein „Zimmer", entfernte eine Verdunkelungsplatte von dem Fenster. Es wurde fast Tag. Im Vorbeigehen fragte er nach meinem Namen, dem Dienstgrad, Vatersnamen usw.. Auch hier im Gefängnis, wo wir keinerlei Möglichkeit hatten auszurücken bzw. Personen auszutauschen, wurde diese Frage täglich ein- bis zwei Mal gestellt. Mußte ja geprüft werden, ob auch derselbe Mann im selben Raum war. Das Fenster war klein, mit Eisenstangen vergittert und so hoch, daß ich nicht herausgucken konnte. Das Eisengitter vor dem Fenster überzeugte mich erneut, daß ich nicht im Sanatorium, sondern im Gefängnis hockte.

Unter dem Spion in der Tür war eine Klappe, etwa 30x30 cm groß. Eine lebenswichtige Verbindung zurAußenwelt. Ein menschliches Rühren veranlaßte mich, den in der Ecke stehenden Kübel zu untersuchen. Beim Öffnen des Deckels beantwortete der herausströmende Geruch meine Frage: – Aha, das Zimmerklosett! – Zimmerklosett, Abfalleimer, Ausguß, alles in einem Gefäß. Auf dem Flur hörte man nun das Geräusch eines Wagens, das Klappern von Blechgefäßen und das Poltern der herunterfallenden Türklappen. Nun war der Wagen vor meiner Tür, die Klappe öffnete sich, eine rundliche, ältere Frau im weißen Mantel schaute neugierig auf den Neuen und fragte: „Wieviele Personen?" Mit schnellen Bewegungen schob sie ein Stück feuchten, dunklen Brotes, ein Stückchen Speck, etwa 30 g, 4 Würfel Zucker und eine kleine Blechkanne mit heißem Wasser, von ihr als Tee bezeichnet, herein. Die Klappe flog zu. Der Wagen rollte weiter. Mein Blechnapf und der Becher wurden erstmal mit dem heißen Wasser über dem „Ausguß" gereinigt. Das Brot in der einen, den Speck in der anderen Hand, saß ich auf der Kante des Bettes. Brot und Speck schneiden ohne Messer! Daß ich von jetzt an legal 9 1/1 Jahre kein Messer haben durfte, ahnte ich nicht. Ein Blick zur Tür ließ mich das beobachtende Auge des Postens erkennen. Die Klappe flog auf, er zeigte mir, daß ich das Brot zerbrechen und den Speck abbeißen sollte. Ich folgte dem Rat, mein Hunger war groß. Wielange muß ich mit dem Vorrat auskommen, war nun die Frage. Das lernte ich aber schnell. Brot und Speck, oder nur Brot, gab es einmal täglich.

Wieder hörte ich eine Tür nach der anderen auf- und zugehen, Menschen gingen draußen vorüber. Jetzt war auch ich dran. Mit meinem „wohlriechenden" Eimer in Vorhalte und einem kleinen Leinenfetzen, als Handtuch in der Tasche, geleitete der Posten mich in ein winziges, ungelüftetes WC. Ein schneller Rundblick: „Kein Papier!". Ich blieb in der Tür stehen und verlangte Toilettenpapier. Welch eine Idee! Mein Posten holte netterweise aus seinem Wachhäuschen einen Fetzen Packpapier, wahrscheinlich sein Zigarettenpapier. Die Toiletten im Gefängnis und in den späteren Lagern waren Standbrillen oder Standdonnerbalken, die wir je nach Platzzahl „Zwei-, Vier- oder Sechs-Zylinder" nannten. Sicher hygienischer als Sitze! Unter Zeitdruck seine Notdurft zu verrichten war grausam. Das Waschen ging sehr schnell. Zahnbürste und Seife hatte ich nicht. Zurück ging es in die Zelle. Aus den Geräuschen auf dem Flur entnahm ich, daß nach und nach die ganze Belegschaft den gleichen Weg zur Toilette zurücklegte.

Gegen Mittag erschien eine Ärztin, fragte mich natürlich nach dem

Namen und nahm mich mit zur Behandlung. Wieder lange Gänge, Eisentüren mit Gucklöchern, Treppen runter, wieder ein Gang. Eine Tür öffnete sich. Ich stand in der Ambulanz. Alles gepflegt und sauber. Wieder eine Bestandsaufnahme der Person: Name usw.. Dann die stereotype Frage „Na wie gehts?". Meine Antwort: „Schlecht, sehr schlecht". „Warum?", fragte die Ärztin. „Ich weiß nicht, wo ich bin, ich habe Schmerzen, ich habe keine Zahnbürste, keine Seife, bin unrasiert usw.". Jetzt kam die wunderbare Antwort: „Morgen wird das besser sein". Um diese Zeit glaubte ich noch an solche Versprechungen. Es folgte eine sorgfältige Untersuchung meines Armes, mit der immer noch schmerzenden, feuchten Wunde. Die Schmerzen gingen von der Schulter bis in die Hand. Der Arm war steif. Schnell und geschickt gab es einen neuen Verband und der Puls wurde gefühlt, dann ein Blick in die Augen und in den Hals. Meine anderen kleinen und großen Verletzungen, an der Hüfte und an den beiden Oberschenkeln, erhielten ein neues Pflaster. Die erste und jede weitere Behandlung im Gefängnis waren sorgfältig. Offensichtlich war ich doch interessant für meine Bewacher. Wie interessant ich war, sollte ich bereits in Kürze erfahren.

Nach Rückkehr in meine Zelle habe ich diese erst einmal genau untersucht. An den Wänden, die mit grauer Ölfarbe gestrichen waren, fand ich viele Namen, aber keine Bekannten. Als erstes habe ich mir nun durch Kratzen mit dem Fingernagel an der Wand einen Kalender angelegt. Mein Ankunftsdatum wußte ich, es war der 6. August. Jeden Morgen wurde nun ein neuer Strich gemacht.

XVIII
Neue „Vernehmungen"

Wieder ging die Klappe auf. Eine Vorankündigung: „Gleich geht es zur Vernehmung!" Ich fing an zu zittern. Ein Stoßgebet zum Heiligen Geist.

Dann war es soweit. Ein Läufer brachte mich mit größter Vorsicht in ein Zimmer, wo ein NKWD-Offizier (Major) und ein Dolmetscher mich kühl empfingen. Die üblichen Fragen um einiges erweitert, keine Einzelheiten. Vorsichtig, teils freundlich teils grob, tastete sich der Major an mich heran. Als er einige Minuten den Raum verließ, folgte ein kurzes Gespräch mit dem netten Dolmetscher, einem Musikstudenten als Leningrad. Er zeigte sich als Liebhaber deutscher Musik. Die Vernehmung war zu Ende. Es folgte nur noch eine Frage: „Und wie geht es sonst?" Von mir die gleiche Antwort, wie bei der Ärztin. Besonders betonte ich, daß ich nichts zum Lesen hätte. Es folgte die Antwort: „Morgen wird das besser, ich werde versuchen, Ihnen zu helfen". Bei meiner nächsten Vernehmung, die in der Nacht stattfand, wollte der Herr gleich gute Stimmung bei mir hervorrufen und sagte: „Ich habe alles besorgt", dazu – man höre und staune – „sogar einige Süßigkeiten. Alles habe ich dem diensttuenden Posten auf Ihrem Flur gegeben". Toll, dachte ich, ohne zu ahnen, wie wir bestohlen und belogen wurden in diesem „Paradies". Seine Hilfsbereitschaft war noch nicht zu Ende; noch in der Nacht sollte ich rasiert werden. Als Lesestoff zog er aus der Tasche: Plivier „Im Wald von Compiegne". Der Schriftsteller Plivier war mir bisher unbekannt. Da ich nicht ahnte, was in diesem wunderbaren Buche stand, sagte ich sogar „Danke". Dieses und andere Werke von Plivier, in dem die Deutschen mit Schmutz beworfen werden, sollten wir häufig kennenlernen. Sie waren für unsere „Umschulung" sehr geeignet. Plivier hat einige Jahre später einen inneren Stellungswechsel vollzogen und starb, soweit mir bekannt, in der Schweiz. Hier sei vermerkt, daß ich die versprochenen Dinge über den Posten auf dem Flur nie erhalten habe. Also weiter ohne Zahnbürste, Zahnpasta, Seife, Klosettpapier und vieles andere. Es ging zurück in die Zelle, wo ich die unterbrochene Nacht fortsetzte.

Am nächsten Vormittag, nach den üblichen Verrichtungen, wurde die Zellentür plötzlich geöffnet. Ein Mann im weißen Mantel mit einer

Maschine, die der Kälberschermaschine auf dem väterlichen Hofe ähnlich sah, erschien, baute seinen Apparat auf und fing an zu treten. In wenigen Minuten war mein bereits einige Zentimeter langer Bart unter Ziepen und Zerren abgeschoren. Die Stoppel blieben natürlich zurück. Höhnisch sagte mein Kommissar bei der nächsten Vernehmung: „Gut sehen Sie jetzt aus".

Die Vernehmungen gingen in den nächsten Tagen weiter, teils am Tage teils in der Nacht. Vor Mitternacht aus dem ersten Schlaf gerissen, oder mittags, wenn der Essenswagen sich näherte und ich schon Appetitfäden im Munde zog. Besonders geeignete Momente, um das Opfer zu quälen. Dauer dieser Gespräche oft mehrere Stunden. Es war mir unbegreiflich, warum man immer wieder die gleichen Fragen stellte, zur Person, zur Ausbildung, zum Kriegsgeschehen, zur Bewaffnung, zum Verlauf der Gefechte und vieles mehr. Meine Erklärung: „Das sage ich nicht oder das weiß ich nicht", machten gar keinen Eindruck. Damit die Vernehmung in Güte weiter gehen sollte, wurde mir eine Papyrosse angeboten. Sie anzunehmen ging gegen meine Ehre. Daß der Kommissar kleine Nuancen in dem Fragenkatalog änderte, habe ich erst später gelernt. Ziel dieser Methode war, das Opfer aufgrund geänderter Aussagen, zu überführen. Viele von uns wurden Jahre später wegen widersprechender Angaben unter Druck gesetzt oder gar verurteilt. Besonders betroffen waren durch diese Methoden die Angehörigen der Waffen-SS. SS war für alle Russen ein rotes Tuch. Ich erinnere mich an zwei Kameraden, die sich konstant, jahrelang als Offiziere oder mit einem höheren Dienstgrad ausgaben, ohne erwischt zu werden. Hier sei nebenbei erwähnt, daß ein höherer Dienstgrad nur in den ersten Jahren einige Vorteile brachte, später aber die Gefangenschaft verlängerte.

In einer weiteren Vernehmung wurde ich gefragt, ob ich bereit sei, eine schriftliche Ausarbeitung zu machen. Trotz meiner klaren Ablehnung kam die Frage noch mehrfach. Oft wurde die Vernehmung abrupt abgebrochen, nie unterblieb aber eine freundliche Verabschiedung.

XIV
Der „Spaziergang"

Drei oder vier Tage nach meinem Eintreffen, es war ein sonniger Augusttag, wurde ich von einem Posten mit den Worten „Spazierengehen" – auf russisch natürlich – abgeholt, durch Gänge, über Treppen nach unten geleitet und in einen Hof geschoben. Rund herum hohe Bretterwände, an jeder Ecke ein Wachturm mit einem bewaffneten Posten darauf. Ein weißer Strich im Abstand von ca. 3 m von der Wand entfernt, wurde mir als meine „Laufbahn" angezeigt. Ich freute mich trotz der widrigen Umstände über die frische Luft und über die irgendwo am blauen Himmel stehende, aber nicht sichtbare Sonne. Mit Galgenhumor dachte ich an das erste Kommando in der Reitbahn „Auf die rechte Hand gehen!" In langsamem Schritt ging ich einige Runden rechtsherum, einige linksherum. Für den Handwechsel durfte ich aber nicht „durch die ganze Bahn wechseln", sondern mußte eine Hinterhanddrehung machen. Wenn ich einen Schritt abseits des Striches trat, gingen die Gewehre auf den Türmen in Anschlag. Ich wurde zurückgepfiffen. Mit Verachtung blickte ich zu den Posten herauf. Erst viel später lernte man die Posten kennen, merkte, daß einige freundlich herunterschauten, einige zu schlafen schienen. Ich betonte „schienen". Ein russischer Soldat kann scheinbar mit geschlossenen Augen alles sehen!

Ich ging „Auf dem Strich", aber leider nicht so, wie man es früher in Dresden, Berlin, Hannover gern und oft getan hatte. Plötzlich hörte ich über mir aus einem Fenster Stimmen, laute Stimmen, deutsche Worte. Natürlich blieb ich stehen. „Sie junger unerzogener Dachs wissen wohl gar nicht, was sich gehört!" Mein Herz fing an schneller zu schlagen. Also es waren noch weitere Kameraden in diesem Hause.

In der Ecke des Hofes hing eine Sanduhr. Als sie abgelaufen war, öffnete sich die Tür; ich wurde gerufen und zurückgeführt. Diese Spaziergänge von ca. 20 Minuten fanden in jedem Gefängnis an sechs Tagen der Woche statt, soweit das Wetter dies zuließ.

Als ich das nächste Mal zur Vernehmung gerufen wurde, fragte ich ganz mutig: „Sind außer mir noch Deutsche in diesem Haus?". Die Antwort lautete: „Das ganze Haus ist voll, es können über Tausend sein. Sie dürfen das Haus aber nicht als Gefängnis bezeichnen! Das ist eine Einrichtung, in der sie nur vorübergehend für Vernehmungen untergebracht sind". Nun war ich natürlich gespannt, wer wohl noch im Hause säße und fing an mein Ohr zu schulen auf alle Geräusche, die auf dem Flur zu hören waren. Nach kurzer Zeit kannte ich jeden Laut. Ich wußte genau, wann die Verpflegung kam, wann der Arzt bzw. die Ärztin kam, wann einer zur Vernehmung gerufen wurde, usw.. Die Schulung meines Gehörs führte dazu, daß ich nach einiger Zeit Gespräche in der Nebenzelle brockenweise verstehen konnte, ja ich hörte sogar Namen. Wenn ich zur Vernehmung oder zumArzt ging, nahm ich mir von der Normaluhr, die auf der Treppe hing, die Zeit mit und legte mir in der Zelle eine Sonnenuhr an. Später kombinierte ich die Zeiten mit den Postenablösungen und sonstigen Bewegungen und Geräuschen. Bald wußte ich, daß auf diesem Flur nur Deutsche lagen und wahrscheinlich auf auf dem Flur über mir.

XX.
Man muß sich zu helfen wissen

Langsam, mit der Besserung meines Gesundheitszustandes, begann ich mich trotz ständigen Hungers, einzuleben. Ich wußte, daß Landsleute, vermutlich Kriegskameraden, mein Schicksal teilten. Dieses Wissen veranlaßte mich vermehrt auf jedes Geräusch im Hause zu achten.

An dem Klappern der Blechnäpfe konnte ich erkennen, wieviel Personen in jeder Zelle waren. Sechsmal klappern bedeutete also 3

Personen. Gab es doch pro Person etwa einen halben Liter dünne Wassersuppe, in die meist mehr Augen hineinschauten als heraus. In der gelegentlichen Fischsuppe schwammen zahlreiche Gräten. Aus ihr schauten uns Fischaugen traurig an. Als zweiten Gang gab es ca. 1/4 l Brei, genannt Kascha, bestehend aus Grütze, Hirse oder Maisschrot mit etwas Salz.

Mein Gehör wurde immer besser. Ich verstand einzelne Worte, ja sogar Namen aus der Nebenzelle. Ich fing an zu klopfen, was mir eine Rüge des Postens einbrachte. Bedrückend war, nie die Uhrzeit zu wissen. Unsere Uhren hingen am Arm irgend eines Rotarmisten. Meine an der Wand angelegte Sonnenuhr ließ an Genauigkeit zu wünschen übrig. Ich war eben ständig auf die Sonne angewiesen, die nicht immer hereinschaute. Häufig hörte ich an den Türen, daß jemand gesucht wurde. Alle Insassen fragte man nach den Namen, Vornamen, Vatersnamen, bis der Richtige gefunden war. Dann folgte der Befehl: „Los, mit Sachen!". Aha, hier wurde einer verlegt oder abtransportiert. Dieser Vorgang vollzog sich zu unregelmäßigen Zeiten, mal am Tage, mal in der Nacht. Immer lebte man in Ungewißheit, die an den Nerven zerrte. Das gehörte ja zum System! Meine Stimmungen wechselten. Einmal war ich froh allein zu sein, ein anderes Mal suchte ich jemand, um mich auszusprechen. Man konnte in sich gehen, man konnte beten. Heute würde man sagen, man konnte meditieren.

XXI.
Begegnung mit Kameraden

Etwa 10 Tage war ich nun im Gefängnis. Die Vernehmungen hatten zunächst aufgehört. Bei der letzten Begegnung hatte der Kommissar wieder zu mir gesagt: „Bald wird es besser!". Wenn ich diesen Satz heute nach fast 26 Jahren niederschreibe, fällt mir ein Wort von Karl Marx aus dem

Jahre 1844 ein, das ich vor kurzem nochmals las: „Religion ist Opium für das Volk. Die Religion will mit dem Versprechen eines besseren Morgen das Heute erträglicher machen". Ob unsere bewachenden Russen das auch wollten?

Noch einmal ein Blick in meine Zelle: mein Bart war wieder lang, er wurde trotz meines jugendlichen Alters langsam grau, die Haare waren ungepflegt, Kamm und Bürste gab es nicht, die Finger und Fußnägel wuchsen langsam zu Schaufeln. Ich fühlte mich täglich verkommener. Plötzlich und unerwartet wird meine Tür geöffnet, ein Sergeant sagt mit freundlicher Stimme: „Los, mit allen Sachen!". Den Strohsack und meine wenigen nützlichen Besitztümer konnte ich mit meinem steifen linken Arm nicht tragen. Man staune: Der Sergeant ergriff die Sachen und trug sie für mich. Unterwegs murmelte er das Wort „Kameraden". Was er damit meinte, ging mir erst auf, als er eine andere Zelle aufschloß, die Sachen auf die Erde warf und mich hineinschob. Die Tür fiel ins Schloß.

Ich ahnte nicht, wie jemand nach langem Gefängnisaufenthalt aussieht. Fünf Männer, grau, unrasiert, mager, bekleidet mit Sporthöschen und kurzärmeligen Hemden saßen auf den Hockern oder den Bettkanten. Ein Schreck durchfuhr mich. Jetzt wirst du auch noch mit Verbrechern zusammengesperrt, war mein Gedanke. Weit gefehlt! Die fünf erhoben sich von ihren Plätzen und verneigten sich ein wenig. Der Reihe nach stellten sie sich mir vor. Drei von diesen neuen Kameraden sind mir heute noch genau im Gedächtnis.

1.) Ein ungarischer Oberstleutnant, lang, hager, immer hungrig. Er war eingebildet, schwätzte viel und rauchte noch mehr.

Rauchen? Ja, wir bekamen jetzt nach Vorschrift täglich zu der guten „Verpflegung" auch 5 g Tabak. Über das Rauchen werde ich später noch einmal berichten. Dieser Bettnachbar wurde alle zwei bis drei Tage zur Vernehmung geholt, blieb lange fort und kam in bester Laune wieder.

Meine bisherigen Vernehmungen hatten mir keine Veranlassung gegeben, guter Laune zu sein. Ein Verdacht stieg in mir auf. Eines Tages kam er wieder und verschenkte sein Essen, weil er schon satt war! Das nächste Mal brachte er Weißbrot und Butter mit! Dann folgte eine Schachtel Zigaretten. Er sagte: „Ich habe meine Aufträge erfüllt und bekam die Zigaretten zum Abschied": Auf meine Frage nach seinen Aufgaben, berichtete er, was er alles mündlich und schriftlich von sich gegeben hatte. Pfui Teufel, dachte ich!

Zwei Tage später verschwand dieser Mann aus unserer Zelle.

2.) Ein landwirtschaftlicher Sonderführer, geboren in Brünn, lang, dürr und auch immer hungrig. Rauchen war seine Leidenschaft. Er erzählte, wie gut es ihm während des ganzen Krieges in der Etappe gegangen sei, wieviel Pakete er mit Lebensmitteln nach Hause gesandt hätte.

Die Umstände seiner Gefangennahme waren recht merkwürdig. Dieser Mann versuchte uns auszuhorchen und verwickelte uns immer wieder in Gespräche. Sein Benehmen war miserabel. Ein großer Egoismus zeichnete ihn aus. Als Sonderführer sprach er fließend russisch. Wenn wir ihn baten, einmal unsere Interessen zu verdolmetschen, lehnte er es ab. Merkwürdig, auch in späteren Jahren habe ich es oft erlebt, daß russischsprechende Kameraden ihre Sprachkenntnisse nicht für uns verwandten. Viele von ihnen standen auch in russischen Diensten, was wir aber nicht immer wußten. Dieser Sonderführer wurde ebenfalls oft zur Vernehmung geholt und kam satt zurück. Später begegnete er mir in dem Lager 27, wo er von allen gemieden wurde und eine dunkle Rolle spielte.

3.) Ein Arzt aus Ostpreußen. Er war bereits 3 Jahre – seit August 41 – in Gefangenschaft und hatte eigentlich alles erlebt, was ein Gefangener in der SU erleben kann. Nach der Gefangennahme im Abschnitt Mitte wurde er von der kämpfenden Truppe mitgeschleppt, durchlief mehrere Lager, saß zum dritten Mal nun im Gefängnis, hatte als Arzt gearbeitet und war wegen politischer Unzuverlässigkeit abgelöst worden; hatte alle Krankheiten, einschließlich Fleckfieber, mitgemacht, war geschlagen und getreten worden. Seine Menschenrechte hatte man aufs Gröbste verletzt. Wirklich geläutert hatte dieser Mann ein Fegefeuer durchlaufen. Seine Gesundheit war stark angeschlagen. In jeder Weise ein Dystrophiker, wie diese abgewirtschafteten Menschen bei uns genannt wurden. Im Gegensatz zu den oben geschilderten zwei Personen war mein erster Eindruck von Dr.V. gut. Ihm schloß ich mich daher an. Seine Berichte und seine Warnungen bewahrten mich davor, unangenehmes Lehrgeld zu zahlen. Über die politischen Machenschaften des „Freien Deutschland", das mir bisher, wie berichtet, erst ein oder zweimal begegnet war, wurde ich genau informiert. Auf meine Frage, warum man an ihm offensichtlich ein so großes Interesse habe, erzählte er mir von einer Seereise (1934) in das Schwarze Meer, bei der sein Luxusschiff, infolge eines Maschinenschadens, Sewastopol anlaufen mußte. Die Passagiere hatten die Stadt besichtigt. Ohne zu ahnen, daß in der SU die Wände Ohren haben und daß Spitzel unter uns saßen, hatte er von der Reise einem Kameraden berichtet. Jetzt war er für seine Peiniger ein Spion. Dieser Bericht wurde für mich eine Warnung! Vorsicht kein Wort zuviel! Schweigen ist Gold! In der Zelle sprach unser Doktor kaum, aber bei unseren Spaziergängen auf dem Strich flüsterte er mir vieles zu.

Eine weitere Erzählung beeindruckte mich sehr: Unser Doktor hatte im vorhergehenden Jahr noch eine gute Offiziermütze und wurde aufgefordert diese für einen Frontbevollmächtigten des „Freien Deutschland" abzugeben. Seine strikte Ablehnung zog sofort erneute Zwangsmaßnahmen gegen ihn nach sich. Auch wir wurden später aufgefordert unsere noch brauchbaren Uniformen für verräterische Zwecke abzugeben. Ich habe alles wie eine Reliquie geschont bis es auseinanderfiel.

Dr. V. öffnete mir die Augen über die Schwächen und Fehler der Menschen.

In dem Roman „Perdita", den Namen der Verfasserin habe ich leider vergessen, las ich einmal „Es gibt keine Situation im Leben des Menschen, die so demaskiert wie die Gefangenschaft".

Es besteht tatsächlich nie eine Gewissheit, wie sich ein Mensch in der Lage bedrückender, freiheitsberaubender Einengung verhält.

Uns allen, ob von Haus aus arm oder reich, hoch oder niedrig, General oder Gefreiter, Prof. oder Student, wurde hier die Maske vom Gesicht gerissen. Unter der Psychose des Hungers und des körperlichen Verfalls traten alle unsere Fehler und Schwächen zu Tage. Einer meiner Kameraden sagte später einmal „Wie mancher von diesen Leuten, die sich hier schweinemäßig benehmen, wäre zu Hause ohne diese Prüfung vielleicht mit einem Staatsbegräbnis beigesetzt worden."

Nie hätte jemand auf Erden erfahren, was hinter der Maske verborgen lag! Gelegentlich zeigte ich dem Doktor B. meinen linken Arm, der steifgeblieben und bis zum Daumen ohne Gefühl war. „Wenn Sie den Arm je wieder gebrauchen wollen, dann müssen Sie turnen, turnen, turnen". Er zeigte mir dann eine Reihe von Übungen, die gut geholfen haben.

XXII.
Das Leben in der Zelle 282

Unser Tageslauf war Tag für Tag, Woche für Woche der gleiche. Um 6 Uhr Wecken. Nachts mußte man immer mit dem Gesicht zur Tür, also zum Licht liegen. Die Hände durften nicht unter die Decke gesteckt werden. Die Strohsäcke waren hart und ungleich gefüllt. Das Aufstehen war für mich immer eine Erlösung. Ich bin ein Morgenmensch. Nach dem Aufstehen baute man sein Bett, so wie wir es als Soldaten gelernt hatten. Dann nahm der jeweilige Stubendienst den sogenannten Besen, der mehr einem Mop glich und begann die Zelle nach der Tür hin zu fegen. Bei dieser Tätigkeit gab es meist schon den ersten Krach und Zeichen von schlechter Laune. Entweder wurde einer angebrüllt, weil er im Wege stand, oder weil an seinem Platz mehr Staub lag als an den übrigen Plätzen, oder weil der Stubendienst nicht genügend mit „Tee" gesprengt hatte. Unser Doktor hatte immer was zu meckern und glaubte aus einer gewissen Manie heraus den Platz um den Toiletteneimer stets selber reinigen zu müssen. Hierzu kniete er auf dem Boden, goß etwas Teewasser auf die Erde und wischte mit den Händen die ganze Erde aus. Diese Arbeit hatte sicher ihre Berechtigung; denn einige Kameraden, vor allem die Älteren, ließen bei der Verrichtung ihrer Notdurft Tropfen fallen, was nach einiger Zeit einen üblen Geruch im Zimmer verbreitet hätte. Natürlich wäre es nicht notwendig gewesen auf den Knien herumzurutschen. Ich sagte immer: „Laßt ihn doch und seid froh, daß einer die Arbeit so gut macht". Nach dem Stubendienst begann das Warten auf den Gang zur Toilette. Wir wußten genau, wann wir dran waren: den einen Morgen fing der Posten am rechten Ende und am nächsten Morgen am linken Ende des Flures an, die Zellenbewohner an den Ort zu führen. Wir zogen unsere Jacken aus, soweit wir solche hatten, und krempelten die Arme hoch, nahmen die Seife, die es jetzt gab und das Handtuch in die Hand. Dann standen wir in den Startlöchern. Aus zwei Gründen war es wichtig auf dem Sprung zu stehen:

1. Jede Zelle hatte nur wenige Minuten Zeit; viele, vor allem die Älteren litten an Verstopfung und mußten nun sozusagen auf Kommando ihre Notdurft erledigen.

2. Erst abends war die nächste Gelegenheit, zur Toilette zu gehen.

Jetzt kam der Posten öffnete die Tür und sagte das berühmte Wort „Dawai!". Der Stubendienst ergriff den Eimer und setzte sich an die Spitze der merkwürdigen Kolonne. Im Gänsemarsch marschierten wir zum Abort und Waschraum. In diesem Raum waren wir eingeschlossen. Als erste

Maßnahme wurde der Eimer geleert und gereinigt, dann mußten sich die sechs Mann waschen und in dem engen Raum, in dem man sich kaum umdrehen konnte, ihr großes Geschäft erledigen. Ein unvorstellbarer Geruch breitete sich aus, vor allem an heißen Tagen. Wenn dann noch einer der Kameraden Durchfall hatte, war es einfach zum Umfallen. Beim Waschen stellte ich häufig fest, daß manche Menschen, egal welchen Dienstgrades oder welcher Stellung, ohne Waschen auszukommen glaubten. Ich stellte sogar fest, daß oft mit steigender Intelligenz oder höheren Namen das Gefühl für Sauberkeit abnahm. Nach einigen Tagen oder Wochen kannte man seine Zellengenossen so genau, wie sie vermutlich die Frau nicht kannte. Hier gab es keinen Moment, wo man alleine war. Der Aufenthalt im Waschraum wurde auch aus folgendem Grunde stehts mit Spannung erwartet: wir fanden dort Nachrichten vor! Jeder der zur Vernehmung geholt wurde, bekam etwas von der Kriegslage zu hören oder erhielt sogar die Lagekarte vorgehalten, mit den Worten „Sehen Sie, es geht zu Ende, jetzt können Sie ruhig alles sagen, es nützt doch nichts mehr". Was man erfahren hatte, wurde an der Wand des Abortes eingekratzt, und so waren wir in etwa über die Lage in großen Zügen im Bilde. Außerdem fand man dort Namen und taktische Zeichen, oft mit Angabe der Zellennummer. Wenn man dann auf dem Wege zum Waschraum oder zum Spaziergang an der bezeichneten Zelle vorbeikam, sagte man seinen Namen oder „Guten Morgen Herr X". Auf diese Weise hatten wir manche kleine Freude. Wenn es auch nicht gerade schön war zu wissen, daß ein Freund im Gefängnis saß, so wirkte es doch irgendwie auch beruhigend.

Eines Tages wurde mir die Angelegenheit in der Latrine zu viel und ich beschwerte mich bei dem Posten mit der Bitte, uns in zwei Gruppen zum Abort zu führen, aber er lehnte es ab. Da griff ich zu einem anderen Mittel. Ich markierte eine Ohnmacht, aber auch das half nicht, sondern der Posten beschwerte sich über mich beim Wachhabenden. Daraufhin ließ ich diesem durch den Dolmetscher sagen, daß ich mich weigere, noch einmal mit sechs Mann auf den Abort zu gehen. Der Erfolg war, daß wir nunmehr in zwei Gruppen gehen durften.

Nach dem Waschen begann dann das Warten auf die Verpflegung. Den Empfang habe ich ja schon einmal geschildert. Das Frühstück kam immer pünktlich, das Mittag- und Abendbrot ließen häufig auf sich warten.

Die Nervosität wuchs, einige liefen wie Raubtiere im Käfig auf und ab. Sie konnten nicht lesen, nicht stillsitzen, nicht mehr sprechen. Oft standen sie mit dem Ohr an der Tür und lauschten, ob das bekannte Geräusch des Essenwagens zu hören sei. So wie die erste Klappe geöffnet wurde, gerieten sie ganz aus der Fassung. Was wird es heute geben? Gestern hatten wir Hirse, vorgestern Weizengraupen, also muß es heute Hafer geben. So waren die Kombinationen. Die Auswahl war ja sehr gering. Ich erinnere mich genau, daß sogar Wetten abgeschlossen wurden, was heute dran sei. Als Kinde vom Lande fühlte ich mich in den heimatlichen Schweinestall versetzt und hörte die Schweine brüllen, in dem Moment wo der Futterwagen sich in Betrieb setzte. Hier hatten die Menschen Hunger und verloren in dieser Situation oft die Haltung.

Was trieben wir sonst noch in der Zelle? Alle 10 Tage erhielten wir für 6 Mann drei Bücher, wenn das Mädchen, die Bibliothekarin, guter Laune war, sogar vier. Eine Fremdsprache, russisch oder französisch, einen deutschen Klassiker (meist Goethe, Schiller oder am liebsten Heine, der in Rußland gerne gelesen wird). Diese Bücher stammten aus alten deutschen Bibliotheken, die 1917 in den russischen Staatsbesitz übergegangen waren und oft in Leder gebunden, mit Goldschnitt versehen, schon für das Auge eines Kriegsgefangenen eine Freude darstellten. Als drittes und viertes Werk erhielten wir die neuen russischen oder „deutschen" Dichter, von dem Institut für Fremdsprachen in Moskau herausgegeben. Es ist kaum zu fassen, was da an Schmutz und Schund zusammengeschrieben worden ist.

Der Inhalt minderwertig und die Sprache oder Übersetzung noch schlechter. Nach Eintreffen der Bücher stürzten sich die ersten gleich darauf. Es wurde ein Stundenplan gemacht und jeder wußte genau, wann er lesen durfte. In den 10 Tagen hatten wir die Mücher meist zwei- oder dreimal gelesen. Dann schloß sich eine Diskussion über den Inhalt an. Oft entstand Streit in Geschichtsfragen und, wie immer in der Gefangenschaft, konnte man nirgends nachprüfen, wer nun eigentlich Recht hatte. Die abgeschlossenen Wetten über irgendwelche Behauptungen verliefen im Sande, weil keiner seine Theorien beweisen konnte, oder, wenn er gelegentlich einen vermeintlichen Fachmann zu Rate zog, der Partner diesem nicht glaubte. Ich habe in dieser Situation oft meine unzureichende Allgemeinbildung bedauert. In der Zeit des Heeresaufbaues hatten wir wirklich kaum Zeit, unsere Bildung zu vervollständigen.

Eine weitere Beschäftigung war das Schachspielen. Wir erhielten ein Schachspiel und dieses ging den ganzen Tag von Hand zu Hand. Auf diese Art und Weise haben wir manche Stunde der Langeweile verkürzt. Es gab unter uns hervorragende Spieler. Auch in den späteren Lagern wurde sehr viel gespielt. Es wurden Lehrgänge und Turniere abgehalten und mit den anderen Nationen „Preis der Nationen" ausgetragen. Die Russen sind fast alle gute Schachspieler. Sie hatten stets großes Verständnis für unser Spiel und versuchten sogar zeitweilig sich mit uns zu messen. Ich erinnere mich genau, daß eines Tages der Dolmetscher des Lagers mich fragte, ob ich nicht einmal mit ihm spielen wolle. Da ich aber etwas anderes vermutete und grundsätzlich nichts mit diesen Leuten zu tun haben wollte, lehnte ich es ab.

Bei der Einlieferung in das Gefängnis hatte man uns alle Knöpfe, die aus Metall waren, von den Uniformstücken abgeschnitten, damit wir damit keinen Selbstmord verüben konnten. Jetzt fehlten sie uns, und im Hinblick auf den kommenden Herbst und Winter wollten wir gerne wieder Knöpfe haben.

Ein erfindungsreicher Mann versuchte Knöpfe aus Brot herzustellen. Das sehr feuchte Brot wurde stark geknetet und dann in kleinen Mengen zu Knöpfen geformt. Die Löcher bohrte er mit einem Streichholz. Bei dem nächsten Bad nahm der Künstler die Knöpfe mit und ließ sie in der Tasche seines Rockes durch die Desinfektion laufen. Die Knöpfe kamen steinhart wieder heraus. Sie wurden dann auf dem Fußboden durch längeres Reiben poliert und waren ladenfertig! An meine Bekleidungsstücke nähte ich mir auch in späteren Jahren derartige Knöpfe. In einem sehr kalten Winter kam ich morgens zu meinem Mantel und stellte fest, daß die Mäuse die Knöpfe abgefressen hatten. Nadeln konnte man im Gefängnis gelegentlich von dem Posten für eine Stunde bekommen. Die Fäden zogen wir aus unseren Handtüchern oder aus den Bettlaken.

Außer dem Bettlaken und dem Kopfkissenbezug hatten wir noch einen Lappen empfangen, der als Handtuch, Taschentuch oder Serviette genügen mußte. Mein Hemd hatte seit meiner Gefangennahme nur einen Ärmel, die Unterhose hatte von den beiden Durchschüssen der Oberschenkel zwei zusätzliche Luftlöcher! Fußlappen oder Strümpfe gab es für uns nicht. Stets ging es mit nackten Füßen in die immer noch vorhandenen Reitstiefel hinein. Wenn man zum Waschen ging oder zum Spaziergang oder zur ärztlichen Behandlung, immer mit nackten Füssen in den Stiefeln und wieder heraus ohne Stiefelknecht. Eine furchtbare Quälerei. Unsere Wäsche wurde die ganzen drei Monate im Gefängnis nicht gewaschen, sondern wir wuschen die Sachen selber beim Baden. – Damit bin ich schon bei einem neuen Ereignis unseres Lebens angelangt.

Pünktlich alle 10 Tage fand das Baden statt. Immer nachts! Wir mußten uns um 21.00 Uhr hinlegen. Etwa um 23.00 hörte man auf dem Flur Bewegungen und Türenklappern. Dann machte der Posten die Klappe auf und sagte: „Fertigmachen zur Banja!" Alles was wir hatten, viel war es ja wirklich nicht, wurde gepackt und mitgenommen: Matratze,

Wäsche, Decke und alle eigenen Sachen, die nicht brennbar waren. Nach 10 Minuten erschien der Läufer aus dem Bad und holte uns. Während unserer Abwesenheit kamen Frauen und entseuchten die Zelle mit einem sehr unangenehm riechenden scharfen Zeug. Der Erfolg war meist, daß die reichlich vorhandenen Wanzen um so wilder auf uns losgingen, da sie sich in ihrer Ruhe gestört fühlten. Unser Weg zum Bad bedarf einer besonderen Erwähnung. Zunächst ging der Gepäckmarsch – wir konnten die schweren Strohsäcke mit den anderen Dingen infolge unseres schlechten Gesundheitszustandes kaum tragen – durch mehrere Gänge, die wir schon kannten. Dann die Treppe herunter. Wir bogen in den Frauenkorpus – die einzelnen Stationen nannten die Russen Korpus – ein, d.h. den Bau in dem die Frauen, die meist in der gleichen Anzahl wie Männer im Gefängnis saßen, wohnten. Der Flur lag im Dämmerschein einer schwachen Lampe. Eine dicke Frau, in Uniform mit Koppel um den Bauch, stand müde, oft auch rauchend, in der Ecke und betrachtete uns abfällig, während wir durch ihr Revier geführt wurden. Auf diesem Flur schlug uns eine nicht zu beschreibende Luft entgegen. Oft hörten wir Kinder schreien und Frauen sich ankeifen. Ab und an stand zufällig eine Tür offen, wir sahen die eingesperrten Frauen in Lumpen gehüllt und mit zerzausten Haaren. Ein unvergeßlicher Anblick. – Dann kamen wir in den Auskleideraum der Banja. Schnell ausziehen und warten bis der Friseur erschien. Der Friseur, das klingt sehr vornehm, aber es war ein armer Sträfling wie wir. Er schnitt uns mit dem selben Messer die Haare nicht nur am Kopf, sondern auch im Gesicht – Ersatz für die Rasur – und am ganzen Körper, einschließlich der Schamhaare. Die ganze Prozedur mußte in Minuten erledigt sein. Der Badewärter gab uns dann eine Schere, um die Nägel zu schneiden. Diese Schere war so stumpf, daß es eine Qual war, damit zu arbeiten. Die Herausgabe betrachtete der Wärter immer als einen Akt besonderen Entgegenkommens, der bei schlechter Laune natürlich dementsprechend ausfiel. Wir waren kaum fertig und standen zitternd in dem

Raum zum Auskleiden, als sich die Tür öffnete und eine Frau erschien, meist eine dicke und schlechtgelaunte, manchmal auch eine junge, ganz nette, um unsere Kleider in Empfang zu nehmen. Wir mußten die Sachen dann auf einen Bügel oder auf einen Ring hängen und erhielten sie nach dem Bad aus der Desinfektion kommend zurück. Nun konnte das Baden losgehen. Es gab zwei Baderäume. Der bessere war groß und für 20 Mann, der schlechtere war in Kabinen eingeteilt, in denen einer sich kaum bewegen konnte, in den aber immer zwei hineingepreßt wurden. Ich hatte meist Glück und kam in den großen Raum. Jeder erhielt ein winziges Stück Seife und eine Blechschüssel. Wasser war im allgemeinen unbegrenzt vorhanden. Unser erster Blick ging rundherum, ob evtl. einer unserer Vorgänger ein Stück Seife vergessen hätte, was wir dringend brauchen konnten. Manchmal fand man einige Seifenreste, die dann zusammengeknetet wurden zu einem Stück oder einer Kugel. Unsere Körperwäsche ging schnell. Den Rücken wuschen wir uns gegenseitig. Die Wäsche wuschen wir auf einer Bank. Das war natürlich sehr primitiv, die Sachen wurden niemals richtig sauber, aber man hatte das Gefühl, es sei etwas geschehen. Nach dem Bad mußten wir noch warten bis alle Gänge wieder frei waren und wir ungesehen in unsere Zellen zurückgelangen konnten. Häufig hörten wir die nächste Gruppe schon in den Warteraum kommen und konnten bekannte Stimmen feststellen. Einmal gelang es mir sogar durch die Wand eine Unterhaltung mit v.W. einem Kameraden, den ich von der Kavallerieschule her kannte, zu führen. Leider ist er später in der Gefangenschaft verstorben. Wir sagten uns nur einige Worte, aber es war beruhigend. Ich wußte nun, daß er in der Zelle neben mir wohnte. Später gelang es uns durch Klopfen auch in der Zelle Verbindung miteinander zu bekommen, was allerdings von dem Posten bemerkt wurde und beinahe mit Karzer, d.h. Einsperren in Einzelhaft, geendet hätte.

Wenn wir nach diesen Ereignissen leicht erschöpft in unsere Zelle zurückkamen, fanden wir dort eine entsetzliche Verwüstung vor. Alles war durcheinandergewirbelt und von oben bis unten mit Insektenpulver bestreut. Selbst vor dem kleinsten Kasten, in dem wir unser Brot hatten, wurde nicht halt gemacht. Nach dem die Hausordnung wiederhergestellt und die Wäsche an den einzelnen Bettenden zum Trocknen aufgehängt war, sanken wir in einen tiefen Schlaf; war doch ein solcher Ausflug für uns eine Strapaze.

Der uns zustehende Tabak im Gefängnis Moskau hatte Seltenheitswert: erstens war Krieg und zweitens rauchten auch die Posten gerne auf unsere Kosten. Die starken Raucher unter uns litten infolgedessen sehr. Einer fing schon an, auf dem Hof, auf dem wir spazierengingen, Kippen aufzusammeln. Ja, er bat die Posten sogar um Tabak. Würdelos! Dann kam er zu mir und bot mir einen Handelsvertrag an. Er wollte Tabak gegen Verpflegung eintauschen. Unser Doktor, den ich ja schon schilderte, sagte ihm wieder, er solle sich beherrschen. Aber es blieb ohne Erfolg. Wie ich merkte, daß der Tabak immer knapper wurde, hörte ich auf zu rauchen und sammelte im geheimen den Tabak in einem kleinen Beutel. Sonntags mittags, wenn alle in trauriger Stimmung auf ihren Betten saßen, weil sie nichts zu rauchen hatten, zog ich mein Säckchen heraus und gab jedem einige Gramm. Einer meiner Kameraden zwang mich allerdings einige Male, ihm außer der Reihe gegen eine Essensportion etwas zu geben. Als dann gar nichts mehr zum Rauchen da war, fing er an, den ausgelaugten Tee zu trocknen und diesen zu rauchen. Er war in Kürze mit den Nerven völlig fertig, und wir mußten natürlich darunter leiden.

Eines Sonntagsnachmittags hatte ich plötzlich Fieber und Schwindelanfälle. Wir verlangten nach dem Arzt. Nach einigen Stunden erschien dann eine ganz reizende junge Ärztin, schaute zunächst durch die Klappe, was da los sei und kam dann – das war eigentlich verboten – in die Zelle herein. Sie setzte sich auf mein Bett und fühlte den Puls. Dieser Besuch berührte einen doch ganz eigenartig, nachdem wir Wochen, manche von uns sogar Monate und Jahre, keine gutaussehende oder gepflegte Frau gesehen hatten. Die Untersuchung dauerte „leider" viel zu kurz. Die Ärztin gab mir zwei Tabletten und ging wieder. Das Unwohlsein ging vorüber, aber wenige Tage später, es war kurz vor dem Mittagessen, erschien eine Schwester an der Tür und brachte mir ein flüssiges Medikament. Die Besuche wiederholten sich täglich. Ich sollte ohne Verordnung dauernd dieses Zeug schlucken, von dem ich nicht wußte, was es bedeutete und wozu es gut sein sollte. Es hätte ja auch sein können, daß man mich vergiften wollte. Endlich wurde mir die Sache zu dumm und ich bat unseren Doktor, einmal eine Probe zu nehmen. Er stellte fest, daß es gar nichts war! Wahrscheinlich nur Salzwasser. Da ich sowieso bei jedem Medikament in der Sowjetunion argwöhnisch war, sagte ich am nächsten Mittag der Schwester: „Ich bin wieder gesund und brauche keine Medizin mehr". Sie kam nicht mehr. Im übrigen war es oft sehr komisch, wenn die Behandlung eines Kranken durch die kleine Klappe der Tür erfolgte. Man mußte den ganzen Kopf herausstrecken, wenn man Halsschmerzen hatte oder das Bein, wenn dort etwas nicht in Ordnung war. Die Behandlung bestand meist nur in Pulsfühlen und evtl. noch einer Tablette.

Wir waren schon einige Wochen in unserer Zelle zusammen, als eines Morgens zu ungewohnter Zeit die Klappe aufging und ein Sergeant jeden nach dem Namen fragte. Bei dreien sagte er „Los mit Sachen!". Also, klärte mich der Doktor auf, die gehen auf Transport in ein Lager. Wir nahmen Abschied. Wenige Minuten später wurden sie abgeholt. Nun waren wir einige Tage nur noch zu dritt in der Zelle. Es herrschte Ruhe und Ordnung, denn die drei Abgereisten waren unsere unruhigen Geister. Alle Verlegungen im Hause fanden nachts statt. So ging auch unsere Tür eines Nachts um etwa 1 Uhr auf. Es flogen mehr, als sie gingen, 3 Leute in die Zelle herein. Wir fuhren erschreckt in die Höhe. Zu meiner großen Überraschung waren unter diesen Neuen zwei alte Bekannte. Ein Flak-Oberst, den ich bereits 1930 in meinem Regiment, damals als Oberleutnant, kennengelernt hatte. Er war mittlerweile stark gealtert und ganz dick und kurzatmig geworden. Dieser Mann erwies sich im Laufe der Zeit als ein Schwächling und sehr labil. In wenigen Monaten wurde er ganz schlank und sah viel besser und jünger aus. Er war einer von denen, die durch Hunger gesünder wurden. Viel später hörten wir, daß seine Beförderung zum General kurz vor der Gefangennahme ausgesprochen worden war, ihn leider aber nicht mehr erreicht hatte.

Der zweite Neuling war ein Artillerieoberst, den ich von der Kavallerieschule in Hannover gut kannte und oft im Sattel bewundert hatte. Er gehörte zu Deutschlands bester Reiterklasse. Uns verband bis zu unserer Abreise eine wirklich enge Freundschaft. Jetzt hatten wir wieder für einige Tage ausreichend Stoff zur Unterhaltung. Die Neuen kamen von der rumänischen Front und hatten noch einige Wochen länger in Freiheit zugebracht als ich. Uns interessierte ja jeder Tag an der Front. Nun wurde mir auch klar, warum in letzter Zeit so viel Salut geschossen worden war. In Moskau wurde jeden Abend um 20.00 Uhr, für die Erfolge des Tages an der Front, Salut geschossen. Wir wußten genau, was es bedeutete. Die Zahl der Schüsse richtete sich nach der Größe der eroberten oder zurückeroberten Städte. Wenn ich dieses Freudenfeuer durch die Ritzen unserer Verdunklung sah, hätte ich jedes Mal heulen können!

Im Monat September und Oktober wurde ich je ein Mal zu dem Kommissar des Gefängnisses gerufen und befragt, ob ich jetzt weitere Aussagen machen könnte über meine Division, über Ausbildungsfragen, Nachrichtenmittel und Erfahrungen im Kriege. Meine Ablehnung erfolgte stets mit den gleichen Worten. Einmal wurde ich aufgefordert, eine Aufstellung der Nachrichtenmittel innerhalb der Kavalleriedivision, in der ich ja vorher gewesen war, zu machen. Auf meine Antwort, daß ich nach 3 Jahren nichts mehr davon wisse und im übrigen niemals etwas davon gewußt habe, fuhr der Offizier empört in die Höhe und sagte wieder: „Ja wenn Ihr alle zu dumm seid, dann muß Deutschland ja den Krieg verlieren": Ich erwiderte: „Bei uns sei es nicht nötig, daß man sich mit solchen Dingen belaste, weil man die Verantwortung für wichtigere Dinge zu tragen habe und solche speziellen Fragen von Nachrichtenoffizieren bearbeitet würden": In den ersten Novembertagen wurde ich dann noch einmal geholt und zwar dieses Mal an einen anderen Ort, zu einem mir bisher unbekannten Major. Er hatte ein Holzbein, er war gut angezogen, gut eingerichtet und rauchte sehr gute Zigaretten. Außerdem sprach er ein ziemlich einwandfreies Deutsch. Solche Vernehmungen waren meist viel unangenehmer, weil die Zeit der Übersetzung durch den Dolmetscher zum Überlegen fortfiel. Der Major bot mir sofort einen Platz und laufend von seinen guten schwarzen Zigaretten an. Am Ende der Vernehmung durfte ich in die Zigarettenschachtel greifen und für jeden meiner Kameraden eine Zigarette mitnehmen. Was wollte er nun von mir? Eigentlich gar nichts, außer dem Kennenlernen meiner Person. Er stellte einige belanglose Fragen, u.a. fragte er, ob ich in ein Lager wolle und dort bereit wäre, für das „Freie Deutschland" zu arbeiten. Ich sagte ihm: „In ein Lager wollte ich schon lange, aber ob ich für das „Freie Deutschland" arbeiten würde, das bezweifle ich sehr." Seine Antwort lautete kurz und bündig: „Das werden wir ja sehen": Ich war entlassen. Später erfuhr ich, daß dieser Mann und ein gewisser Herr Stern die gefährlichsten Kommissare der ganzen Vernehmungsabteilung seien, da sie mit ihrer Gewandtheit und Menschenkenntnis viele Kameraden zu Fall gebracht haben.

Noch ein kleines Erlebnis aus meiner Zelle 282 fällt mir hier ein. Eines Morgens, es mag etwa 10.00 Uhr gewesen sein, tat sich die bekannte Klappe auf und ein Posten fragte unsere Namen ab. Bei dem Namen des bereits erwähnten Flak-Oberst, macht er halt und sagte, er solle herauskommen. Nach wenigen Minuten erschien er wieder und war gut rasiert. Er sagte, daß er gleich abgeholt werde, wohin wisse er nicht. Nach kurzer Zeit wurde der Oberst mit Mütze, ohne Gepäck, abgeholt. Da ist etwas Besonderes los, dachten wir. Am frühen Nachmittag kam unser Leidensgefährte zurück und sagte mir nur, er habe mehrere deutsche Generale im Ministerium gesehen, von denen einige nach mir gefragt hätten und mich grüßen ließen, im Übrigen war er sehr still, beinahe bedrückt. Nach einigen Tagen wiederholte sich dieser Ausflug in der gleichen Weise. Wir knobelten in der Zelle, was das wohl zu bedeuten hatte. Jeder hatte seine eigene Ansicht, aber wir haben es nicht geraten. Erst später, im Lager 27, habe ich gehört, daß man an diesen beiden Tagen den Generalen im Innenministerium einen Vortrag über die aussichtslose Lage gehalten hat und sie dann, unter dem Hinweis, daß auch der Feldmarschall Paulus schon seine Unterschrift gegeben habe, bewogen hat, einen Aufruf an das deutsche Heer zu unterschreiben, in dem zur sofortigen Aufgabe des Kampfes und der Zurücknahme der Truppen an die alte Grenze aufgefordert wurde. Dieser Aufruf wurde von etwa 50 Generalen bzw. in Generalstellung befindlichen Offizieren unterschrieben und an der Front abgeworfen. Die übrigen in Gefangenschaft befindlichen Generale lehnten eine solche Unterschrift damals ab. Die Tatsache, daß unser Oberst nie ein Wort über diese Angelegenheit erwähnte und auch später schwieg, war mir ein Zeichen, daß er ein schlechtes Gewissen hatte. Ein Teil der Generale, die ich später in dieser Angelegenheiten ansprach, hat mir versichert, daß sie so etwas nie wieder tun würden und sich heute schwerste Vorwürfe machten wegen der Unterschrift. – Sie waren leider umgefallen.

Am 5. November wurde unser Doktor plötzlich aus der Zelle geholt und ging mit allen Sachen auf Transport, nachdem er 9 Monate in dieser Zelle gesessen hatte, ohne einmal vernommen zu werden. An den beiden Staatsfeiertagen, dem 7. und 8. November, ließ sich kein Russe hören und sehen. Der Spaziergang fiel aus, das Essen kam anstatt um 1.00 Uhr um 4.00 Uhr, kalt und schlecht. Abends sahen wir ein unheimliches Feuerwerk und hörten die halbe Nacht die Betrunkenen grölen. Am 9. November früh lasen wir im Abort an der Wand, daß unser Doktor wieder da sei und zwar in einer Nachbarzelle. Man hatte ihn am 5.11. geholt, in einen Waggon mit russischen Verbrechern geladen und nach Sibirien in Marsch gesetzt. Der gute Doktor hatte auf früheren Transporten die Erfahrung gemacht, daß meistens unterwegs die Verpflegung geklaut oder von dem Posten verscheuert wurde. Daher hatte er, als vorsichtiger Mann, immer zwei gesparte Portionen Brot im Vorrat! Außerdem hatte er Zucker und Tabak gespart. Alles wurde ihm im Waggon von seinen russischen Reisegefährten geklaut. Nachdem er 36 Stunden gegen Osten gerollt war, wurde er plötzlich wieder ausgeladen und fuhr alleine nach Moskau zurück. Am 7. November traf er in Moskau ein und mußte nun, da am Staatsfeiertag kein Abholkommando da war, 20 Stunden ohne Verpflegung auf dem Bahnhof sitzen. Von da ging es in das Gefängnis zurück. Warum, hat nie ein Mensch erfahren.

Am 9. November, wegen seiner historischen Bedeutung habe ich mir den Tag genau gemerkt, wurde ich zum Transport abgeholt. Bei Betreten des Warteraumes entdeckte ich gleich den Doktor und außerdem weitere Bekannte. Alle blaß und bärtig. Wir erhielten in dieser Wartezelle unser Mittag und wurden gefragt, wer noch Ansprüche an das Gefängnis habe. Ich verlangte meine Sachen, die mir bei dem Eintreffen in diesem „Sanatorium" abgenommen worden waren. Einen Drehbleistift und mein ausgeleertes Portemonnaie erhielt ich wieder zurück. Die anderen Sachen, vor allem die Fotos, seien, so wurde mir gesagt, bereits mit meiner Akte in das zukünftige Lager gesandt worden. Mit Einbruch der Dunkelheit verlud man uns in eine „Grüne Minna" und brachte uns auf den Güterbahnhof.

XXIII.
Eine kurze Reise

Unter starker Bewachung waren wir über eine Anzahl Schienen gestolpert und erreichten den für uns bestimmten Waggon. Es war ein langer eisenverkleideter Waggon mit lauter vergitterten kleinen Fenstern. Innen fanden wir einen schmalen Gang und rechts, genau wie in unseren D-Zug-Wagen, die einzelnen Abteile. Nicht eine Holztür, sondern ein Eisengitter, wie in einem Zoo, schloß das Abteil zum Gang hin ab. Innerhalb befanden sich im Parterre normale Holzbänke in einem farblosen, schmutzigen Zusand. Darüber war eine zweite Etage, in der man durch Herunterklappen von Brettern eine geschlossene Liegefläche, vergleichbar mit unseren Liegewagen, herstellen konnte. Im Volksmund hießen diese Waggons „Stalinwagen". Sie liefen das ganze Jahr von West nach Ost. Über unfaßbare Schicksale könnten sie berichten. Wenn ich mich recht besinne, war unten für acht Mann und oben für sechs bis sieben Mann Platz. Wir betraten diesen Raum mit 18 Mann und hinter dem letzten fiel das Gitter ins Schloß. Schnell entschlossen krochen wir in die obere Etage; dort war es wärmer. Die Sommerbekleidung hatten wir noch nicht abgegeben! Ich selber trug eine Feldbluse, ein Hemd ohne Ärmel, meine Offizierreithose, Reitstiefel ohne Strümpfe, Fußlappen, keine Mütze, keine Handschuhe. Draußen waren es mehr als 10 Grad minus. Unsere stark ausgehungerten Körper empfanden die Kälte natürlich besonders. In der oberen Etage setzten wir uns mit dem Rücken aneinander und versuchten so eine gegenseitige Erwärmung zu erreichen. Einer meiner Kameraden, der schon öfter in diesen schönen Wagen gefahren war, erzählte uns in der Nacht von seinen Erlebnissen mit Verbrechern in einem Abteil, auf Reisen, die 14 Tage und länger gedauert hatten. Wir erfuhren, und haben dies später oft bestätigt bekommen, daß in jedem D- und Personenzug mindestens ein solcher Stalinwagen, oft zwei und drei mitlaufen. Wie sollten sie auch sonst die ungeheuere Menge von Verbrechertransporten in dem Riesenreich bewältigen. In der Nacht haben wir kein Auge geschlossen, ging es doch wieder in eine ungewisse Zukunft.

In den frühen Morgenstunden hörten wir Geschrei und Geschimpfe. Die anderen Abteile wurden mit weiteren Verurteilten gefüllt. Sie zogen an unseren Gitterstäben vorbei und schauten zu den „Raubtieren" hinein. Bleiche, bärtige Gesichter, in dem gleichen ungepflegten Zustand wie wir, betrachteten uns. Sie lallten die Worte, die wir ja immer wieder hörten, „Gitler" oder noch „Faschist". Auch in diesem Zuge wurden wir in kleinen Gruppen auf den Abort geführt. Nun kam das Frühstück – und darüber wäre einiges zu sagen. In meiner Kinderzeit habe ich gelegentlich im Zoo die Fütterung von Robben gesehen. Was sich nun abspielte, war das Gleiche. Das Gitter wurde geöffnet und ein Posten stand mit einem Eimer in der Tür. Er griff hinein und warf jedem einen nassen, salzigen Hering zu. Wie die Raubtiere stürzten die Insassen von oben und unten, auf die teilweise am Boden liegenden Fische, um ja einen zu erwischen. Hinterher flogen für jeden ein Stückchen Brot. Zwei Eimer mit heißem Wasser wurden hineingestellt. Alle versuchten daraus zu trinken. Natürlich reichte es nicht und einen Nachschlag gab es auch nicht. Da ich nicht wußte, wie lange unsere Reise dauern sollte, und ich mir die Hände nicht noch dreckiger machen wollte als sie schon waren, verzichtete ich auf den Kampf um den Hering. Ich fürchtete auch den Durst. Mit der aufgehenden Sonne nahm die Kälte in unserem Abteil noch zu. Da Rauchen erlaubt war, war die Luft entsetzlich. Wir hatten wenig Tabak und die Kippen gingen im Abteil herum, jeder durfte einen Zug nehmen. Endlich, etwa um 9.00 Uhr, fuhren wir ab, nachdem wir lange und unter entsetzlichem Getute der Lok hin- und hergeschoben worden waren. In Rußland wurde damals fast alles, was auf unseren Bahnhöfen mit Lichtsignalen und Handzeichen den Lokführern angezeigt wird, mit sehr schrillen Mehrklangsignalen weitergegeben. Die Lokführer hatten anscheinend ihre Freude an dem ständigen Getute; ähnlich wie die Autofahrer in Italien. Unsere Reise in diesem Spezialwagen dauerte nicht lange. Etwa 11.00 Uhr wurden wir auf dem Bahnhof Krasnogorsk ausgeladen und traten den Fußmarsch in das Lager – mit der Nummer 27 – an.

XXIV.
Lager 27 „Krasnogorsk“

Der Weg vom Bahnhof bis zum Lager betrug 4 km. Wir marschierten im schnellen Tempo, weil wir entsetzlich froren. Nun sollten wir endlich, das von den Russen schon so oft lobend empfohlene Lager, kennenlernen. Durch meinen Kameraden Dr. V. waren wir bereits vorgewarnt. An der Wache angekommen war natürlich die erste Maßnahme eine Filzung, es hätte ja sein können, daß wir unterwegs Waffen gefunden hätten! Dann erschien unser „Deutscher“ Lagerkommandant. Ich hatte eigentlich vor, in meinen Ausführungen keine Namen zu nennen, aber dieser Mann war ein solches Schwein, daß sein Name in der Öffentlichkeit ruhig genannt und angeprangert werden kann und muß. Soweit ich weiß, wurde er 1945 in diesem Lager von den eigenen Kameraden erschlagen. Er hat die Heimat nicht wiedergesehen. Er erschien an der Pforte in einem schwarzen Zivilanzug und einem roten Schlips und stellte sich vor: „Ich heiße Neumann, bin in Berlin zu Hause und war in der Wehrmacht Hauptmann, aber das interessiert ja heute niemand mehr. Redet mich mit Neumann an, dann ist es am einfachsten. Im übrigen empfehle ich gleich, die Dienstgradabzeichen und Orden abzulegen; denn diese Dinge sind für uns erledigt, ohne sie hat man hier ein besseres Leben. Ich habe mir das schon an der Front gesagt und bin deshalb mit meiner Funkstelle gleich freiwillig zum Russen übergelaufen. Wir sahen uns erstaunt an und dachten: „Feine Gesellschaft hier!“.

Neumann übernahm uns von den Russen und führte uns in die Banja. Ein winziger Auskleideraum, ein dunkler, ungepflegter Waschraum, ein kalter Ankleideraum. Alte, verbeulte Waschschüsseln und wenig Wasser, keine Seife und kein Handtuch. Nach dem Waschen mußten wir nackt und unabgetrocknet in dem Ankleideraum auf die Wäsche und die Kleider warten, bis sie aus der Entlausung kamen. Wir stellten uns mit dem Rücken gegen die warme Wand der Entlausung und warteten. Dann wurde uns mitgeteilt, in welcher Baracke wir unterkommen sollten. Ich kam in die Baracke 10 a. Auf dem Weg dorthin begegneten wir Kameraden, die ich von früher kannte. Unter diesen, ein Jahrgangskamerad, mit dem ich auf der Kriegsakademie in Berlin in einem Hörsaal gesessen hatte. Ich kannte auch seine Frau. Sie gingen an uns vorüber und grüßten kühl bzw. sagten gar nicht „Guten Tag". Unerklärlich! Noch weitere Rätsel sollten wir in diesen ersten Tagen aufbekommen. Ich meldete mich bei meinem Barackenältesten, einem Zahlmeister aus München, mit Adjutant, einem ehemaligen Oberstleutnant. Beide, wie ich sehr bald merkte, üble „Russenknechte". Man sagte mir, wo ich meinen Platz s u c h e n könne, schrieb meinen Namen auf – und entließ mich. Ich begab mich in die Baracke; rechts hausten auf engstem Raum etwa 250 Offiziere und auf der linken Seite etwa 300 Mannschaften. Letztere gingen in Tag- und Nachtschichten außerhalb des Lagers zur Arbeit. Als ich die Baracke betrat, war es kurz vor Mittag. Die Belegschaft war voll versammelt. Immer je fünf Liegeplätze unten und oben waren zu einem Pritschenblock verbunden. Diesem gegenüber stand ein gleicher Block. 20 Mann bildeten zusammen eine Essensgruppe. An der Spitze der Gruppe stand, wie konnte es anders sein, ein Gruppenführer, der für Platzverteilung, Essen und Bekleidung verantwortlich war. Wer hier einen Posten hatte, war natürlich Mitglied des „Freien Deutschland" und somit eine Vertrauensperson. Auch diese Vertrauenspersonen wurden stark überwacht, sie wurden laufend unterwiesen und wurden für die politische

Haltung ihrer Gruppe verantwortlich gemacht. Ich begab mich nun zu meinem Gruppenführer. Nach der Vorstellung, bei der er mich kritisch von oben bis unten betrachtete und feststellte, daß ich noch Dienstgradabzeichen und vor allem das Hoheitsabzeichen trug, sagte er mit einer lässigen Handbewegung: „Dort drüben unten muß noch ein Platz sein, sehen Sie einmal zu, ob Sie dort unterkommen. Sonst kann ich nichts für Sie tun": Mit diesem Mann, der sehr gut aussah, bin ich fast bis zum Ende meiner Gefangenschaft zusammengewesen. Im Zivilberuf war er Ingenieur, als Soldat Major, jetzt natürlich ohne Abzeichen, nicht als Major zu erkennen. Er hatte, nachdem er schon in Stalingrad in Gefangenschaft geraten war, ein Jahr allem politischem Druck standgehalten. Dann begann er, ob freiwillig oder auf Veranlassung anderer, sich mit den ersten Studien der kommunistischen Schriften zu befassen und war zunächst, ohne die Wirklichkeit zu kennen, von der Richtigkeit dieser Lehre überzeugt. Er vertrat seine Ansichten mit aller Schärfe und versuchte auch andere davon zu überzeugen. Später, als wir alle, die einen schnell, die anderen langsam, die Praxis dieses teuflischen Systems kennengelernt hatten, hat er sich ganz zurückgezogen und sprach kaum noch ein Wort. Er muß innerlich sehr gelitten haben. Soweit mir bekannt, hat er sich niemals gegen einen Kameraden vergangen.

Ich begab mich zu der mir angewiesenen Pritsche, um meinen Platz zu finden. Hier saßen zwei dicke Herren in vertrautem Gespräch. Sie empfanden meine Vorstellung und meine Frage, ob ich neben ihnen einen Platz finden könne, offensichtlich als sehr lästig. Diese beiden Typen, neben denen ich nun einige Wochen lag, muß ich kurz schildern. Beide hatten sich in der Konjunktur reaktivieren lassen. Sie hatten die erste Zeit vor dem Krieg und die ersten zwei Jahre des Krieges als E-Offiziere zu Hause auf dem Wehrbezirkskommando zugebracht. Dann wurde diese Kategorie von Offizieren abgeschafft. Sie mußten an die Front, um einmal befördert zu werden. Natürlich hatten sie auch den Ehrgeiz, einen Orden zu erdienen.

Nach einer kurzen Fronttätigkeit, bei der sie anscheinend keine Lorbeeren ernteten, kamen beide zu einer Kommandantur, der eine nach Tarnopol, der andere nach Bobruisk. Hier lebten sie, einen guten Tag als Adjutanten oder Ia, wie sie sich voller Stolz nannten. Der eine von ihnen schämte sich gar nicht, zu berichten, wie er gelebt habe und wieviel Pakete er aus Tarnopol nach Hause senden konnte. Beide waren Mitglieder des „Freien Deutschland", keiner von diesen Herren aus Überzeugung, sondern nur weil sie merkten, daß sie so ein ruhigeres Leben hatten. Beide waren immer hungrig, was bei ihrer Größe und ihrem Umfang nicht zu verwundern war. Sie konnten sich nicht beherrschen und klauten sich gegenseitig und anderen Kameraden Brot, wenn es nur die kleinsten Stückchen waren, von denen keiner satt werden konnte. Sie waren ungeheuer geschwätzig und neugierig. Das Hauptthema war natürlich das Essen. An diesen beiden Männern habe ich meine ersten Studien im Lager gemacht. Immer wieder sagte ich mir, wie können solche Männer die Erzieher unserer Jugend sein; und wie konnten solche Typen es in unserem Heere bis zum Oberstleutnant bringen! Lange habe ich diese Gedanken mit mir herumgetragen, mit anderen darüber gesprochen, darüber gelesen und schließlich mit aller Schärfe diese Leute abgelehnt. Erst später, als ich den bereits erwähnten Satz von der „Heruntergerissenen Maske" las und mich bemühte den Grund all dieser menschlichen Schwächen zu finden, wurde ich langsam milder in meinem Urteil. Schiller hat einmal gesagt: „Der Hunger kann selbst den besten Menschen zu Fall bringen, ja er kann ihn bis zum Landesverrat bringen". Diese Weisheit habe ich in zahlreichen Fällen bestätigt gefunden, bei allen Dienstgraden und bei allen Berufen. Die vielen, die sich in unserer Situation wirklich hielten, waren eben tatsächlich Kerle, trotz des ständigen Hungers. Der Gedanke, daß diese beiden von mir geschilderten Typen eines Tages wieder auf unsere Jugend losgelassen würden, war mir ein Schrecken. Einer von ihnen machte sich in den nächsten Tagen an mich heran und versuchte, mich bis in alle Einzelheiten auszufragen. Bei unseren Unterhaltungen merkte ich dann, daß er ein besseres „Lagernachrichtenblatt" war. Seine Neugier kannte keine Grenzen. Eine Äußerung dieses Mannes brachte ihm später den Namen ein, den er bis zu meiner Abreise behielt. Eines Tages war eine Versammlung, in der jeder, der eine Greueltat der Deutschen wußte, aufgefordert wurde, diese zu melden und die Namen der „Verbrecher" zu nennen. Bei dieser Gelegenheit trat er auf und sagte, er sei eines Tages an einem Platz vorbeigeritten, wo es sehr nach Leichen gerochen habe und habe dann hinterher auf Befragen erfahren, daß hier von den Deutschen große Erschießungen durchgeführt worden seien. Ich glaube, er sprach von Katyn. Diese seine Äußerung brachte ihm den schönen Namen: „Leichenpaul" ein. Unterdessen hat sich ja Gott sei Dank herausgestellt, daß die Mörder von Katyn nicht die Deutschen, sondern die Russen waren.

Die beiden Kameraden erlaubten mir gütigst zwischen ihnen zu liegen. Da beide sehr dick und breit waren, hatte ich nachts wenig Platz. Wenn ich nachts einmal herausmußte, dann lagen sie auf meinem Platz und ich konnte warten, bis sich einer einmal auf die Seite legte und ich in die neu entstandene Ritze wieder hineinkroch.

Nach dieser kleinen Abschweifung muß ich noch einmal zurückgreifen und einen Situationsbericht aus den ersten Minuten meines neuen Aufenthaltsraumes abgeben. Ich hatte mich bei meinen neuen Bettnachbarn vorgestellt, als man sich plötzlich in eine Kaserne und zwar in den Pferdestall versetzt fühlte. Es ging ein Schreien, Rennen und Klappern und Scharren los, als wenn die 92 Pferde meiner ehemalig stolzen Batterie in Aachen den Futterwagen gehört hätten. In diesem Lager gab es keinen Speiseraum; das Essen mußte in der Baracke, auf den Pritschen im Hocken, oder im Liegen, oben oder unten eingenommen werden. Die Speisen wurden in großen Holzkübeln aus der Küche geholt und nun an die 20 Mann der Verpflegungsgruppe ausgegeben. Teller und Eßgefäße gab es natürlich nicht. Jeder mußte selber sehen, wie er sein Zeug empfing, um es schnellstens zu verschlingen. Zunächst wurde mir gesagt: „Sie sind heute nicht in der Verpflegung und bekommen daher nichts ab, es sei denn, daß ein Rest bleibt und alle Teilnehmer der Gruppe damit einverstanden seien, daß Sie etwas abbekommen:" Diese Sache scheiterte aber daran, daß erstens nicht alle einverstanden waren und zweitens, daß ich persönlich kein Eßgeschirr hatte. Auf meine Frage, woher ich denn ein solches Gefäß bekäme, wurde mir gesagt: „Das Lager habe nur wenige Eßgeschirre und wenn einer fortkäme oder stürbe und eines frei werde, dann könne ich mich darum bewerben. Im übrigen sei es das Beste, wenn ich mir selber alles besorgen würde". Ja woher besorgen, wo es hier doch nichts zu kaufen gibt und vor allem keiner von uns Geld hatte, fragte ich mich. Ich stellte aber dann fest, daß alle Dinge zu kaufen waren und zwar gegen Brot oder Tabak. So kaufte ich mir in den nächsten Tagen ein Eßgefäß aus Ton für 600 g Brot, ein selbstgemachtes Messer – natürlich ein verbotener Gegenstand – für 900 g, ein Brettchen aus gewöhnlichem Fichtenholz für 300 g Brot, ein Handtuch, in der Schneiderei geklaut, für 600 g, und einen Becher rostig und verbeult für 500 g Brot. Halb verhungert waren wir aus dem Gefängnis gekommen und jetzt mußten wir uns die gewöhnlichsten Gegenstände des täglichen Lebens mit Brot in Ratenzahlung erkaufen. Ich glaube, es dauerte ungefähr 14 Tage bis ich zum ersten Mal meine Brotportion voll genießen konnte.

Nun möchte ich aber doch noch einmal auf das Tongefäß zurückkommen, daß mir von jetzt an als Eßgefäß dienen sollte. Es war aus gelbem gebranntem Ton, hatte den Durchmesser eines Suppentellers und faßte etwa einen 1/2 l. Es ließ sich im Gegensatz zu anderen kümmerlichen Gefäßen, die dort aus alten Kochgeschirren, Konservendosen oder aus Holz gemacht wurden, gut reinigen und setzte keinen Rost an. Das Lager hatte eine begrenzte Anzahl Eßgefäße, primitivster Art und völlig verrostet, zur

Verfügung gestellt, die unter dem Decknamen „Stalinbecher" liefen. Aus meinem Gefäß habe ich gegessen, getrunken und mich darin gewaschen. Eines Tages wurde es mir bei einer Filzung weggenommen und von einem russischen Offizier vor meinen Augen zertreten.

Nach dem Essen hielt ich Umschau in der Baracke, um festzustellen, ob irgendwelche Bekannte dort zu sehen seien. Ich fand einen jungen Oberleutnant, der mal bei meiner Division gewesen war und mich gleich erkannte. Er machte vor Freude einen Hechtsprung von seiner Pritsche herunter und begrüßte mich in wohlerzogener Manier und erzählte mir die letzten Nachrichten von unserer Division. Wir waren die nächsten Jahre gut Freund, bis wir 1946 getrennt wurden. Dann führte mein Weg mich zu einem weiteren Bekannten und zwar zu dem letzten evangelischen Divisionspfarrer meiner Panzerdivision, die ich in Stalingrad verlassen hatte. Er saß ganz alleine in einer Fensternische, war sehr gut angezogen und hatte auffällig dicke Backen! Auch hier eine herzliche Begrüßung und die Aufforderung, nach Einbruch der Dunkelheit mit ihm spazieren zu gehen. Alles kam mir komisch vor, aber ich wußte noch nicht, was hier gespielt wurde. Bei unserem Abendspaziergang wurde ich aus der Sicht dieses russenhörigen Pfarrers über das Lager informiert. Der Pfarrer hatte zwei Mäntel und gab mir sofort einen ab. Da ich nichts hatte, nahm ich ihn dankbar an. Später, als ich hörte, wes Geistes Kind dieser Mann war, brachte ich den Mantel schnell zurück und fror lieber. Einen Tag später traf ich den katholischen Pfarrer B. meiner Nachbardivision. Als er sah wie ich fror, gab er mir für die Nächte seinen gefütterten Mantel. Mit diesem Mann verband mich eine echte Freundschaft. Er war stark im Glauben, groß in der Hoffnung und strahlend in seiner Liebe. Alle verehrten ihn, kein Russe rührte ihn an.

Als mir mein bereits erwähnter Jahrgangskamerad erneut über den Weg lief und keine Notiz von mir nahm, stellte ich ihn zur Rede. Er sagte:

„Wenn Du mit diesem Schwein" – gemeint war der geschilderte evangelische Pfarrer – „verkehrst, dann bist Du wohl auch so ein Russenknecht". Ich erklärte ihm, daß dieser Herr mein Divisionspfarrer in Stalingrad gewesen sei, und ich noch nichts wüßte von rechts und links in diesem Lager. Nun wurde ich von ihm genau instruiert, mit wem man sprechen könne, wem man trauen könne und wem nicht. Wir haben von diesem Tage an gut zusammengehalten. Alles wurde beraten und abgewogen, die Gruppe derer, die noch dachten wie ehemalige deutsche Offiziere, umfaßte etwa 20 Mann. Wir betrachteten uns auch hier als deutsche Soldaten. War der Krieg doch noch nicht zu Ende. Unsere Gruppe lehnte es ab, die deutschen Uniform- und Dienstgradabzeichen abzulegen. Natürlich waren wir sofort die Faschisten des Lagers! Die anderen nannten sich ja die Antifaschisten!

Nun folgt eine kurze Schilderung des Lagers und seiner Gebäude. Neben unserer Baracke war eine gleich große, aber sehr gute eingerichtete Sonderbaracke, mit meist kleinen Zimmern, Waschraum und Abort im Hause. Hier wohnten alle Leute, die einen Posten hatten. Einen Posten bekam nur, wer Mitglied der Bewegung „Freies Deutschland" war und von den Russen als politisch zuverlässig bezeichnet wurde. Er erhielt dann auf Kosten der Kameraden doppeltes Essen und bessere Bekleidung und hatte auch sonst noch eine Reihe von Vorteilen. Wir durften diese Baracke nicht betreten.

Neben diesem Sondergebäude standen zwei Lazarettbaracken und eine Isolierstation, die damals voll lagen bis auf den letzten Platz und in denen täglich zahlreiche Leute starben. In den Lazarettgebäuden waren nur Leute übelster Art beschäftigt, die ihren Beruf nicht etwa aus Nächstenliebe, sondern ausschließlich aus geschäftlichen Gründen versahen. Sie erhielten hier auch doppelte Verpflegung; sie verfügten über das Essen der Sterbenden, in dem sie es verkauften, was aber das Traurigste war, sie nahmen die Bekleidung und Wertsachen der Sterbenden an sich und verkauften diese oft schon, bevor der Besitzer tot war. Mehrfach erfuhren wir nur von dem Tode eines Kameraden, wenn ein anderer plötzlich in dessen Uniform auftrat. So wie die Leute den letzten Atemzug getan hatten, wurden sie nackt in einen Keller, neben dem Karzer, getragen und hineingeworfen. Dort blieben sie liegen, bis sich eine größere Menge angesammelt hatte. Der Keller war sehr kalt und im Winter froren die Leichen sofort. Der Abtransport erfolgte auf einem offenen Kastenwagen. Die zum Skelett abgemagerten Gestalten, schief und krumm gefroren, mit hochstehenden Armen und Beinen, wurden an uns vorbeigefahren. Es ging aus dem Lager heraus, ein Stück am Zaun entlang. Am Ende des Zaunes stand ein Kommando von Kriegsgefangenen, das die Leichen an den Beinen noch etwa 100 m durch den Schnee oder Dreck schleifte und dann in eine Grube warf. Wenn die Grube voll war, wurde eine neue gegraben. Bis zum Winter 44/45 hatte nur der Generaloberst Heitz, der bis zum letzten Atemzug das Vorbild aller war, ein anständiges Begräbnis erhalten; und dieses geschah aus Propagandagründen. Erst ab Januar 1945 durfte ab und an, auf besonderen Antrag, ein Begleitkommando mitgehen und den Kameraden die letzte Ehre erweisen.

So ist es auch zu erklären, daß in unserem Lager, genau wie in allen anderen, Tausende von Kameraden verstarben, ohne daß einer sie registriert hat. Viele von ihnen gelten eben heute noch als Vermißte.

Durch die Mitte des Lagers führte eine feste Straße. Wir und die erwähnten 4 Baracken lagen südlich des Weges. Nördlich war eine Verwaltungsbaracke, mit Bibliothek und Unterrichtsräumen, daneben Küche und Bad. Ein besonderes Haus stand allein am Hang. Es hieß „das Blockhaus" und in diesem Hause war der „Teufel" zu Hause. Hier wohnten zu meiner Zeit die Freunde der Russen. Oberhalb der Wache war noch ein zeltähnliches Gebäude mit einem Holzgerüst, welches von einer starken Leinwand überzogen war. Hier schnitten wir uns im Dunkeln die Fußlappen heraus. Unterhalb der Wachen war die Quarantäne, die von einem eigenen Zaun umgeben war. Im allgemeinen kamen alle Transporte zuerst 4 Wochen in diesen Lagerteil. Bei unserer Ankunft war die Quarantäne überfüllt und man nahm von der Vorschrift der Absonderung Abstand. Der Leiter dieses kleinen Teillagers war ein kaufmännischer Angestellter aus Hannover, der sich auch mit Ruhm bekleckert hat. Nur eine kleine Episode möge diese, meine Äußerung beweisen. Am 1. Mai 1945 ließ dieser saubere Herr seine Leute zum Appell heraustreten und verlangte von ihnen, die Internationale zu singen, die er mit seinen Freunden schon tagelang geübt hatte.

Außer der Banja, die ich schon am Anfang dieses Abschnittes erwähnte, gab es noch einen Waschraum. Dieser bestand aus einem schmutzigen, holzverkleideten Verschlag, mit zwei langen Waschbecken, über die je ein Rohr führte mit etwa 20 Löchern, aus denen Wasser spritzen sollte, wenn welches da war. Meist funktionierte nur die Hälfte der Löcher und es entstand ein Kampf um die Waschplätze. Im Winter war der Raum völlig vereist, so daß man nur unter Lebensgefahr hineinkam. Oft war das Wasser gefroren und wir haben uns wochenlang nur mit Schnee abgerieben. Einmal haben wir uns fast 6 Wochen weder gewaschen, noch gebadet. Häufig kamen nachts die Küchenarbeiter und spülten ihre Kartoffeln in den Becken, ohne sie hinterher wieder zu reinigen. Der Dreck blieb dann mehrere Tage in der Rinne liegen. Man wähnte sich im Schweinestall.

In einem kleinen Gebäude waren die Handwerkerstuben, einschließlich Friseur. Wir, die nicht Mitglieder des „Freien Deutschland" waren, durften die Frisierstube nicht betreten, sondern wurden, selbst bei größer Kälte, im Vorraum der Baracke rasiert. Wenn einer von uns, der noch sein Hoheitsabzeichen auf der Brust trug, eine der Handwerksstuben betrat, wurde er unter den wütendsten Beschimpfungen hinausgeworfen. Nicht selten flog noch ein harter Gegenstand hinter ihm her.

Und dann die Latrine; ein Bild des Jammers! Ein kleines schmales Gebäude neben unserer Baracke. Darin ein kleiner Betonsockel mit sechs nebeneinanderliegenden Öffnungen, wo wir im Stehen, wie immer in Rußland, unsere Geschäfte erledigen mußten. Wegen seiner sechs Löcher hieß dieser Abort „Sechs-Zylinder". Dieser Ort sollte für ungefähr 1000 Mann reichen, von denen damals sehr viele an ständigem Durchfall oder gar an Ruhr litten und deswegen oft lange hockten oder dauernd wiederkamen. Man mußte ständig Schlange stehen und dies bei über 25° Kälte und oft Schneesturm. Manches Mal konnten die armen Kranken es nicht mehr abwarten und erledigten ihr Geschäft vor der Tür. Sie wurden dann furchtbar beschimpft und mußten es selber beseitigen, obwohl sie sich kaum auf den Beinen halten konnten. Oberhalb des Lagers, aber noch in der Umzäunung, war ein kleiner Sportplatz, auf dem ich jeden Tag meine Runden drehte. Ich habe mir vom ersten Tag im Lager an gesagt, daß ich mich unter allen Umständen, durch viel Spazierengehen und tägliche Freiübungen, gesund und beweglich halten wollte und habe dies auch streng alle Jahre durchgehalten. Ich glaube, es hat sich gelohnt.

XXV.
Das Essen

Das Essen in der Gefangenschaft – ein Kapitel für sich! Ich versuche einiges zu schildern:

Was stand dem normalen Kriegsgefangenen oder „Pleni" wie wir in Rußland hießen, zu? Offiziere: 600 g Brot, 40 g Zucker, 40 g Fett (davon 20 im Essen und 20 auf die Hand), 80 g Fleisch, 80 g Fisch.

Morgens: Eine dünne Getreide- oder Kohlsuppe.

Mittags: Eine etwas bessere Suppe und 250 g Brei, genannt Kascha.

Abends: 250–300 g Getreide- oder Kartoffelbrei, pro Tag 20 g Nudeln, die meist in der Woche gespart wurden und sonntags als „Große Portion" zum Sattessen gereicht wurden!

Außerdem erhielt jeder 15 g Tabak oder 15 Zigaretten am Tag.

Die Mannschaften, die von vornherein arbeiten mußten, erhielten zwar Kartoffeln und mehr Hülsenfrüchte, aber nur 20 g Zucker, 30 g Fett, 60 g Fleisch, Fisch genau wie wir. Die angegeben Zahlen waren aber nur das Soll. Die Zahl der heimlichen und bereits bekannten Mitesser war groß! Entsetzlich wurden die Kriegsgefangenen betrogen. In den ersten Jahren erfolgte der Betrug durch die Russen, in dem sie entweder die Sachen schon vor dem Lager verkauften, oder die einigermaßen guten Sachen mit Gewinn gegen schlechtere vertauschten. Das Fleisch bestand meist aus Abfällen oder Innereien, die der normale Russe nicht ißt. Sämtliche Rinderköpfe der umliegenden Schlachthöfe rollten bei uns an. Wenn man mal ein Stück Fleisch in dem ewigen „Gulasch" fand, das größer als ein Daumennagel war, dann galt dieses als Sondermeldung. Der Verpflegungssatz wurde in den ganzen Jahren nicht besser. Trotz dreimaliger Preissenkung berechnete man den Wert unserer Verpflegung mit 456 Rubel. Inbegriffen waren Kleidung und Wohnung.

In späteren Jahren, vor allem, nachdem auf Grund der ungeheuren Sterbezahlen, die Überwachung von oben ständig gründlicher wurde, ließen die Betrügereien von Seiten der Russen nach. Dann aber fanden sich Leute aus den eigenen Reihen, die es verstanden, sich auf Kosten der Kameraden zu bereichern. Was in den Lagerküchen und vor allem in den Lazaretten alles verschoben wurde, kann sich ein Außenstehender gar nicht vorstellen. Immer gab es Leute, die es fertigbrachten, durch irgendwelche Sonderleistungen, doppelte oder dreifache Verpflegung zu ergattern. Einige Situationen, die für normale Menschen unfaßbar erscheinen, muß ich schildern:

Wenn morgens das Brot – 20 Stück – auf einem Brett herbeigetragen wurde, wäre es doch das Normale gewesen, daß jeder vorbeigegangen wäre und sich ein Stück genommen hätte. Weit gefehlt. Der Stubendienst nahm alle Brote und legte sie auf den Tisch. Hier wurden sie geordnet nach Kanten und Mittelstücken. Dann traten wir in einer festgelegten Ordnung an den Tisch heran und durften der Reihe nach jeder ein Stück aussuchen. Ich konnte diese Prozedur nicht begreifen, mußte aber später in den Lagern feststellen, wie notwendig solche Mätzchen leider waren. Bisher war ich der Auffassung gewesen, daß Brot Brot sei. Im Lager führte der jeweilige Gruppenälteste einer Verpflegungsgruppe eine Liste, in der folgende Spalten waren:

1. Brotkanten- und Mittelstücke

2. Nachschlag Suppe- und Nachschlag-Brei.

Nun wird der Leser gewiß fragen, was ist denn ein Nachschlag. Ja, es klingt sehr lächerlich, war aber tiefer Ernst. Bei der Verteilung des Essens aus großen Kübeln, für immer 20 Mann, blieb meist ein Rest von 1 bis 2 Portionen übrig und wurde verteilt. Dies nannte man Nachschlag. Es gab Leute, die wußten ganz genau, wer dran war und wann sie dran waren. Wehe, wenn der Auseiler sich irrte.

3. Fisch: Kopf-, Mittel- und Schwanzstücke.

Vor Hunger aßen die meisten ja den Kopf ganz mit Haut und Haar auf. Manche aßen von den Heringen sämtliche Gräten mit.

4. Papierliste.

Es gab, wie ich schon erwähnte, kein Papier und so hatte die Verpackung des Empfangstabaks einen großen Wert. Außerdem war genau festgelegt, bei wem die Ausgabe zu beginnen hatte; denn es konnte ja sein, daß oben mehr Fett und unten mehr Fleisch war. Der Ausgeber wurde dann genau beobachtet, ob er auch jedes Mal umrührte und die Kelle für den Brei richtig abstrich, am oberen Rand, und ganz ausleerte. Es wurden provisorische Waagen angelegt. Man sammelte Steine, ließ diese in der Küche eichen und benutzte sie als Gewichte. Neben der Waage saßen immer zwei Mann, die genau aufpaßten, daß die Waage richtig ausschlug. Der Zucker wurde gewogen, der Tabak wurde gewogen. Der Teiler, der eine besondere Vertrauensperson sein mußte, hatte eine ganze Sammlung von Löffeln, Maßen, Abstreichhölzern und – wie gesagt – Listen. Es gab sogar Leute, die ließen ihre Portion bei anderen Gruppen nachwiegen und beschwerten sich, wenn auch nur ein Gramm zu wenig war.

Der Brotschneider konnte selbstverständlich nicht auf das Gramm genau schneiden und glich nach dem groben Schneiden die fehlenden Gramm durch kleine Stückchen aus, die er unter dem Namen „Supplement" mit Holzklötzchen an der jeweiligen Portion befestigte.

Daß Brot gestohlen wurde, war gang und gäbe. In ihrem Hunger unterlagen Männer aller Dienstgrade dieser Versuchung. Ein ganz eigenartiges Kapitel war das Spielen mit dem Essen. Die Portionen waren so gering, daß man sie ohne Beschwerden jederzeit gleich vertilgen konnte. Es hat sich gezeigt, daß diejenigen, die regelmäßig und sofort ihr Essen aufaßen, gesund blieben und sich gerade über Wasser halten konnten. Jedes Denken an das Essen ließ die Säfte im Munde zusammenfließen und beunruhigte den Körper. Wer sich gehen ließ, in Bezug auf Essen und Trinken, wurde schnell ein Dystrophiker. Wenn es bei einer Krankheit einmal darauf ankam, sich in der Gewalt zu haben, hatten sie nicht mehr die Kraft einmal „Nein" zu sagen, die Folge waren Ruhr und Herzversagen. Wie oft habe ich beobachtet, daß Kameraden langsam aßen, um noch etwas zu haben, wenn die anderen schon fertig waren. Das war ja noch harmlos, aber viele hoben das Essen von mehreren Mahlzeiten auf, um sich dann mit ein, zwei oder drei Portionen angeblich einmal sattessen zu können. Während der ganzen Zwischenzeit zogen sie Fäden im Munde. Einen sehe ich, der sparte von Mittwoch bis Sonntag einige Stückchen Brot, um am Sonntag früh einmal 2000 g essen zu können und satt zu sein. Von Sonntag bis Mittwoch hatte er Bauchweh oder Durchfall! Erst ab 1946 hatten wir uns an den Hunger und all seine Folgen gewöhnt. Das Essen war nicht mehr Thema Eins.

XXVI.
Nächtliche „Gäste"

Dank der häufigen Entlausung blieben wir bisher vor Läusen bewahrt und die Gefahr des Fleckfiebers wurde, bis auf einige Ausnahmen, eingedämmt. Dafür litten viele von uns unter den Wanzen. Bereits in der ersten Lagernacht spürte ich, das Krabbeln und Stechen an den Hand- und Fußgelenken, am Hals und hinter den Ohren. Ich kannte diese lieben Tiere noch nicht persönlich. Am Morgen war ich bedeckt mit roten Strichen. Geschlafen hatte ich kaum. Die ersten sieben Monate haben wir uns nachts nicht ausgezogen, da viele, wie auch ich, ohne Decke, ohne Mantel und natürlich ohne Nachtbekleidung waren. Wohin sollte ich auch meine Bekleidung und Stiefel legen, damit sie mir nachts nicht geklaut wurden. Am Tage gehetzt, hungrig, schlapp, sehnte man die Nacht herbei. Kaum war das Dämmerlicht eingeschaltet, begann der Kampf mit den Wanzen. Die Wanzen sind wählerisch und gehen nicht an jedes Blut. Ich muß sehr attraktiv gewesen sein! Es kamen erst einzelne Tierchen aus den Ritzen zwischen den Brettern, die Vorhut, dann das Gros. Flach, leer und hungrig rollten sie hintereinander, wie auf der Autobahn, heran. Rund und müde von meinem Blute schlichen sie zurück. Sie kamen von unten oder fielen von der Decke. Wenn man den Kampf aufnahm und einzelne zerdrückte, roch es, wie ich immer behauptete, nach Marzipan und erfüllte einen mit Ekel. Es war zum Verzweifeln. Sechs Monate, Nacht für Nacht, der gleiche Kampf. Je wärmer es war, desto mehr Besucher! Wir klauten uns Fußlappen, Bettlaken und Handtücher, rissen sie in Streifen und umwickelten die gefährdeten Stellen. Alles vergeblich. Später pinselten wir die Pritschen mit Öl oder Petroleum ein und in anderen Lagern durften wir mit Lötlampen alle Balken und Ritzen abbrennen. In den letzten drei Jahren war dieser Feind besiegt.

XXVII.
Im Blockhaus

Im Blockhaus wohnte, wie bereits berichtet, die „Prominenz". Nach dem wir einige Tage im Lager waren, wurde ich mit fünf Kameraden in das Blockhaus oder das Polithaus gerufen. In einem gemütlichen Raum mit Betten, Tischen, auf denen Tischdecken lagen, Stühlen, Teppich und Radio, fanden wir den sogenannten Aktivleiter und seine Gehilfen vor. Der erstere, aus altem preußischem Adel, Oberstleutnant, gepflegt, höflich, freundlich, genoß seinen Lagervorteil und spielte die ihm zugedachte Rolle harmlos und ohne Haß. Er war offensichtlich hereingefallen und diente als Aushängeschild des Offizierbundes „Freies Deutschland". Dieser Herr bemerkte bald, wohin sein Schiff segelte und ging von Bord. Er trat nicht mehr in Erscheinung. An diesem Abend empfing er uns liebenswürdig und kameradschaftlich. Ganz das Gegenteil war sein Stellvertreter. Haßerfüllt trug dieser die Fahne. Bezeichnend für seinen Charakter war folgendes Erlebnis: Er vertrat die Auffassung, daß die Bodenreformen richtig seien. Als er aber hörte, daß sein eigener Besitz bei Gotha in Thüringen auch betroffen sei, stellte er den Antrag, den Hof wegen seiner Verdienste in der Sowjetunion bestehen zu lassen!

Nach einem sachlichen Gespräch zogen wir uns wieder auf unsere Wanzenpritsche zurück. Beim Abschied gab es Politmaterial, u.a. die Aufnahmebedingungen in das „Freie Deutschland". Man bat uns um

Studium der Papiere und forderte uns auf, bald wieder zu kommen, natürlich mit dem unterschriebenen Aufnahmeantrag. In den nächsten Tagen gab es für mich zahlreiche Gespräche mit Freunden und mit Mitgliedern. Immer wieder die 3 Fragen:

1. Wie stehen Sie zum „Freien Deutschland", bzw. warum sind sie eingetreten?

2. Fühlen Sie sich noch an ihren Eid gebunden, oder warum nicht?

3. Wie stehen Sie als Christ zum Kommunismus bzw. wollen Sie mit Beelzebub den Teufel austreiben?

In dem Politmaterial fand ich den Satz: „Ich bin bereit mit der Waffe für die Vernichtung des Nationalsozialismus, sprich Faschismus, zu kämpfen!" Sollten wir tatsächlich mit den Russen gegen unsere Brüder kämpfen?

Das Ergebnis meiner Gespräche, meiner Studien, meine Erlebnisse in den ersten 3 Monaten Gefangenschaft, vor allem hier im Lager, brachten mich nach einem inständigen Gebet zum Heiligen Geist, zu der klaren Entscheidung: Ich bleibe, was ich bin. Für mich gibt es hinter Stacheldraht keine Politik. Meine und der Kameraden Hoffnung war: Wir werden es überstehen, Morgen wird es besser!

Ich begab mich in die Höhle des Löwen und teilte meinen Entschluß mit. Die kurze Antwort lautete: „Schade!. Die Folgen haben Sie selbst zu tragen." Ich habe es, wie angekündigt, auf Schritt und Tritt zu spüren bekommen, doch davon später.

XXVIII.
Die Politik

An einem meiner ersten Tage in diesem Lager erlebte ich, daß ein Teil der mit uns eingetroffenen Kameraden feierlich in den Bund Deutscher Offiziere eintraten. In der Baracke trennte ein Deutscher einem österreichischen

Kameraden das Hoheitszeichen von der Brust und erntete dafür großen Applaus. Täglich kamen neue Leute zu mir, um mich zu werben für ihre Ideen. Abends fanden ab und zu Schulungsabende statt, bei denen irgendwelche Jünglinge auftraten, die noch vor kurzem in der Hitlerjugend Dienst getan hatten. Sie hielten Vorträge über Leninismus und Stalinismus. Sie lehrten den dialektischen Materialismus und warfen mit Schlagworten herum, die völlig unangebracht waren. Sie wollten ältere Kameraden, die im Leben schon eine Rolle gespielt hatten und auf eine reichliche politische Erfahrung zurückblicken konnten, belehren. Das Erstaunliche war, daß viele Ältere sich völlig willenlos von den bisherigen Hitlerjungen schikanieren ließen!

Eines Abends kam einer meiner alten Kameraden zu mir und sagte: „Wenn Sie überhaupt Ihre Rolle haben wollen, dann müssen Sie mitmachen". Ich sagte ihm: „Daß ich nicht in der Gefangenschaft sei, um meine Ruhe zu haben; vor allem solange die anderen drüben noch im Kampf ständen". Zu diesem Zeitpunkt war es im Lager so, daß etwa 45% der Offiziere und 90% der Mannschaften im „Freien Deutschland" waren. Wie war das möglich?

Ein großer Teil trat ein, weil er durch Hunger, Krankheit und schlechte Behandlung gebrochen und nicht mehr in der Lage war, die Folgen seines Schrittes zu erkennen. Sie wollten ihre Ruhe haben.

Andere traten aus Ehrgeiz ein. Sie waren gefährlicher. Man versprach ihnen einen guten Posten im Lager mit besserer Verpflegung und sicherte ihnen frühere Heimkehr und Verwendung in einem demokratischen Deutschland zu!

Ein kleiner Teil tat es aus einem blinden Haß gegen Hitler und sein Regime. Sie rechneten teilweise damit, daß sie im Kampf gegen Hitler noch eingesetzt werden könnten und dann evtl. die Möglichkeit finden würden, um überzulaufen. Zu dieser Gruppe gehörten auch einige Geistliche! Es dauerte ein, zwei, teilweise drei Jahre, bis sie ihren Irrtum einsahen und dann reumütig zurückkehrten.

Wie stand es nun mit den Mannschaften? Sie mußten, soweit sie nur kriechen konnten, vom ersten Tage an schwer arbeiten. Sie waren alle seelisch und körperlich am Ende ihrer Kraft. Die Führung dieser Leute übernahmen, wie es ja nach dem Umsturz anderswo auch war, ausschließlich Elemente, die von den Russen meisterhaft ausgesucht waren. Sie waren hörig. Hatte der Russe einen Grund an ihrer Hörigkeit zu zweifeln, gab es einen Fußtritt – „Der Mohr kann gehen!". Häufig waren diese Diener des Regimes Volksdeutsche oder Leute aus den deutschen Grenzgebieten, die die russische Sprache beherrschten. Es war geradezu bewunderungswürdig, mit welchem Fingerspitzengefühl der Russe die ganzen Jahre hindurch immer die Leute vor seinen Wagen spannte, die in ihrer politischen oder charakterlichen Einstellung Lumpen oder Schwächlinge waren. Nur ganz vereinzelt gelang es anständigen Leuten sich in führenden Stellungen zu halten. Wir selber versuchten oft, bewährte und uns als geschickt bekannte Kameraden, an das Ruder zu bringen. Wenn es uns ausnahmsweise glückte, dann war ihr Bleiben meist nur von kurzer Dauer, weil sie sich mit den Russen festzogen. Es gab die Stellung des Barackenältesten, des Arbeitseinsatzleiters und des Kompanieführers. Diese drei steckten unter einer Decke und beuteten die eigenen Kameraden bis aufs Blut aus. Selbstverständlich wurden sie auch vor den Wagen der Politik gespannt und meldeten dem Russen jeden Mann zur Bestrafung, der nicht so wollte, wie sie es sich vorgestellt hatten. Die Mannschaften wurden einfach gezwungen in das „Freie Deutschland" einzutreten und wer nicht wollte, wurde in die Knochenmühle gesteckt, bis er entweder nachgab oder tot war. Wie oft sind abends Leute zu mir gekommen und haben um Rat gebeten. Da wir die Lage kannten, haben wir ihnen immer geraten einzutreten und ihnen garantiert, daß wir später in der Heimat einmal für sie geradestehen würden. Wir waren damals ja alle der

Auffassung, daß jeder, der in die Bewegung „Freies Deutschland" eintritt, einst in der Heimat zur Rechenschaft gezogen würde; hatte er doch seinen Eid noch während des Krieges gebrochen und mit dem Feinde paktiert. Diese Auffassung herrschte unter uns so stark, daß wir mit den Mitgliedern des „Freien Deutschland" keinerlei Verkehr hatten und sie hundertprozentig ablehnten. Das kann hier in der Heimat nur der verstehen, der weiß, daß die Bewegung absolut in kommunistischem Fahrwasser segelte. Der Kampf gegen Hitler war nur das Aushängeschild dieser Politik. Viele, vor allem von den weniger gebildeten Leuten, fielen auf diesen Trick herein, ohne zu merken, daß der Russe sie zu ganz anderen Zwecken haben wollte. Mein Vorwurf richtet sich heute, nachdem ich zu Hause bin und von den Dingen etwas Abstand gewonnen habe, nur noch gegen die Leute, die auf Grund ihrer Bildung und ihrer militärischen Stellung erkennen mußten, was gespielt wurde und trotzdem aus Ehrgeiz oder Opportunismus für die Sache eintraten und dadurch Tausende ihrer ehemaligen Untergebenen veranlaßten, auch diesen Schritt zu tun. Viele wurden Kommunisten und wer weiß, wo sie unterdessen ihr teuflisches Spiel getrieben haben oder noch treiben.

In einem Nachbarlager wurde 1945 eine „Anti-Fa-Schule" eingerichtet. Auf diese Schule kamen nur besonders ausgesuchte Leute. Sie blieben 2 bis 3 Monate dort, waren gut untergebracht, gut verpflegt, bestens angezogen und wurden in einer Art Volkshochschule über Lenin, Stalin, Marx und vor allem über den dialektischen Materialismus unterrichtet. Die Lehrer waren z.T. Emigranten, z.T. Kommunisten und später dann besonders geschulte Lektoren. Wie mir mehrfach berichtet wurde, mußten alle Teilnehmer dieser Lehrgänge am Ende eine Verpflichtung eingehen, daß sie ihr ganzes Leben für den Kommunismus arbeiten wollten. Die Masse dieser Schüler ist dann ab 1945 in die SBZ gefahren. Hier und dort, je nach Intelligenz sind sie in mehr oder weniger guten Positionen untergekommen. Sie bildeten das Rückgrat der SED.

Sie wurden Minister, wie z.B. Herr Bechler (Frau Bechler hat das ergreifende Buch „Warten auf Antwort" geschrieben) oder General der Volksarmee, wie z.B. Herr von Lenski, u.a.. Manche von ihnen sind gewiß auch hier in der Bundesrepublik!

Die Teilnehmer dieser Lehrgänge stammten aus allen Berufen und allen Dienstgraden, unter ihnen viele Menschen mit wohlklingenden Namen. Solange der Krieg noch dauerte, wurden Leute ausgesucht und nach eingehender Schulung als Frontbevollmächtigte an die Front gesandt. Ich habe diese Leute schon einmal erwähnt. Nach Beendigung des Krieges kamen sie teilweis ein russischen Uniformen in unser Lager und wurden gleich in führenden Positionen eingesetzt.

Eine Gruppe von besonderen Vertrauenspersonen, meist Volksdeutsche, wurde im Lager als „Lagerpolizei" verwendet. Sie trugen ein Gemisch von russischen und polnischen Uniformen und einen roten Streifen an der Mütze. Sie trieben morgens die Leute aus den Unterkünften an das Tor zur Arbeit. Auch sonst hatten sie eine Reihe von unerfreulichen Aufgaben im Lager, mit denen sie uns schikanieren konnten.

Viele meiner Kameraden und ich selbst haben in diesem ersten Winter, trotz bis zu 35° Kälte, keinen Mantel, keinen Strohsack und ich nicht einmal eine Mütze empfangen, weil wir unsere Dienstgradabzeichen noch trugen und nicht Mitglieder des „Freien Deutschland" waren. Später legte man uns, boshafterweise, in eine eigene Essensgruppe neben die Tür, die ständig, Tag und Nacht, auf und zu ging.

Zwei- bis dreimal im Monat fanden politische Versammlungen statt, bei denen die örtlichen Polizeikommissare oder besonders beauftragte Personen aus MoŸkau sprachen. U.a. erschienen zu solchen Vorträgen auch Herr Ulbricht und der Österreicher Peter Wieden, später Minister unter dem Namen Fischer. Diese Leute waren hervorragend geschult und begeisterten die jüngeren Kameraden unter uns stets. Auch wir wurden immer aufgefordert, in diesen Versammlungen zu erscheinen, lehnten es aber strikt ab. Selbstverständlich hatten wir unsere Beobachter dort und erhielten genauen Bericht über das, was vorgetragen wurde.

Das deutsche Lageraktiv hielt regelmäßig Pflichtversammlungen ab, in denen über Hitler, die Nationalsozialisten, die deutsche Regierung und über die Soldaten als Mörder gesprochen wurde. Alle Politiker und die Generale waren Verbrecher. Die Teilnehmer wurden aufgefordert, über ihnen bekannte Verbrechen Bericht zu erstatten und Kameraden zu denunzieren. In den Jahren 1945/1946 gab es unter uns Leute, die sich selbst anzeigten und ein Schuldbekenntnis ablegten, in der Hoffnung dadurch schneller nach Hause zu kommen. Ich vermute, daß auf Grund dieser Denunzierungen später auch Verurteilungen von deutschen Soldaten erfolgten. In dem nächsten Lager, über das ich noch berichten werde, wurde eine Resolution an die russische Regierung verfaßt und verlangt, daß ein im Lager befindlicher General vor Gericht gestellt werden müsse, wegen seiner Verbrechen in Stalingrad. Diese Resolution reichte man im Lager zur Unterschrift herum. Zur Ehre der Kameraden sei gesagt, daß die Aktion aus Mangel an Beteiligung zusammenbrach. Ja, daß sogar einige Kameraden aus dem „Freien Deutschland" austraten, weil es ihnen zu bunt wurde. Die Denunziationen wirkten vielfach wie ein Bumerang. Gefangene, die angeblich so genau Bescheid wußten, verschwanden kurz darauf im Gefängnis, um dort besser aussagen zu können!

Wer auf den Versammlungen nicht mitmachte und sich bei der Internationalen nicht vom Platz erhob oder herausging, der wurde angeprangert und sein Name erschien in der Wandzeitung.

Über die Wandzeitung wären auch einige Worte zu sagen. In jedem Betrieb und so auch in jedem Lager befand sich eine Wandtafel, auf der Kritik und Selbstkritik in „demokratischer Pressefreiheit" geübt werden konnte. Die Pressefreiheit bestand allerdings darin, daß nur der schreiben durfte, der die Genehmigung des Aktivs hatte und dessen Artikel von dem Politkommissar vorher gebilligt war. In unseren Lagern wurden diese Tafeln ausgenutzt zu politischen Hetzartikeln. Alle Berufe und Dienstgrade haben sich hier betätigt, als Schriftsteller und Dichter! Mich ergreift heute noch das Grauen, wenn ich mich der Dinge entsinne, die hier zu lesen waren. Ich bringe einige Ausschnitte:

„Als nach dem Vertrag von Potsdam bekannt wurde, daß Ostpreußen und Schlesien dem Deutschen Reich verloren gehen würden, wagte ein Arzt zu schreiben, es sei richtig, daß man endlich diese Gebiete los sei, die uns sowieso nicht gehörten und stets der Herd der Reaktion gewesen seien.

Ein älterer Mann erließ einen Aufruf, man solle doch endlich die Dienstgradabzeichen und Orden ablegen, die uns an die traurigsten Zeiten unseres Lebens erinnerten. Er schrieb hierzu folgenden Vers: „Reißt die Orden von der Brust, die Ihr erwarbt für Raub und Mord und Frauenlust!". Eine Freude fand man daran, in hetzerischen Artikeln, die Offiziere gegen die Mannschaften und umgekehrt auszuspielen.

Wissenschaft und Kunst wurden in den Dienst des Materialismus gestellt. Deutsche Dichter stellte man als Vorkämpfer für die kommunistische Idee hin. Außer den Wandtafeln hatten wir eine schwarz-weiß-rot umrandete Kriegsgefangenenzeitung mit dem hochtrabenden Namen „Freies Deutschland". In der Nähe von Moskau befand sich ein Sonderlager, in dem alle leitenden Leute des Nationalkomitees „Freies Deutschland", bei bester Unterbringung und Verpflegung, (sogar mit Alkohol) zusammengezogen waren und hier ihre Teufeleien ausbrüteten. Dort wurde auch diese Zeitung geboren. An der Zeitung beteiligten sich ein großer Stab von Militärs, Wissenschaftlern und Politikern. Außer den russischen Wehrmachtsberichten brachte dieses Schmierblatt in großem Umfange Artikel über Zustände in Deutschland. Fachleute und Laien, sogar Geistliche, ließen sich hier über alle möglichen Themen aus. Warum mußte unsere schmutzige

Wäsche vor den Russen gewaschen werden? Besonders reizte uns natürlich, wenn ein schimmerloser Mann sich Urteile über militärische Dinge erlaubte, die er gar nicht beurteilen konnte. Schweigend mußten wir das alles hinnehmen; sagte man ein Wort laut, wurde man sofort von den zahlreichen Spitzeln gemeldet und dann zum Kommissar bestellt. Der Kommissar bezeichnete einen als Faschist und drohte mit Bestrafung.

Besonders empört waren wir über einige Generale, die anfingen ihr gesamtes Wissen aus 30- und 40-jähriger Dienstzeit hier auszupacken. Militarismus wurde zum Schlagwort. Die Forderungen nach Wiedergutmachung wurden auch in den Kriegsgefangenenlagern immer wieder gestellt. „Wir sind bereit, unsere Verbrechen in jeder Form wieder gutzumachen", schrieb einer der sauberen Schriftsteller. Er selber saß aber zu dieser Zeit satt und gut angezogen in dem erwähnten Sonderlager. Einige Zeit nach Kriegsende wurden die Schreiberlinge nicht mehr gebracht, die Organisation „Freies Deutschland" aufgelöst und dafür die antifaschistische Lagergruppe (AntiFa) gegründet. Das Sonderlager hatte seine Berechtigung verloren und wurde entleert. Ein Teil seiner führenden Leute kam in unser Lager. Sie erschienen wie geprügelte Hunde in ihrer schwarzen Uniform und erhielten von uns den Spitznamen „Die Mohrbrigade". Der Mohr hatte seine Schuldigkeit getan, der Mohr konnte gehen. Nur wenige von ihnen genossen das volle Vertrauen der Russen und wurden gleich in die SBZ entlassen. Erstaunlicherweise ist ein Teil der „Mohren" später, genau wie wir, verurteilt worden und mußte bleiben. Noch ein anderes Beispiel kann ich bringen, wie der Russe seine „Diener" behandelte oder vielmehr wie er über sie dachte:

An den großen politischen Feiertagen der Sowjetunion wurde stets das ganze Lager auf den Kopf gestellt. Alles wurde gereinigt und sämtliche Wände, die einigermaßen Fläche hatten, wurden von den Aktivisten mit Parolen beschmiert. Man konnte dort lesen: „Es lebe die Rote Armee, die

Befreier Deutschlands!". „Es lebe der große Stalin!". „Die Lehre Lenins und Stalins wird die Welt erlösen und glücklich machen!". Eines Tages sah einer meiner guten Kameraden, wie ein im früheren Leben angesehener Mann auf der Leiter stand und einen Spruch an die Wand malte. Er ging vorüber und sagte zu ihm „Sie Schwein!". Der betreffende Maler stieg herunter und brachte die Angelegenheit zur Meldung. Der Erfolg war, daß mein Freund noch am gleichen Tage zu 10 Tagen Karzer verurteilt wurde. Er begann am nächsten Morgen den Hungerstreik, der damals noch sehr wirkungsvoll war. Nach 24 Stunden holte man ihn zum russischen Lagerkommandanten und fragte ihn, warum er Hungerstreik machen würde, da antwortete er: „Weil ich zu einem Mann, der sich in Ihren Dienst stellt, während das Deutsche Heer noch im Kampfe steht, sagte, daß er ein Schwein sei. Was halten Sie, Herr Oberst, von General Wlassow, der sich im Kriege in den Dienst der Deutschen stellte?". Der Oberst beantwortete diese Frage nicht und entließ den Kameraden sofort aus dem Karzer.

In einer Unterhaltung, die ich im Jahre 1948 mit einem russischen Dolmetscher hatte, sagte ich diesem, daß ich alle Aktivisten für Schweine hielte, und er nahm das ruhig hin. Ich hatte sogar den Eindruck, daß er der gleichen Meinung war.

Bei den vielen politischen Veranstaltungen und Versuchen uns zu werben, habe ich nie erlebt, daß sich ein Russe für diese Sache eingesetzt hat. Alles veranlaßten die lieben Deutschen oder die Emigranten. Ihr Unterricht über die politischen Fragen war so dünn, daß man nur lachen mußte. Von einem Verstehen, der so schwierigen Fragen, wie Leninismus und Stalinismus, konnte nur bei sehr wenigen die Rede sein. Daher wagte ich einmal zu äußern, schickt uns doch einmal einen wirklich großen Vertreter dieser Lehre, der in der Lage ist, einen klaren Unterricht zu geben. Er kam nie!

Dieses Kapitel möchte ich mit einer Beurteilung beenden, die wir weitgehend schon damals abgaben. Die mehr als 26 Jahre der wiedererlangten Freiheit gaben bis in die jüngste Zeit Gelegenheit genug, das Erleben im Kleinen von damals – heute im Großen – bestätigt zu finden.

Mit immer neuen Ideen angeblich Frieden stiften, doch nur nicht in Erscheinung treten.

Damals – Stützpunkte in unseren Lagern, dann – Stützpunkte überall in der Welt. – In aller Stille ausbauen.

Immer zwei Feuer kurz nacheinander zünden: Nicaragua und El Salvador, Iran und Afghanistan.

„Divide et impera".

Zerstört werden mußten Vertrauen und Freundschaften, die sich im Lager gebildet hatten:

Mit besserem Essen, persönlichen Vorteilen, Versprechen früher Heimkehr, leichterer Arbeit, besserer Kleidung oder einem Vertrauensposten wurden die Charakterlosen und Schwachen oder die Geschwächten gelockt und herausgeholt. Zerstört werden sollen Blöcke, die auf Vertrauen aufgebaut sind, wie die Nato, EWG und andere:

Mit dem Versuch, Keile dazwischen zu treiben, werden Versprechungen gemacht, Geld und Waffen angeboten, um einzelne herauszubrechen oder sie gegeneinander aufzuspielen.

Immer getreu der Lehre Lenins verfahren: „Zwei Schritte vor, einen Schritt zurück".

Verhandeln, debattieren, Verbesserungen andeuten oder versprechen, doch nur nicht danach handeln.

Konferenzen einberufen, (Wien, Genf, Helsinki, Belgrad, Madrid, u.a.) forsch und frech auftreten, für sich fordern, doch selber nicht die eingegangenen Verpflichtungen erfüllen.

Oder den Hörer des roten Telefons ergreifen, um die Herren Carter, Reagan, Schmidt, Brandt, Kreisky oder gar den Chinesen anzurufen, um sie einzuladen oder sich zum Besuch anzumelden. Ganz leutselig und freundlich!

Bei nicht zu vertuschenden Mißerfolgen, dem Volk einen Bonbon geben – „Zuckerbrot und Peitsche". Eine kleine Pause im gesteckten, immer wieder genannten Ziel – die Welt mit dem Kommunismus zu beglücken.

Wer in unseren Lagern „Nein" sagte und sein Recht forderte, fuhr einigermaßen gut. Wer sich den Russen an den Hals warf, wurde ausgenutzt und dann hohnlachend gelüftet.

Die im letzten Wahlkampf zu häufig benutzte Parole „Wir müssen im Gespräch bleiben" erscheint dem Russen gegenüber sehr zweifelhaft.

XXIX.
Ein ehemaliger General

In den ersten Lagerwochen, nach zahlreichen unangenehmen Gesprächen mit dem Lageraktiv und dem Kommissar, sagte ich beiläufig „Ich möchte meinen früheren Divisionskommandeur aus Stalingrad, den General von Lenski, der zu den großen Männern der Organisation „Freies Deutschland" gehört, sprechen". Man lachte und meinte, das würde wohl nichts. Es vergingen einige Wochen, und ich wurde dann an einem Nachmittag in das Blockhaus gerufen. Hier traf ich zu meinem großen Staunen den erbetenen General. Er war gut angezogen und noch besser ernährt. Ich in Lumpen und so schwach, daß ich kaum schnell gehen konnte. Der General war freundlich und erkundigte sich genau nach meinen Erlebnissen an der Front und in der Gefangenschaft. Er fragte nach alten Kameraden seiner Division. Er war entsetzt über mein Aussehen und meine Bekleidung. Ich sagte ihm „Hier sehen alle so und noch schlechter aus". Meine Klagen und Beschwerden notierte er. Er behauptete, er könne etwas für uns tun! Ich hatte das Gefühl, daß auch er am liebsten gesagt hätte „Morgen wird es besser!".

Während wir noch im Gespräch waren, öffnete sich die Tür, ein Soldat mit einer weißen Jacke kam herein und brachte gutes Abendbrot. Ich sah zum ersten Mal in der Gefangenschaft ein Stück Fleisch und gute Kartoffeln, mir lief das Wasser im Mund zusammen, der Magen knurrte. Aber der Herr General setzte sich vor meinen Augen hin – und verzehrte alles mit gutem Appetit. Als dann noch Kaffee gebracht wurde, erhielt ich eine Tasse davon und eine Scheibe Brot mit Marmelade. Die restlichen zwei trockenen Scheiben durfte ich in die Tasche stecken und habe sie abends gierig verschlungen. Nach dieser einseitigen Stärkung setzten wir beide uns in eine Ecke und begannen die politische Unterhaltung. Was ich jetzt zu hören bekam, waren nichts anderes als Schlagworte dümmster Art, gleichen Niveaus wie die in den Lagerzeitungen. Es wurde ausgeholt bis zum Jahre 1934. Alle Sünden Hitlers bekam ich zu hören. Als ich zu äußern wagte, daß das alles nichts Neues sei und ich keinen Grund sehen könne, zu einem solchen Verhalten, wie er es gezeigt habe, ja ich hätte den Eindruck, daß er kein General mehr sei, da wurde er sehr giftig und sagte: „Ich bin auch kein General mehr, genau wie Sie kein Oberstleutnant mehr sind, nachdem wir beide vertragswidrig die Grenzen der Sowjetunion überschritten haben". Jetzt reichte es mir, und ohne besondere Verabschiedung verließ ich den Raum. Der Herr folgte mir und meinte, ich solle doch noch mit dem Generaloberst S. über diesen Fall reden, der zufällig heute im Nebenraum säße. Dort wurde an mich die Frage gerichtet, warum ich nicht in das „Freie Deutschland" eintreten wolle. Ich nannte meine Gründe, ganz kurz und bündig. Er erhob sich und drückte mir die Hand mit den Worten: „Bleiben Sie, was Sie sind!". Nun stand ich vor einem erneuten Rätsel, hatte doch auch er den bekannten Aufruf der 50 Generale zum vorzeitigen Niederlegen der Waffen unterschrieben. Ich brachte ihm mein großes Erstaunen zum Ausdruck und bat um Aufklärung. „Wir", sagte er, „der Feldmarschall und ich, wollten nur das Beste für die Heimat und wollten durch unser Verhalten für die Kriegssgefangenen ein erträgliches Los erwirken, wie uns versprochen worden war. Sie können mir glauben, daß ich viele Nächte seitdem nicht mehr geschlafen habe, weil mir mein Gewissen keine Ruhe läßt!".

Bei meiner Rückkehr in die Baracke erzählte ich mein Erlebnis auch den Kameraden. Es gab uns Auftrieb.

Etwa einen Monat später erschien noch ein Vertreter dieser neuen Politiker – mein ehemaliger kommandierender General aus Stalingrad – in dem Lager und versuchte mich, als alten Friedensregimentskameraden, für die Idee zu werben. Er brachte u.a. folgenden klassischen Satz: „Wissen Sie, daß Sie durch Ihr Verhalten die Front der Russen, der Amerikaner und der Engländer stärken?" Das war zuviel für mich. Als ich dann noch auf völkerrechtswidrige Behandlung der Kriegsgefangenen hinwies, sagte er: „Was wollen Sie eigentlich, Sie haben ein Dach über dem Kopf und bekommen zu essen! Denken Sie einmal an die Tausende von Menschen, die jetzt auf den Straßen Ostpreußens liegen und in Eis und Kälte zu Grunde gehen". Dieser Vergleich war mir zu hoch, ich brach die Unterhaltung ab. Immer klarer wurde uns, daß diese Leute sich auf dem Holzwege befanden. In späteren Jahren hat die Masse, der im Anfang so eifrigen Kämpfer erkannt, wie sie der Russe an der Nase herumgeführt hatte. Ihr Verhalten brachte ihnen niemals einen Vorteil; im Gegenteil, sie befanden sich Tag und Nacht in einer Gewissensnot. Wir Nichtmitglieder auf der anderen Seite, haben niemals einen Nachteil aus unserem Verhalten gespürt.

XXX.
Kein Holz

Mit dem Holz war es in dem reichsten Land der Erde immer sehr knapp. Die Baracken waren meist so stark belegt, daß wir mit unserer Körperwärme ausreichend Wärme erzeugten. Aber für Lazarette, Küchen und Bäckerei wurden ungeheuere Massen Feuerung verbraucht. Dieses Brennmaterial, meist Holz, und zwar für die Öfen und Herde Fichten, für die Bäckerei ausschließlich bestes Birkenholz, mußte in dem Lager Krasnogorsk von der Belegschaft selber herangeschafft werden. Der Bahnhof war 4 km von dem Lager entfernt, in einem Tal gelegen. Jeden Morgen, nach der Zählung, traten etwa 200 Mann vor dem Lager an, marschierten zum Bahnhof und trugen jeder von dort einen 2m-Stamm, mehr oder weniger dick, auf der Schulter in das Lager. Schlitten gab es nicht. Dieser Weg wurde vormittags zwei Mal und nachmittags zwei Mal zurückgelegt. Rechts und links der Kolonne marschierten alle 10 Schritt ein Posten mit aufgepflanztem Bajonett. Am Holzplatz, neben dem Bahnhof, stand ein Zivilbeamter, der die Verteilung überwachte. Dieser Kerl musterte jeden von uns und wenn ihm das Stück nicht groß genug erschien, riß er es von der Schulter und legte einem ein extra dickes Stück auf. Oft gab es hier Schläge und Stöße. Wenn man so einen Gang den Berg heraufgemacht hatte, wußte man, was man getan hatte. Die Stabsoffiziere brauchten nach einem Erlaß aus Moskau nicht zu arbeiten, es sei denn, es handelte sich um wichtige Arbeiten zur Erhaltung des Lagers. Jeden Monat ein- bis zwei Mal versuchte die Lagerleitung auch uns, die Stabsoffiziere, zu zwingen, diese Arbeit zu machen. Hierbei fand sie natürlich die volle Unterstützung des deutschen Lagerkommandanten. Bei diesen Gelegenheiten hieß es dann: „Sofort alles antreten!" Ein Grund wurde nicht genannt. Wir traten an und zwar durch Erfahrung gewitzt, meist nur in Holzpantoffeln. Jetzt erschien ein Russe und ein Deutscher und erklärten, es sei ein neuer Befehl aus Moskau da, daß auch die Stabsoffiziere arbeiten müßten. Man ließ uns rechts um machen und zum Tor marschieren. Bis dahin gingen wir willig mit. Dann erklärten wir, man solle uns den Befehl erst einmal vorlesen. Ein Gespräch mit dem russischen Oberst wurde fingiert und wir standen eine halbe Stunde zitternd vor dem Tor. Inzwischen erschien ein Leutnant und meinte, wir sollten doch nicht so dumm sein und hier frieren. Es wäre doch nicht so schlimm, so ein Stück Holz zu tragen. Seine Worte nützten nichts. Dann fing er furchtbar an zu schimpfen und zu fluchen. Vergeblich. – Dann drohte er mit Karzer und sonstigen Repressalien. Wir lachten ihn aus. Die ersten 5 wurden ergriffen und in den Karzer geführt. „Wollt Ihr jetzt?". Ein Teil wurde weich und ging freiwillig nach vorne. Zuerst die Alten und Gebrechlichen und erstaunlicherweise sehr viele Angehörige der Intelligenz, obwohl sie genau wußten, daß sie mit ihren letzten Kräften Raubbau trieben. Diese Leute wollten jeder Schwierigkeit aus dem Wege gehen und hatten auf Grund ihrer körperlichen Verfassung keinerlei Widerstandskraft mehr. Den meisten Jüngeren und noch harten Soldaten konnte eine Drohung nicht viel anhaben. Wir blieben stehen und wenn die Zeit zu lange wurde, kam der Posten aus der Wache raus mit dem Bescheid, daß wir wieder in die Baracke gehen sollten. Dort angekommen, stellten wir fest, daß der deutsche Lagerkommandant unterdessen unsere Schuhe gestohlen und an die Mannschaft ausgegeben hatte, mit der Bemerkung, daß sie die Schuhe behalten könnten, da die faulen Offiziere doch nicht arbeiten würden, im übrigen seien sie ja alle Faschisten. Diese Bemerkung war besonders typisch für die ganze Einstellung dieser Leute. In den Jahren bis 1949 hatten wir öfter um unser Recht zu kämpfen und gebrauchten dazu die Möglichkeit des Streiks. Der Russe erfuhr niemals, warum wir uns weigerten zu arbeiten, sondern ihm wurde mitgeteilt, wir seien eben Faschisten und wollten als solche nicht arbeiten. Unser Verhalten wurde natürlich an der Wandtafel mit den gemeinsten Glossen und unter Herausstellung einzelner Namen angeprangert. Daß derartige Vorkommnisse an unseren Nerven zehrte, ist klar. Ein Teil von uns entschloß sich zur Entlastung der vielen alten und kranken Mannschaften und subalternen Offiziere freiwillig mit zum Holztransport zu gehen. Dafür konnten dann Ältere oder Kranke im Lager bleiben und sich ausruhen. Diese Gänge taten einem im übrigen ganz gut und man kam auch auf andere Gedanken. Wir waren schließlich noch junge Leute.

Die Zivilbevölkerung hatte zu dieser Zeit weder zu essen, noch Heizmaterial. Eine große Schar von Kindern lief neben unserer Kolonne her und bettelte um ein Stück Holz. Da wir ja alle einen großen Hunger hatten, sagten wir den Kindern, sie sollten uns für das Holz etwas zu essen bringen. Am nächsten Tag nahm man ein dünnes Stück Holz zusätzlich auf den Rücken und gab es gegen schlechte, schmutzige und kalte Pellkartoffeln aus der Hand oder der Hosentasche der Kinder ab. Die Kartoffeln wurden sofort mit Heißhunger verschlungen. Bei einem dieser Gänge sahen wir auch Kinder mit spanischem Aussehen. Später erfuhren wir, daß es Kinder waren, die die Rotspanier in der Zeit der Revolution in Spanien zum Schutz nach Rußland gebracht hatten. Die Russen gaben diese Kinder nicht wieder heraus. Im Jahre 1953 waren spanische Matrosen in unserem Lager, die 1936 nach Rußland gefahren waren, um Waffen zu holen für die Rotspanier. Man hatte sie in Schutzhaft genommen und dann auch, wie uns, verurteilt. Im Januar wurde die Kälte so groß, daß wir unsere Unterkünfte mit eigener Wärme nicht mehr beheizen konnten. Auf mehrfache Beschwerde bei der Lagerleitung gab man uns die Auskunft: „Ihr könnt Holz bekommen, aber es muß in einem Walde, etwa 6 bis 8 km vom Lager, geholt werden. Wer freiwillig geht, der erhält 300 g Brot, einen Teller Suppe und 50 g Tabak außer der Reihe“. Wir überlegten, ob man sich auf ein solches Angebot einlassen könne, ohne einen Präzedenzfall für die Zukunft zu schaffen. Die Entscheidung war positiv und 50 Mann machten sich bereit mit Schlitten, vor den je 6 Mann gespannt waren, in den Wald zu gehen. Die Gelegenheit, einmal einen schönen verschneiten Winterwald zu sehen und nicht nur Holzbaracken und Stacheldraht, außerdem natürlich die Gelegenheit, etwas mehr zum Essen zu bekommen, veranlaßte uns zu diesem Entschluß. Nur in Wattesachen, ohne Filzstiefel und Pelze, mit schlechtem ungefetteten Schuhzeug marschieren wir um 9.00 Uhr los. Der Weg führte zunächst durch die Kolonie der Offizierwohnungen. Alles neue Häuser, aber in jedem Haus fehlten 1 bis 2 Fensterscheiben und in jeder Etage schaute ein Blechrohr, als Schornstein aus dem Fenster. Nur wenige Schornsteine rauchten. Es gab also auch für die Russen kein Brennmaterial. Langsam bewegte sich unsere Kolonne durch den Ort und bog dann in Richtung auf den Wald ab. Die Bewachung war nur sehr gering. Bis zu dem Wald waren es etwa 8 km. Am Waldrand angekommen, wurde eine Rast gemacht. Jetzt wußte niemand, wo das Holz lag. Wir warteten 1 Stunde, ohne daß der Führer oder der Waldaufseher kamen. Endlich erschien ein etwa 14 Jahre alter Junge auf Skiern und übernahm die Führung. Nachdem wir weitere 4 km gelaufen waren, erreichten wir einen großen Kahlschlag, auf dem geschnittenes und abgemessenes Holz in großer Menge lag. Kaum hatten wir den ersten Schlitten beladen, erschien ein Holzarbeiter und vertrieb uns unter entsetzlichen Flüchen. Es wurde wieder abgeladen und weitermarschiert. Holz war nirgends zu finden und wir luden unsere Schlitten voll Buschholz und Fichtenzweige. Der Weg zurück fiel uns allen sehr schwer. Bei unserer Verfassung, war es keine Kleinigkeit, ohne Training 20 km zu marschieren und dazu noch im Schnee. Als die Kolonne durch die Offiziersiedlung kam, erschienen einige Frauen und baten uns arme Kriegsgefangene um ein Stück Holz. So sah es 44 in dem Land aus, daß die größten Holzvorräte der Welt zu haben angibt. Auf dem weiteren Weg kamen wir auch an dem Offizierkasino vorbei. Auch hier wurden 1 oder 2 Schlitten von einem Offizier vereinnahmt. Im Lager angekommen hieß es dann, die Küche braucht dringend Holz, sonst gibt es kein Essen. Schließlich waren noch zwei Schlitten für unsere Unterkunft, die versprochenen Lebensmittel erhielten wir nicht. Nach 14 Tagen wurde noch einmal ein solcher Ausflug gemacht. Dieses Mal mit Erfolg. Es gab auch die angekündigte zusätzliche Verpflegung.

Hier mache ich einen Sprung in das Jahr 1946. Im Januar befanden wir uns in dem Lager Susdal. Wir waren in lauter kleinen Zimmern zu 4 und 6 Mann untergebracht und froren noch mehr, weil unser Körperabbau weiter fortgeschritten war. Sehr viele kranke und alte Leute lebten unter uns. Wieder gab es kein Holz. Dieses Mal aber auch kein Fett und kein Fleisch, da die Wege verschneit waren und kein Fahrzeug durchkam. Ein Vorstoß bei dem Lagerkommandanten ergab die Genehmigung, das Holz in einem Walde zu holen, der 42 km entfernt war. Ich wiederhole: 42 km! Das war natürlich an einem Tage nicht zu machen. Wir suchten uns 40 jüngere deutsche und ungarische Offiziere und stellten 2 Kommandos auf. Ein Teil machte den Weg von 22 km bis zu einem Dorf im Walde. Der zweite Teil wohnte in dem Dorf und holte täglich das Holz aus dem Wald. Es erscheint kaum glaubhaft, wenn ich jetzt erzähle, daß wir mit diesen Leuten bei größter Kälte (30–40° Celsius), ohne Pelze und ohne Filzstiefel, an den Füßen noch nicht einmal Stiefel, sondern aufgeschnittene Autoreifen mit Band um den Fuß gebunden, 3 Monate täglich 20–22 km zurückgelegt haben und dazu noch einen Schlitten zogen, mit einem 1/4 Raummeter Holz darauf.

Aber es ging, und nach dem dritten oder vierten Gang hatte ich mich so daran gewöhnt, daß es mir gar nichts mehr ausmachte. Das Ziel war erreicht, unsere alten und kranken Kameraden hatten es einigermaßen warm. Im 14-tägigem Wechsel machten wir den Weg vom Lager zu dem Dorf oder vom Dorf zum Holzplatz. Das Wohnen in dem Panjedorf hatte den Vorteil, daß wir ziemlich frei mit der Zivilbevölkerung verkehren konnten. Es ergab sich ein nettes Verhältnis und nach kurzer Zeit kannten wir alle Schliche. Es wurde dann und wann ein Schlitten voll Holz mehr mitgebracht und verkauft, gegen Kartoffeln, Milch und Eier. Die Kameraden aus dem Lager brachten sogar Seife – damals ein beliebter Handelsartikel, da die Bevölkerung keine hatte – mit. Ja, der Handel ging noch viel weiter. Eßgefäße aus der Küche, Trinkbecher und aus der

Wäscherei entwendete Wäsche wurde verscheuert, um den Hunger zu stillen. Die Ungarn waren noch raffinierter. Sie schnitten von den Bettüchern, die wir im Lager erhielten, 20 cm breite Streifen ab und setzten diese zu Bettüchern zusammen, die dann gegen neue auf der Kammer eingetauscht wurden. Die neuen Bettücher verkauften sie draußen gegen viel Geld. In unserer Panjebude war es immer schön warm. Wir verkürzten uns den Abend mit Musik und Gesang und Vorträgen. So haben wir den schwersten Winter 1945/46 wesentlich besser und gesünder zugebracht, als die Leute im Lager, die ständig Hunger und Kälte spürten.

Auch in späteren Lagern mußten wir uns das Holz selber holen oder klauen. Es gab hier keine Hemmungen. Das Holz wurde geklaut, ohne Rücksicht, ob es der Küche, dem Bad oder der Wäscherei gehörte, oder ob es an der Rückseite der Baracken aus dem Dach herausgebrochen werden mußte. Wenn aus Holzmangel nicht gekocht werden konnte oder kein warmes Wasser in der Banja war, dann beschwerten wir uns und die Ärztin sorgte für neue Beschaffung von Brennmaterial. In einem Lager hatten wir auf dem Dachboden jeden zweiten Dachspan herausgesägt und verheizt. Einen größeren Sturm hätte dieses Dach nicht mehr ausgehalten.

In den Jahren 1950–1954 waren wir im Donezbogen, einem der großen russischen Kohlegebiete. Auch hier gab es nichts zum Heizen. Jeder nahm täglich ein oder zwei kleine Stücke unter der Jacke mit in das Lager. Ein Grund für diese Knappheit war natürlich die Tatsache, daß der Lagerkommandant und sein Gehilfe, der Wirtschaftsoffizier, – von uns „Matschauge" genannt, da er nur ein Auge hatte – alle Kohle, die für das Lager bestimmt war, verkauften. Beide waren ständig betrunken. Aber die Posten und Offiziere hatten auch nichts zum Heizen. Wenn es sehr kalt war, nahmen sie uns beim Eintreffen im Lager unser gestohlenes Holz ab und ließen es in ihre Wohnung tragen. Der Zivilbevölkerung ging es nicht besser. Auf jedem Kohlezug, der hinter unserem Lager vorbeirollte, standen Frauen und Kinder in aufrechter Haltung und warfen an ihrer Wohnung, oder an einem sonst bestimmten Platz, Kohle herunter, um nicht zu erfrieren. Das war noch 8 Jahre nach dem Kriege genauso wie im Jahre 1944/45.

XXXI.
Weihnachten 1944

Weihnachten war vor der Tür, das erste Weihnachten hinter Stacheldraht. Etwa 4 Wochen vor dem Fest erschien der Lagerälteste und fragte, ob wir Weihnachten begehen wollten und was gemacht werden sollte. Es wurde vorgeschlagen, daß man Butter und Mehl einsparen und dann für das ganze Lager Kuchen backen könnte. Hierzu ist zu bemerken, daß etwa 60% des Lagers Mannschaften waren, die keine Butter erhielten. Außerdem waren sehr viele Volksdeutsche unter uns, die sich zum großen Teil schweinemäßig benahmen. Bedauerlicherweise hatte sich ein großer Teil der Österreicher offiziell von den Deutschen losgesagt. Ein wilder Kampf um das Thema, ob Kuchen ja oder nein, entbrannte 3 Tage lang. Die Entscheidung lautete: „Nein". Sofort entstand die Parole „Faschisten verhindern die Bescherung der Mannschaften". So war es an der Wandtafel zu lesen. Davon konnte gar keine Rede sein. Alle Offiziere waren sich im klaren darüber, daß die Masse des Kuchens in den Mägen verschwinden würde, für die er nicht gedacht war; denn alle Posten im Lager waren ja in den Händen fremder Nationen. Wir beschlossen nun, nach dieser Entscheidung, eine eigene Bescherung zu machen. Jeder sparte Butter, Brot und Tabak. Am 24. abends luden wir Männer unserer ehemaligen Division oder Regimenter oder uns bekannte kranke Leute in unsere Baracke ein und machten mit ihnen eine kleine Feier. Ein Schnitzer hatte eine wirklich schöne Krippe angefertigt. Einige Kerzen wurden organisiert, dazu Lämpchen aus

Konservendosen gemacht. Alles war gegen Brot eingetauscht. In den Lämpchen brannte gestohlenes Öl. Ein Handtuch lag auf dem selbstgezimmerten Tisch und darauf waren die bescheidenen Gaben (belegte Brote, Butter, Zucker und Tabak) aufgebaut. Belegte Brote klingt gut. Wegen der ausfallenden Butter, hatte es in diesen Tagen 30 gr. Speck gegeben. Ein Stündchen saßen wir nett beieinander und gedachten besserer, früherer Zeiten und unserer Lieben daheim.

Diese unsere kleine Bescherung fand nur bei den Nichtmitgliedern des „Freien Deutschland" statt. Erfolg war natürlich, daß am nächsten Tag an der Wandzeitung ein Artikel erschien, mit der Überschrift etwa: „Geschickte Propaganda der Offiziere und Faschisten!". Solche Dinge am Weihnachtstag waren für uns sehr bitter.

Im Anschluß an unsere kleine Privatbescherung gingen wir zu einer sehr netten und würdigen kirchlichen Weichnachtsfeier. Einer unserer vielen gefangenen Geistlichen durfte eine kurze, vorher zensierte Predigt halten. Weihnachtslieder erklangen. Wenn man glaubt, kann man auch in tiefster Erniedrigung „O du fröhliche" singen. Bei dem Singen der Weihnachtslieder wirkte es störend, daß jede deutsche Diözese eigene Melodien hatte. Das ist heute erfreulicherweise durch die Einführung des Einheitsgesangbuches „Gottes Lob" weitgehend beseitigt. Wir benötigten einen musikalischen Mann, der sich Zeit nahm, die Lieder auf einen Nenner zu bringen und mit uns zu proben, wozu natürlich der Raum fehlte. Die Gottesdienste beider Konfessionen glichen Feldgottesdiensten. Die Militärpfarrer trugen Uniform und ein Kreuz an einem lila Bande um den Hals. Nach dem Gottesdienst schlichen wir leise in unsere Baracke zurück. Die Freude der Heiligen Nacht erfüllte mich. Gottvertrauen und die Hoffnung auf ein besseres Morgen lag über uns. Viele meiner Kameraden, vor allem Familienväter, lagen noch lange wach und unter Tränen auf den Pritschen.

Der Psalm 6 schildert unseren Zustand von damals sehr treffend:

„Ich bin müde vom Stöhnen; ich weine die ganze Nacht. Mein Bett ist schon naß von Tränen; meine Augen sind ganz geschwollen. Verschwindet endlich Ihr Verbrecher! Der Herr hat mein Weinen erhört, er nimmt mein Gebet an". Das Christkind war uns vielleicht so nah, wie noch nie. Ich sah meine geliebte Frau mit den Kindern, meine Eltern und 8 Geschwister in der heimatlichen Schloßkapelle vor der Krippe. Sie beteten für mich, ohne zu wissen, daß ich noch lebte.

Am 1. Festtag fand dann eine allgemeine Lagerfeier statt, die aber leider auch wieder einen politischen Anstrich erhielt. In Ansprachen wurde übel über Deutschland und das Heer an den Fronten hergezogen. Aus unseren Reihen nahm nur, wie üblich, ein Beobachter teil und berichtete später, daß unser Entschluß, nicht zu erscheinen, der richtige gewesen war. Schnell war das Fest vorüber, wir lebten in der Hoffnung, daß dieses unser einziges Weihnachtsfest in der Gefangenschaft bleiben würde.

XXXII.
Der 1. und der 9. Mai 1945

Der 1. Mai war selbstverständlich in der Sowjetunion ein Staatsfeiertag, und zwar nicht nur der 1., sondern auch der 2., damit alle sich richtig austoben konnten. Schon ein halbes Jahr vor diesem Tage, wurde davon gesprochen und der Tag vorbereitet. Das Orchester übte wie wild, Theater wurde einstudiert, Sprechchöre lernten ihre Parolen und was das Widerlichste war, sämtliche Wände des Lagers wurden, wie schon öfter erwähnt, mit Parolen beschmiert. „Es lebe der 1. Mai" war die harmloseste von diesen. „Es lebe die Sowjetunion, die Befreierin der Menschheit!", „Es lebe das Arbeiterparadies!" „Es lebe das Land der persönlichen Freiheit!" „Es lebe der große Stalin, der Führer der freien Völker!" und viele andere mehr. Heute könnte man vielleicht dazu schreiben „Es lebe die Hüterin der Menschenrechte!". Vieler dieser Losungen wurden von den deutschen Kameraden erdacht und ausgesucht, von den Kommissaren genehmigt und dann durch Aktivisten angemalt. Noch Wochen und Monate sah man sie an den Wänden, bis sie allmählich verblaßten. Auch Bilder der drei „größten" Männer der Welt wurden aufgehängt: Lenin, Stalin und Engels. Ab und zu auch noch Marx.

Es war der 30. April 1945. Wir saßen abends um 20.00 Uhr in unserer Baracke auf den Betträndern und waren in Gesprächen oder in Gedanken versunken, als sich plötzlich die Tür öffnete und ein Posten hereinkam, um einen von meinen Bekannten abzuholen. Solche Abholungen kamen oft abends vor, und man brauchte sich nicht unbedingt etwas Böses dabei zu denken. Aber dieses Mal sollte der Betreffende seinen Mantel und die Decke mitnehmen. Das war außergewöhnlich. Wir hatten uns noch nicht von diesem ersten Schreck erholt, als der Posten wieder erschien und einen weiteren Kameraden abholte und so ging es den ganzen Abend, bis es 27 Mann waren. Raffiniert ausgesucht, wie immer bei den Russen, 70% Nicht-Mitglieder des „Freien Deutschland", 20% undurchsichtige Leute und 10% bekannte Mitglieder des „Freien Deutschland". Das sollte eine Tarnung sein! Nun ging das große Raten los. Aus der Auswahl der Leute, konnten wir uns wirklich keinen Vers machen. Wir kamen nicht zum Schlafen; denn jeden Moment erwartete man, selber geholt zu werden. Am nächsten Morgen erfuhren wir, als Überraschung zum 1. Mai, daß man unsere Kameraden in den Karzer gebracht hatte. Sie mußten sich dort 3 Tage bei voller Verpflegung aufhalten. Abgesehen davon, daß es in den Karzern dunkel und kalt war, war dort auch so wenig Platz, daß nur die Hälfte sitzen und einige liegen konnten. Natürlich haben wir nach dem Grund dieser Absonderung geforscht. Es stellte sich heraus, daß der deutsche Aktivleiter den

Russen um diese Maßnahme gebeten hatte, da er eine Störung der Maifeier vermeiden wollte! Keiner der Beteiligten hat je an so etwas gedacht.

Bei meinem ersten Morgenspaziergang rund um das Lager, stellte ich fest, daß die berühmten Wachtürme an diesem hohen Feiertag doppelt besetzt waren, und daß es im Lager von russischen Offizieren wimmelte. Selbst die Ärzte mußten verstärkt werden. Kommissare, Dolmetscher, Kommandant und Wachoffizier liefen wie die wilden im Lager herum. Ihr 1. Mai bestand darin, daß sie für die Sicherheit des Lagers sorgen mußten. In früheren Zeiten wurden in Rußland häufig die Feiertage für Revolutionen ausgenutzt. In den ganzen neun 1. Mai-Feiertagen, die ich miterleben durfte, hat sich diese Maßnahme nicht geändert, obwohl nie etwas passierte. Uns interessierte der russische 1. Mai überhaupt nicht.

Die zweite Überraschung war, daß wir besseres Essen bekamen. Dieses war aber nicht von den Russen gestiftet, sondern tagelang von uns eingespart worden. Da alle Leute, die einen Posten hatten, doppelte Portionen erhielten, aßen sie an diesem und ähnlichen Tagen unsere Ersparnisse auf. Das förderte natürlich unsere Liebe zu ihnen!

Um 10.00 Uhr begann der große Aufmarsch zur Maifeier. Kriegsgefangene aus sieben bis acht Nationen nahmen daran teil. Jede Gruppe hatte einen Aktivleiter, der glaubte eine Rede halten zu müssen. Die Feier dauerte daher 2 bis 3 Stunden. Wir drückten uns natürlich und lauschten unbeobachtet, auf einem Dach liegend, den „Goldkörnern", die ausgesprochen wurden. Die Redner überschlugen sich wirklich in Lobeshymnen auf Stalin und sein großes Volk. Nur einen Satz habe ich mir gemerkt. Er wurde geprägt von einem besonders eifrigen österreichischen Stabsoffizier. Dieser sagte wörtlich: „Endlich ist unser Land und Volk befreit von dem Joch des Nazismus und Faschismus und wir stehen hier voller Dank gegen den Befreier. Ist doch die Sowjetunion das einzige Land der Welt, in dem die Einzelperson noch etwas gilt und die Freiheit der Person erhalten geblieben ist.".

Wir haben in fast 10 Jahren Gefangenschaft unzählige Male Gelegenheit gehabt, diese Freiheit der Person kennenzulernen. Auch heute dürfte man in der SBZ und den übrigen Satellitenstaaten zahlreiche Menschen finden, die bestätigen können, wie es wirklich mit der persönlichen Freiheit steht. Menschenrechte waren damals wie heute nur Schlagworte.

Am Nachmittag dieses Tages wurde mehrere Stunden Theater gespielt und ein großes Konzert gegeben. Das Orchester in schwarzen Anzügen, mit roten Schlipsen. Das Hauptthema der Theaterstücke waren natürlich politische Sketche, in denen zahlreiche führende Persönlichkeiten in unserem Vaterland durch den Kakao gezogen wurden. Für diese unwürdigen Vorführungen lieferten Deutsche ihre Uniformen. Die Aktivisten hatten sich doch verpflichtet, alle Kräfte in den Dienst der Sache zu stellen! Sie erwarteten für ihren Eifer als Lohn besseres Essen und eine frühere Heimkehr!

Der Ekel über diesen 1. Maifeiertag war noch nicht ganz überwunden, als der 8. Mai herankam. Aus Presse und Rundfunk war uns hinreichend bekannt, daß das Ende des grausamen Krieges bevorstand.

Am 8. Mai abends, es mag etwa 23.00 Uhr gewesen sein, lagen wir auf unseren wanzenübersäten Pritschen und versuchten zu schlafen, da öffnete sich die Tür und zwei oder drei Mann (es waren unsere Barackenältesten, an ihrer Spitze der Zahlmeister aus München) kamen angetrunken, laut singend und jubelnd in die Baracke. Sie machten das Licht an und weckten uns mit den freudigen Worten: „Friede, Freiheit, Sieg!". Dann verkündeten sie den vorläufigen Wortlaut der Kapitulation. Ein Teil der Belegschaft stimmte in den Jubel mit ein. Der größte Teil von uns nahm die Nachricht schweigend zur Kenntnis. Ich glaube, in dieser Nacht ist so manche Träne geflossen. In der Heimat und hier hatte jeder von uns das Ende des Krieges herbeigesehnt. In dieser unserer Situation paßte der Spruch von dem lachenden und dem weinenden Auge gut. Natürlich beherrschte die Hoffnung auf Heimkehr unsere Stimmung.

Am 9. Mai morgens vor dem Appell trafen wir uns in kleinem Kreise und überlegten, wie wir uns verhalten sollten. Der Krieg war für uns aus. Unser Heer wurde aufgelöst. 15 Jahre war ich mit Leib und Seele Soldat. Unfaßbar dieses Ende! Nach der gewöhnlichen Morgenzählung, erschien der Kommissar und ließ durch den Dolmetscher des Aktivs den Wortlaut der Kapitulationsurkunde verlesen.

Während sonst bei allen Erfolgsmeldungen der Russen die Aktivisten in Jubel ausbrachen und Hurra riefen, wurde die heutige Meldung schweigend aufgenommen. Wütend trat der Kommissar vor die Front und verlangte ein „Hurra". Es blieb still. Darüber haben wir uns gefreut, es gab uns Mut und neue Hoffnung. Keiner von uns ahnte, was die Kapitulation, die Aufteilung unseres Vaterlandes, die Schaffung der russischen Zone für ein Unglück bringen würde.

An diesem Tage fand noch eine, nicht sehr gut besuchte, Feierstunde mit Musik statt. Schauderhaft war der Abend. Am Himmel sahen wir den Wiederschein des Freudenfeuerwerks über Moskau. Die Bevölkerung auf den Straßen unseres Dorfes tobte in ihrem Rausch 3 Tage und 3 Nächte. Wir hörten ständig das Gejohle. Solche Feiertage und Feste werden in Russland auf dem Lande, in Ermangelung von Gasthäusern und gemütlichen Heimen, stets auf der Straße gefeiert, und man hörte immer wieder e i n Lied mit einer tristen Melodie. Wir glaubten, dieses Lied habe 100 Strophen, weil es kein Ende nehmen wollte.

XXXIII.
Weiter nach Osten

Am 30. Mai 1945 lag ich um 11.00 Uhr in der Sonne und dachte über mein trauriges Schicksal nach, als ich von einem erhöhten Platz lebhafte

Bewegung im Lager beobachten konnte. Mich ging es nichts an, ich wollte meine Ruhe. Vorbeigehende Kameraden riefen mir zu, es geht ein Transport. Ein Transport bedeutete meist etwas Schlechtes! Ich blieb ruhig liegen und sagte mir, wenn du dabei bist, dann werden sie dich schon holen. Etwa um 1.00 Uhr, kurz vor Ausgabe des Mittagessens, kam einer ganz aufgeregt angelaufen und teilte mir mit, daß man schon lange nach mir suche; denn ich sollte auch mit auf Transport. Jetzt erlebte ich diese aufregenden Stunden zum ersten Mal. Ein Abtransport und Lagerwechsel spielte sich in Rußland etwa folgendermaßen ab:

Eine große Kommission erschien mit ungezählten Listen. Die Namen der Auserwählten wurden ein-, zwei- oder drei Mal vorgelesen mit Vor- und Vatersnamen und Geburtsdatum. Dann hieß es grundsätzlich: Schnell, schnell, schnell, in spätestens 5 Minuten geht es los. Diese plötzliche Eile sollte anscheinend Störungen oder Sabotageakte unter uns verhindern. Bei ihren eigenen Leuten passierten jedes Mal solche Dinge. Wir mußten die Folgen spüren. Mindestens drei Mal im Jahr wurden unsere Bekleidungslisten überprüft oder gar neu aufgestellt. Bei der Abreise mußte jeder zur Kammer, um die Liste zu vergleichen, das unbewegliche Inventar (Strohsack, Laken und Kopfteil) abzugeben und dann das Verbleibende zu quittieren. Die meisten von uns hatten damals nur das, was sie am Leibe trugen und evtl. noch ein Handtuch und ein paar Fußlappen. Nach den russischen Vorschriften für Kriegsgefangene und Verurteilte sollten wir im Frühjahr und Herbst eine Sommer- bzw. eine Wintergarnitur erhalten. In den ganzen Jahren habe ich nur zwei Wintergarnituren und drei Monteuranzüge als Sommerbekleidung erhalten. Alles andere wurde verschoben! Durch die vielen Listen war der Bekleidungsbestand im Lager unkontrollierbar. Es wurden laufend Sachen abgesetzt, die wir niemals erhalten oder als unbrauchbar abgegeben hatten.

Der Abschied von Kameraden war immer schwer. Die Russen verstanden es meisterhaft, jede Kameradschaft zu sprengen. Wenn man sich gerade aneinander gewöhnt hatte, dann wurde man wieder getrennt. Natürlich tauchte die Frage auf, warum gerade ich und nicht jener auf Transport ginge. Niemals ist es uns gelungen, die Gesichtspunkte für die Transportzusammenstellung herauszubekommen.

Nun ging es zum Tor. Die zurückbleibenden Kameraden gingen mit und trugen unsere Sachen, der eine gab noch ein Stück trocken Brot als Abschiedsgeschenk, (damals das größte Geschenk, das man geben konnte), der andere einige Zigaretten oder etwas Tabak. Jeder mußte dann durch die Wache gehen, noch einmal wurden die Namen verlesen. Diese Minuten auf der Wache waren deprimierend, wurden wir doch wiederum gefilzt und ausgeplündert. Russische Soldaten, meist Asiaten, (Mongolen, Kirgisen, Usbeken oder Tataren) durchwühlten unsere Sachen und unsere Taschen. Alles was ihnen gefiel, wurde einfach abgenommen. Kochgeschirr, Messer, Nähzeug, Brotbrett, Becher, ja sogar der Kamm, alles, was wir uns mit Brot, Butter und Tabak erspart hatten, wurde rücksichtslos abgenommen. Wehrte man sich, dann gab es Tritte und Stöße. Die Sachen wurden auf den Boden geworfen und zertreten. Der für die Reise eingesparte Zucker und Tabak oder auch Fett wurde abgenommen und auf die Erde geworfen. Kurz, es war ein Bild des Jammers und beinahe nackt oder so arm wie ich vor 7 Monaten aus dem Gefängnis gekommen war, verließen wir das Wachlokal. 200 Mann waren für den Transport vorgesehen. Die Durchsuchung dauerte natürlich einige Stunden, bis alles fertig war. Die Lageruhr zeigte auf 16.00 Uhr. Dann gab es Reiseverpflegung. Brot für 3 Tage, Zucker und Trockenschinken. Die Vorräte waren in großen Portionen und sollten nun in dem Gedränge noch geteilt werden! Man mußte genau, daß es unter hungrigen Menschen keine schwierigere Aufgabe gibt, als Verpflegung zu verteilen. Immer fühlten sich einige benachteiligt. In solchen Momenten mußte ich immer an das Vieh am Futtertrog auf dem elterlichen Hof denken. Hier gab es nur eine Lösung, das einige vernünftige Männer die ganzen Produkte in die Hand nahmen und zum Zuge schleppten, um sie dort in Ruhe verteilen zu können. Man bat mich und zwei jüngere Leute diese Aufgabe zu übernehmen. Wir trugen die Lebensmittel zum Zuge und haben die ganze Nacht auf engstem Raum mit den primitivsten Mitteln geteilt und gewogen, bis alles nach dem besten Wissen geregelt war. Ich war sehr stolz, daß unsere Mühen zu keiner Beanstandung Anlaß gaben.

Um 18.00 Uhr ging die Reise los und zwar, man höre und staune, in einem Vorortzug bis Moskau! Zum ersten und auch zum letzten Mal bin ich als Gefangener in einem Personenwagen gefahren. In einer halben Stunde waren wir in Moskau und stiegen auf einem der großen Moskauer Bahnhöfe aus und kletterten in einen Personenzug. Drei oder vier Wagen waren für uns reserviert. Diese Reise verlief daher äußerst bequem. Auf dem Bahnhof spielte sich aber noch eine gemeine Szene ab: Drei Kameraden wurden plötzlich aus dem Abteil herausgeholt und abgeführt. Man sperrte sie in einen besonderen Wagen mit scharfer Bewachung. Warum? Deutsche Aktivisten hatten den Transportleiter oder den Kommissar darauf hingewiesen, daß diese Leute fluchtverdächtig wären.

Am 31.5., morgens etwa 03.00 Uhr, trafen wir in der Stadt Wladimir ein. Die Ausladung ging schnell, da wir alle wach und bereit waren. Kurz nach unserem Abmarsch ging die Sonne ganz herrlich auf und beschien die zahllosen Kirchen dieser Stadt. Die zwei noch erhaltenen Kupferdächer des alten berühmten Klosters erschienen wie von Gold übergossen. Natürlich sind auch hier alle Kirchen einer anderen Verwendung zugeführt worden. Oben auf der Höhe lag majestätisch die berühmte Himmelfahrtskathedrale aus den Jahren 1158 bis 60. Von weitem sah sie noch gut erhalten aus, aber aus der Nähe merkte man, daß seit 1917 nichts mehr zu ihrer Erhaltung getan war. Auch der alte Kreml dieser Stadt stellte ein imposantes

Bauwerk dar. Wladimir war einst von etwa 1200 bis zur Mitte des 14. Jahrhunderts, die bedeutendste Stadt Rußlands und ist viel älter als Moskau.

Nach dem Verlassen der Stadt marschierten wir einige Kilometer an einem Fluß entlang – einem Nebenfluß der Wolga, der bei Gorki, früher Niçnij-Nowgorod – in die Wolga mündet. Dichte Nebelmassen schlichen in dem Flußbett neben uns her. Nach weiteren 3 km bogen wir landeinwärts ab. Keiner von uns ahnte wohin der Marsch ging. Niemals wurde Kriegsgefangenen so etwas bekanntgegeben. Geheimhaltung ist die Stärke der Russen. Wenn man die Schwatzhaftigkeit unserer Mitbürger heute sieht, muß man mit Sorge erfüllt sein.

Bis Susdal waren es 42 km und ab 7.00 Uhr brannte die Sonne unbarmherzig auf uns herunter. Die ersten brachen zusammen und wurden von uns mitgeschleppt. Auf halbem Wege konnte ungefähr die Hälfte von uns nicht mehr laufen. Wir weigerten uns weiter zu marschieren. Es wurde eine Rast eingelegt. Wir durften etwas essen, vor allem etwas trinken. Dann kam ein ganz altes klapperndes Lastauto an und sammelte die Invaliden auf. Das Auto brachte sie in das Lager und kam dann wieder, um die nächsten zu holen. Als wir, der Rest, nach ungefähr 10stündigem Marsch in Susdal eintrafen, waren wir keine 30 Mann mehr. Ich war stolz, diese Strapazen durchgehalten zu haben. Mein täglicher Frühsport und die vielen Runden, die ich auf dem Sportplatz des früheren Lagers gedreht hatte, hatten sich bewährt.

SuŸdal, ein kleines Städtchen von etwa 12 bis 13.000 Einwohnern, war einst ein Zentrum der alten russischen Kultur und Religion. Berühmt wurde es durch seine Wallfahrtskirchen und das Kloster, das nun unser Lager werden sollte. Wenn ich mich recht erinnere, hatte die Stadt allein 25 Kirchen, von denen keine mehr ihrer ursprünglichen Verwendung diente. Eine oder zwei sind als Museen eingerichtet. Neben den zahlreichen

Kirchtürmen steht mitten in der Stadt ein architektonisch nicht sehr schöner, alleinstehender Turm, mit einer guterhaltenen vergoldeten Kuppel, zur Erinnerung an die Befreiung von Napoleon.

XXXIV.
Lager Susdal

Die Bevölkerung in Susdal schien sehr verhetzt zu sein und empfing uns mit bitterböser Miene, ja die Kinder warfen sogar Steine. Niemand hinderte sie daran. Völlig erschöpft betraten wir das Lager und wurden von den hinter der Absperrung stehenden Kameraden mit Jubel begrüßt. Der russische Lagerkommandant stand dort und empfing uns sehr freundlich. Er ordnete sofort Hilfsmaßnahmen für uns an und sorgte dafür, daß die Filzung, die natürlich sein mußte, nicht zu lange dauerte. Dieser Mann machte einen sehr guten Eindruck und solange er am Ruder war, lief alles im Lager gut. Er stammte noch aus dem zaristischen Heer, was man seiner Haltung, seiner Kleidung und seinem Benehmen sofort anmerkte.

In diesem Lager kamen wir 3 Wochen in Quarantäne. Unsere Unterkunft war eine ausgeräumte Kirche. Das war nun zum ersten Mal in meinem Leben, daß ich in einer Kirche gelebt habe. Wir empfanden die Unterkunft bei der großen Hitze als sehr angenehm. Es war immer kühl.

Vor uns waren schon 300 Deutsche in dieses Lager verlegt worden. Die jetzige Belegschaft bestand aus 600 Italienern, 500 Deutschen und 200 Ungarn.

Nur kurz haben wir uns gewaschen, und dann sanken wir in einen langen und tiefen Schlaf. Der erste Morgen brachte eine große Überraschung. Kaum waren wir bereit zum Frühstück und hatten die Zählung hinter uns, als 6 weißgekleidete Ordonnanzen (Italiener) angelaufen kamen und uns Weißbrot – man höre und staune –, Butter und Tee brachten. Die ganze Verpflegung war gut und den Vorschriften entsprechend. Wir erhielten weiße Bettwäsche und glaubten uns im Paradies. Bei dieser Gelegenheit haben wir erst einmal erfahren, daß uns alle diese Genüsse zustanden, und daß man uns in dem letzten Lager darum und um vieles andere betrogen hatte. Nach Beendigung der kurzen Quarantäne machten wir unseren ersten Rundgang zur Besichtigung des Lagers. Das Kloster ist im 11. Jahrhundert von den Fürsten von Wladimir gegründet worden. Zunächst waren alle Gebäude und die Umfassung aus Holz gebaut. In der zweiten Hälfte des 17. Jahrhunderts hatten die Mönche auf den alten Grundmauern das ganze Kloster mit Steinen neu aufgebaut, nachdem ein Brand es vernichtet hatte. Eine etwa 4 m hohe Mauer aus roten, leuchtenden Ziegelsteinen, durchsetzt mit zahlreichen runden Wehrtürmen, umgab das Ganze. Drei Kirchen bzw. eine große Pfarrkirche und zwei Kapellen und die Wohngebäude der Mönche waren vollkommen erhalten; leider alle seit 1917 vernachlässigt und restlos verkommen. In der Pfarrkirche, jetzt teilweise unsere Unterkunft, teilweise Getreidelager und Bekleidungsmagazin, waren noch frische und unzerstörte Gemälde an der Decke zu sehen. Auch an den Außenseiten fanden sich einige Gemälde, unter denen mir eine Madonna in leuchtenden, blauen Farben auffiel. Bei einer Führung sagte der Kunstwart aus Moskau, daß russische Künstler die Gemälde angefertigt hätten und daß seinerzeit italienische Künstler in Rußland gewesen seien, um von den Russen zu lernen! Wir waren aber der Auffassung, daß die Italiener die Gemälde hergestellt hatten. Die Abtkapelle wurde Massenunterkunft, während eine Klosterkapelle und der Konventsaal völlig erhalten, uns für Gottesdienste und sonstige Kulturveranstaltungen zur Verfügung standen. Ein großer Garten umgab die Gebäude, eine Reihe alter schöner Bäume standen in den Anlagen. Ein

Spielplatz und einige Bänke und Tische im Freien verschönten den Anblick. Das Kloster hatte in früheren Jahrhunderten auch schon als Gefängnis für politische Verbrecher gedient. Ein General soll in einem Turm über 30 Jahre gesessen haben. Man sagt, daß er bei Verlassen der Haft wie eine Mumie ausgesehen habe. Als auch wir später zu 25 Jahren Zwangsarbeit verurteilt wurden, habe ich an diesen Mann gedacht.

Der Lagerkommandant der Gefangenen war ein italienischer Oberst.

Mit italienischer Gewandtheit ging er mit den Russen um und es klappte alles am Schnürchen. Als er später wegen einer Unstimmigkeit mit dem neuen russischen Lagerkommandanten abgelöst wurde, war es aus mit dem Frieden und der Ordnung. Ein übler deutscher Aktivist wurde sein Nachfolger, und in Kürze hatten wir die Zustände wie in dem vorhergehenden Lager.

Auf Grund einer Verfügung aus MoŸkau, vielleicht auch auf internationalen Druck hin, sollten wir nun etwas anständiger behandelt werden und wollte man vor allem dafür sorgen, daß wir wieder auf die Beine kamen. Erste Maßnahme hierzu war, daß alle Stabsoffiziere in eigenen Räumen untergebracht wurden. Eine strenge Hausordnung hatte man aufgestellt. Bei dieser Gelegenheit erlebte ich eine nette Sache: Unter uns weilte ein Mann, der bisher als Hauptmann gegolten hatte. Nachdem nun die Verhältnisse für die Stabsoffiziere günstiger wurden, stellte er bei unserem Barackenältesten den Antrag, ihn als Major zu führen, da er in letzter Minute noch Major geworden sei und auf der Fahrt zu seinem Kommandeur, wo er die Beförderung erfahren sollte, in Gefangenschaft geraten sei. Der Barackenälteste wollte die Frage nicht entscheiden und berief alle Stabsoffiziere zu einer Beratung. Sein Antrag wurde abgelehnt. Trotz unserer gegenteiligen Entscheidung begab sich der Herr zu den Russen und meldete, er sei Major. Der Russe erkannte das nicht an. Aber ein Jahr später, als die ersten Offiziere nach Hause fahren sollten, sagte ihm der

Kommissar, nun sei er doch Stabsoffizier und diese dürften nicht nach Hause fahren Eine typisch russische Gemeinheit!

Im allgemeinen konnte man sagen, daß wir uns alle in diesem Lager zunächst ganz gut erholt haben und mit dem Wechsel sehr zufrieden waren. Diese Verbesserung wirkte sich auch auf unsere Stimmung aus. Wir kamen innerlich zur Ruhe und man suchte nach einer sinnvollen Betätigung. Es wurde gelesen. Es bildeten sich Arbeitskreise: Sprach- und Geschichtsunterricht begann. Natürlich standen die Dozenten unter ständiger Überwachung durch Spitzel und Aktivisten. Wir begannen durch Frühsport und Gymnastik unsere körperlichen Kräfte zu restaurieren. Ich drehte außerdem täglich ein bis zwei Stunden meine Runden um das Lager und legte viele Kilometer zurück. In seinen Gedanken war man zu Hause. Die körperliche Kraft schöpfte ich aus dem Gebet, vor allem aus dem Rosenkranzgebet. Sonntags hatten wir regelmäßig Gottesdienste, die wir durch schöne Gebete, Chorgesang und gute Predigten unserer Pfarrer gestalteten. Ich war bei den Gottesdiensten der Messdiener und tat dies mit ganzer Inbrunst. Mit zwei katholischen Militärpfarrern war ich gut befreundet.

Dadurch, daß es uns körperlich und seelisch besser ging, flaute das politische Interesse ab. Lagerversammlungen wurden kaum noch besucht. Das Bemühen der antifaschistischen Gruppe im Lager verpuffte.

XXXV.
Ein Lichtblick

Im Sommer 1945 kam das Lager in Bewegung, weil plötzlich Postkarten verteilt wurden. Jeder erhielt eine Karte und durfte an Angehörige 25 Worte schreiben. Unsere Köpfe waren voller Fragen. In großer Not waren alle diejenigen, deren Angehörige in den besetzten deutschen Ostgebieten gewohnt hatten. Wohin sollen sie schreiben? Die seelische Last, die seit dem Vordringen der Russen nach Ostpreußen im Winter 1944/45 und später nach Schlesien auf unseren Kameraden lag, war kaum zu tragen. Skeptisch trugen wir die Karten umher. Sollten wir überhaupt schreiben, was sollten wir schreiben, was durften wir schreiben, damit die Karte wirklich abging und bei der Kontrolle keinen Verdacht hervorrief. Ein echtes Problem! Viel Inhalt mit wenig Worten. Zahlreiche Diskussionen wurden geführt. Mich bewegten in dieser Zeit zwei Dinge: Meine Familie sollte wissen, daß ich noch lebte, daß ich liebte, daß ich hoffte. Ich wollte wissen: Ist unser viertes Kind, daß Anfang August 1944 erwartet wurde, gut angekommen? Ist es ein Junge oder ein Mädchen? Wie hat man das Kind genannt? Bei dieser ersten Karte und bei allen späteren gedachte ich immer der bevorstehenden Geburtstage in meiner Familie. Wenn ich meine Runden drehte, wenn ich in der Sonne saß, wenn ich oft schlaflos auf meinem Lager lag, ließ ich die Meinen an mir vorüberziehen und sprach mit ihnen oder ich hörte sie. Ja, ich habe auch mit ihnen gebetet.

Anfang Januar 1946 war meine erste Karte tatsächlich bei meiner tapferen Frau gelandet. Sie fand sich in ihrer inneren Verbundenheit mit mir bestätigt, als sie die erhaltene Todesnachricht nicht glaubte. Eilends zog sie mit den vier Kindern zu meinen, um mich, um einen Bruder und einen Schwiegersohn und zahllosen Neffen trauernden Eltern. Gerührt lag man sich in den Armen. Im April 1946 erhielt ich die Antwort: Alles gesund, viertes Kind ein Sohn. Unbeschreiblich war mein Jubel. „Deo gratias", sagte ich immer wieder. Nur tropfenweise kamen nun die Antworten aus der Heimat. Viele, sehr viele erhielten keine Post oder traurige Nachrichten. Jedes Wort, jede Zeile auf den Karten wurde von uns ausgewertet. Wir suchten nach dem, was zwischen den Zeilen stand. Aber auch die Russen suchten nach dem, was zwischen den Zeilen stand. Jedes Schriftstück wurde unter die Lupe genommen. Was sie nicht verstanden, ließen sie sich von den Antifaschisten unseres Lagers erklären. Oft folgte der Post eine Vernehmung, eine Anschuldigung, eine Bestrafung. Vielfach wurde die Post zurückgehalten, um einzelne unter Druck zu setzen. Auch hierbei „Zuckerbrot und Peitsche".

XXXVI.
Ein väterlicher Freund

Unter den Gefangenen des Lagers Susdal waren u.a. einige Generale, die in einem abgetrennten Block, jeweils zu zweit, kümmerlich untergebracht waren. Die einzigen Vorteile, die ein General genoß, waren: Bessere Bekleidung, das Essen wurde ihm gebracht, keine Teilnahme an den Zählappellen, sorgfältigere ärztliche Betreuung. Unter den Generalen des Lagers gab es, wie bei uns, zwei Gruppen. Die einen unter ihnen, mehrere Stalingrader, waren in Haltung, Kleidung und Auftreten Generale geblieben. sie zeigten ihre Einstellung klar und unmißverständlich. Korrekt, anspruchslos, kameradschaftlich gegen uns – soweit sie uns trauten. Kühl gegenüber den Russen, ihre Rechte unmißverständlich fordernd.

Die andere Gruppe ängstlich, schwach, unterwürfig, oft egoistisch, politisch schwankend. Sie hatten den Aufruf der 50 Generale 1944 unterschrieben, während die ersteren jede Äußerung ablehnten. Für mich waren alle Generale im Lager noch Generale, nur mit dem Unterschied, daß ich den Schwachen reserviert begegnete, während ich eine Begegnung mit anderen Gruppen suchte. Unter ihnen fand ich meinen früheren Regimentskommandeur aus Münster und Düsseldorf. Er war während des Krieges kommandierender General geworden und hatte in Stalingrad vorbildlich und tapfer bis zum Schluß gekämpft. Sein Name wurde Anfang Februar 1943 im Wehrmachtsbericht genannt. Im ersten Weltkrieg war er Regimentskamerad meines Vaters gewesen. Aus dieser Zeit verband die beiden Männer eine Freundschaft. Im Frieden hatten wir diesen unseren Regimentskommandeur gefürchtet. Er galt als streng, legte großen Wert auf Äußerlichkeiten, war, so meinten wir, kein großer Stratege. Die Auswahl und die Ausbildung des Offizierkorps, des Nachwuchses, die Förderung der Kameradschaft waren seine Schwerpunkte. Schneidige und erfolgreiche Reiter schätzte und förderte er besonders. Selber ritt er nach der alten Schule, viel auf Kandare, viel Schenkel und viel Sporengebrauch. Zwischen ihm und mir gab es damals manche Auseinandersetzung, weil ich z.B. in der Hubertusjagd mein Pferd auf Trense reiten wollte. Wer etwas ausgefressen hatte, wurde hart und unerbittlich von ihm bestraft. Auch wenn er, wie ich, der Sohn seines besten Freundes war.

Kaum hatte ich diesen Mann bei meinem Lagerspaziergang entdeckt, eilte ich zu ihm und meldete mich militärisch. Wie ein Vater und Freund schloß er mich in die Arme. Wir sahen uns häufig. Über alles wurde gesprochen. Freud und Leid wurden geteilt. Da ich immer noch unzureichende Bekleidung hatte, schenkte mir mein General seine Lederpelzweste. Diese Weste hat mich bis zur Heimkehr begleitet und wird heute noch als Reliquie bei uns aufbewahrt. Es war Vorschrift, die russischen Offiziere im Lager zu grüßen. Mein General grüßte sie nicht. Begegnete uns beiden bei unseren Lagerrunden ein russischer Offizier, wurde umgedreht. Von diesem und einigen anderen Generalen wurde folgendes berichtet: Als man den Herren befahl, sie möchten, wie wir, unsere Dienstgradabzeichen und Spiegel von den Uniformen trennen, weigerten sie sich und erklärten: „Wir tun das nicht. Wenn Sie diese Dinge haben wollen, dann müssen Sie sie schon selber abtrennen!“ Die russischen Offiziere machten verdutzte Gesichter.

Drei Jahre waren wir in dem gleichen Lager. Heute noch sehe ich den alten Herrn, groß, schlank, schneeweiße Haare und blaue Augen, aufrechte Haltung, in der Hand einen Stock. Ob als Stütze seines durch Magengeschwüre geschwächten Körpers oder als Waffe zur Verteidigung, das weiß ich nicht. Bildlich gesehen, ging mein General immer auf Kandare, wie einst seine Pferde! Auch Schicksalsschläge, wie die Nachricht vom Tode seiner Frau und schließlich seine Verurteilung, nahm er mit Haltung hin. Zu Hause in Koblenz wartete seine über 90jährige Mutter auf ihn. Als ich diese bewunderungswürdige Frau nach meiner Heimkehr 1954 besuchte, um von dem Sohn zu berichten, kam sie aufrecht und voll innerer Stärke auf mich zu und sagte: „Ich warte bis mein Sohn kommt". Der Herrgott hat es anders bestimmt. Mein General starb kurz nach dem rettenden Besuch von Konrad Adenauer in MoŸkau. Er starb kurz vor seiner Mutter.

XXXVII.
Auf der Kolchose

Was ich in diesem Kapitel bringe, mag häufig sehr komisch klingen und u.U. angezweifelt werden, aber es sind Tatsachen.

Die russische Regierung merkte etwa 2 Monate nach der Kapitulation, daß die Ernährung einer so ungeheueren Masse von Kriegsgefangenen nicht so einfach und außerdem sehr teuer ist, vor allem, wenn diese nicht zu arbeiten brauchen oder nicht mehr arbeiten können. Sie ordnete daher an, daß die Kriegsgefangenen sich selbst erhalten müßten. Soweit es sich um Arbeitslager handelte, mußten die Insassen so viel Geld erarbeiten, daß sie Verpflegung, Kleidung und Unterbringung selbst aufbrachten. Was darüberhinaus erarbeitet wurde, sollte ausbezahlt werden. Diese vorgesehene Ausbezahlung erfolgte in den seltensten Fällen. Die russische Lagerleitung steckte das Geld wahrscheinlich für sich ein.

Die Lagerleitung des Kriegsgefangenenlagers Susdal pachtete einen Teil einer Kolchose von etwa 800 Morgen. Es wurde in dem Lager gefragt, ob wir freiwillig auf dieser Kolchose arbeiten würden. Man versprach uns bei Erfüllung der Norm 200 gr. Brot, 10 gr Zucker und 5 gr Fett außer der Reihe zu geben. Ein wahrhaft großzügige Entlohnung für Leute, die 10 Stunden auf den Beinen sind! An uns trat nun die entscheidende Frage heran, sollen wir arbeiten, obwohl nach den internationalen Bestimmungen Stabsoffiziere nicht zur Arbeit herangezogen werden dürfen. Im Lager waren viele Stimmen gegen die Arbeit. Trotzdem entschlossen wir uns, in einem kleinen Kreis, hinauszugehen.

Unsere Gründe waren folgende:

1. In dem Lager war eine enge und unangenehme Unterbringung. Die Bibliothek reichte nicht aus, so daß für geistige Betätigung und Ablenkung wenig Möglichkeiten geboten waren.

2. Durch die dauernde Untätigkeit ließen unsere Kräfte nach und wir wollten doch alle gesund bleiben. Körperliche Betätigung in frischer Luft war dringend notwendig.

3. Hegten ein gleichaltriger Kamerad und ich den Gedanken einer baldigen Flucht, die wir natürlich draußen am besten vorbereiten konnten.

4. Und das war der ausschlaggebende Grund. Wir gingen vollkommen freiwillig, nicht unter Druck, mit der Zusicherung, daß wir jederzeit wieder aufhören konnten, wenn es nicht mehr ging.

Durch diesen Entschluß haben wir uns viele Feinde zugezogen, ja es gab Leute, die uns nicht mehr grüßten und den Verkehr mit uns abbrachen. Ich glaube, die Behauptung, wir hätten für die Russen gearbeitet, ist nicht ganz zutreffend; denn wir haben eigentlich nur für uns gearbeitet und der Russe hat von dieser Arbeit nicht viel Gewinn gehabt. Etwas anderes wäre es natürlich gewesen, wenn man in der Industrie oder in der Wirtschaft als Fachmann freiwillig gearbeitet und dem Russen sein Können zur Verfügung gestellt hätte.

Am 26.7.1945 empfingen wir Arbeitsbekleidung, Wäsche und Kochgeräte. Unser Koch, ein ostpreußischer Zahlmeister, empfing die Lebensmittel, oder wie die Russen sagten, die Produkte. Dann wurden wir nach mehrstündigem Warten auf einen Lkw verladen und fuhren 25 km über Land nach Westen. Die Straße war schauerlich, so daß wir ständig uns festhalten mußten, um nicht herunterzufallen. Auf der Kolchose sollte alles für unser Eintreffen vorbereitet sein. Natürlich war nichts vorbereitet, man wußte nicht einmal, daß wir kamen.

Unser verantwortlicher Brigadeführer war ein deutscher Oberst, der, noch ganz Soldat, glaubte uns wie Rekruten behandeln zu können. In Bezug auf die Arbeit hatte er eine in Rußland völlig verfehlte Pflichtauffassung. Es dauerte erst einige Tage, bis wir ihn von dem Gegenteil überzeugten. Der russische Kommandoführer war ein kleiner, sehr energischer Leutnant, der behauptete, gelernter Kolchosnik zu sein, aber von der Sache sehr wenig verstand. Wegen seines selbstbewußten Auftretens hatte irgendjemand ihm den Namen „Napoleon" gegeben. Darauf war der Kerl natürlich sehr stolz. Ich habe mir unter Napoleon etwas anderes vorgestellt, als diesen Hanswurst! Das Wort Napoleon bedeutete in Rußland immer noch sehr viel. Jeder kannte diesen Mann und fürchtete ihn. Genau wie man Adolf Hitler ungeheuer fürchtete und nicht wahrhaben wollte, daß er tot sei. Oft traf man Leute, die sagten, Hitler kommt wieder.

Nachdem wir etwa 1 Stunde auf der Wiese liegend gewartet hatten, erschien der Direktor der Kolchose und sagte, wir könnten in einer Scheune wohnen. Diese Scheune war aber ein Getreidemagazin. Zu beiden Seiten waren Fächer für Getreide und wir richteten uns, immer zu 4 Mann, in einem Fach ein. Es war eigentlich wie in einem Schweinestall. Stroh holten wir uns aus einem Diemen des letzten Jahres, der 1 km entfernt lag. Unsere Küche wurde in einem Panjehaus, etwa 300 m entfernt, eingerichtet. Der Zahlmeister aus Ostpreußen und ein evangelischer Pfarrer waren unsere Köche. Das gesamte Kommando war 30 Mann stark. Der nächste Tag brachte uns nun den ersten Arbeitseinsatz. Um 7 Uhr traten wir vor dem Magazin an, der Kommandoführer meldete und dann rückten wir auf das Feld. Wir sollten Kartoffeln hacken. 28 Mann mit 15 Hacken, kaum noch brauchbar. Der Anblick des Kartoffelschlages war erschütternd. Es mögen etwa 6 ha gewesen sein. Die Kartoffeln waren schlecht gehäufelt und standen sehr lückenhaft. Viele waren verkümmert und soviel Unkraut, daß man manchmal die Reihen suchen mußte. Der Leutnant nahm eine Meßlatte zur Hand, maß das Feld ab, und teilte dann ein, wieviel wir an einem Tage machen müßten, um die Zusatzverpflegung zu bekommen. Er zeigte uns auch, wie die Arbeit zu machen sei. Wenn wir sie so gemacht hätten, dann hätte keiner von uns je seine Norm erfüllt. Denn diese war so hoch, daß man sie nur durch Schwindeln erfüllen konnte. Diese Erfahrung sollten wir uns erst an den Füßen ablaufen. Diejenigen von uns, die keine Hacke hatten, machten erstaunte Gesichter und fragten den Leutnant, wie sie das machen sollten. Seine Antwort lautete: „Mit den Händen". Nein, erklärten wir, daß machen wir nicht; denn da quälen wir uns zu Tode und verdienen nicht einmal unser Brot oder das Salz dazu, war unsere Antwort. Wir streikten also und setzten uns in die Sonne. Das war die richtige Methode. „Napoleon" verschwand und gegen Mittag brachte er die fehlenden Hacken selber auf dem Rücken an. Einer unter uns hatte schon einmal mit Russen gearbeitet und zeigte uns nun, wie diese die Arbeit machen und gebrauchte dabei die klassischen Worte: „Das ist doch kein Schrebergarten, wie zu Hause". Jetzt hatten wir die Sache kapiert und am 2. Tag klappte es. In Kürze waren wir soweit, daß wir 2 bis 3 Stunden vor der Zeit unser Pensum erfüllt hatten. Wir forderten von dem Leutnant, daß wir in einem in der Nähe vorbeifließenden kleinen Fluß baden dürften. Von jetzt an, gingen wir jeden Tag dorthin und konnten zum ersten Mal in der Gefangenschaft schwimmen. Schon das war eine Sache, um derentwillen sich unser Aufenthalt hier draußen lohnte. Ich kam auf den Gedanken, ob nicht vielleicht Krebse in dem Bach seien. Krebse fanden wir zwar keine, aber dafür wenigstens Unmassen von Muscheln, die in einem Eimer mitgenommen wurden und uns abends sehr gut schmeckten. So hatten wir die erste Zusatzverpflegung selbst beschafft. Die Kartoffeln waren nach 8 Tagen wieder so grün, daß kein Mensch glaubte, sie seien schon einmal gehackt worden, das war uns gleichgültig.

Es kam nun die Heuernte. Das Lager hatte kein eigenes Heu, aber der Direktor der Kolchose hatte natürlich zu wenig Leute und bat „Napoleon" um unsere Hilfe. Nach langem Zögern wurde es erlaubt, unter der Bedingung, daß wir nichts extra dafür bekommen sollten. Das verstanden wir nicht, später jedoch hörten wir, wie der Leutnant mit der Kolchosenverwaltung verhandelte, daß er das außer der Reihe bezahlte Geld für uns bekommen sollte. Wir waren auch nicht dumm! In der Arbeitszeit taten wir wenig und nach der Arbeit boten wir unsere Hilfe für Überstunden an. In der Stunde bekamen wir 200 gr Brot und für 2 Stunden 400 gr Brot und einen 1/2 l Milch. Damit nun der Leutnant es nicht merkte, gingen wir spät abends direkt in den Stall und tranken die kuhwarme Milch aus einem Eimer. Diese Zugabe war natürlich für unsere ausgepumpten Körper sehr wertvoll. Das Brot erhielten wir zunächst nicht, da sämtliche Leute auf dieser Kolchose seit Wochen kein Brot hatten. Das Brot wurde aus Kartoffeln und Mais in den Privathäusern der Kolchosenarbeiter hergestellt. Wir wurden vertröstet mit den Worten: „Bald wird es besser!". Sobald die Ernte eingebracht sei, dann gäbe es alles. Wir hatten den Direktor nun in der Hand und haben ihn so lange gequält, bis wir alles auf Heller und Pfennig hatten. Aber das Brot blieb hier immer knapp. Später im Oktober, mußte ein Traktorist in einer

Traktorenstation, 40 km entfernt, mit dem Pferdeschlitten Ersatzteile holen. Für diesen Mann war kein Reiseproviant da und der Direktor bat mich, der ich mittlerweile zum Führer dieser Arbeitsbrigade aufgestiegen war, um einen Laib Brot. Ich gab das Brot unter der Bedingung, daß ich es wieder bekäme und außerdem einen Sack Wicken empfangen dürfe. Beides erhielt ich. Man muß sich nur überlegen, daß der Direktor eines Gutes zu den armen Kriegsgefangenen kam, um Brot zu erbitten. Dieser Fall wiederholte sich noch häufig. Einige Tage, während der Heuernte, regnete es so, daß wir draußen nicht arbeiten konnten. Wir blieben in unseren Unterkünften und harrten der Dinge, die da kommen sollten. Nach einiger Zeit hieß es, wir sollten einen Stall ausmisten. Unsere Kolchose hatte den schönen Namen „Rotes Pferdegestüt". Jetzt durften wir den Pferdestall ausmisten. Was wir dort gesehen haben, das läßt sich mit Worten kaum beschreiben. Von den mindestens 20 Fenstern des Stalles war kaum noch eine Scheibe heil, die Stallgasse völlig verwüstet. Das ehemalige Kopfsteinpflaster zum großen Teil wieder herausgerissen, so daß wir erst einmal mit Bohlen, die irgendwo besorgt wurden, eine behelfsmäßige Fahrbahn für unsere Karren machen mußten. Die zwei Karren hatten keine Stützen mehr. Wir bauten erst einmal eine Auflage für die Holme, damit die Karren nicht beim Beladen ständig umfielen. Nun arbeiten wir uns langsam an die Boxen heran. Oh Jammer, welch ein Anblick! Hier standen in jeder Box eine Stute mit Fohlen. Hundemager, zum Umfallen, bis an die Sprunggelenke im Mist. Das ist also ein staatliches Pferdegestüt! Wir mußten die armen Tiere nun mehr herausziehen, als rausführen. Dann begann dieArbeit. Ich glaube der alte Herkules hatte es nicht schlimmer angetroffen, als er die Ställe des Auglas ausmisten mußte. Aber er hatte wenigstens den Vorteil, daß er einen Fluß durch den Stall leiten konnte. Wir aber hatten noch nicht einmal das Wasser zum Kochen, sondern mußten es weither herantragen. An den 8 Boxen haben wir so ungefähr eine Woche gearbeitet. Ein Teil des Mistes flog aus dem Fenster heraus, ein Teil wurde mit Karren abgefahren. Einen Misthaufen gab es nicht, sondern alles wurde in die Gegend gefahren, wo gerade Platz war und dort blieb der Dreck liegen. Nach dem Ausmisten sollten wir dann noch eine neue Stallgasse bauen. Steine waren nicht da, Sand gab es nicht und einen Stampfer mußten wir uns erst behelfsmäßig herstellen. Ein Spähtrupp entdeckte in einer Entfernung von ungefähr einem Kilometer eine Sandgrube. Eines der entkräfteten Pferde holte nun auf dem Panjewagen, den wir in Gang brachten, kleinste Mengen Sand herbei. Um Steine zu bekommen, mußten wir eine alte Scheune, die wohl noch aus der Zarenzeit stammte, abreißen. Trotz aller Schwierigkeiten, haben wir den Stall in einiger Zeit so in Ordnung gebracht, daß er wohl der beste in der ganzen Gegend war. Nur die Fenster fehlten bis Oktober. Dann erschien ein ganz alter Tischler, der, soweit das Glas reichte, Fensterscheiben einsetzte und die übrigen Löcher mit Brettern zunagelte.

Wir sollten aus dem Staunen nicht herauskommen. Das Wetter war wieder besser geworden. Rübenhacken war die nächste Aufgabe. Hacken gab es wieder nicht. „Napoleon" hatte sich den Weg zu dem Rübenschlag ungefähr erklären lassen. Trotzdem liefen wir drei Mal an dem Feld vorbei, es war nicht eine Rübe zu sehen. „Hinsetzen", lautete der Befehl. Der Direktor wurde geholt, um uns das Feld zu zeigen. Er fand es zunächst auch nicht und zeigte uns dann ein Stück, auf dem etwa 50 cm hoch Vogelmiere und anderes Unkraut stand. Nachdem er selber 2–3 qm des Unkrauts ausgerissen hatte, strahlte er und fand die erste Rübe. „Aha, hier ist es richtig" sagte er, „hier müssen noch mehr stehen!". Wir haben dann ungefähr 2 ha gereinigt und der Leutnant verkaufte 14 Tage später das „Unkrautheu" an einen armen Bauern. Es folgte die sehr späte Getreideernte. Der Hof hatte 3 Traktoren und 3 Selbstbinder. Ein Mähdrescher war schon ausgeschlachtet. Alle Maschinen standen Sommer und Winter, Tag und Nacht, draußen. Die Messer blieben in den Maschinen, die Segel der Selbstbinder waren so rott, daß sie dreimal am Tag zerrissen. Geflickt wurde dann mit Draht, wenn solcher überhaupt vorhanden war. Und die Traktoren! Überschwer und Modell 29. Na, es war Krieg gewesen und es konnte nicht alles neu sein, aber dieser Zustand spottete jeder Beschreibung. Wenn einer von den drei Traktoren lief, war das ein Glückstag. Eines Abends blieb der beste Traktor auf dem Heimweg mitten auf der Straße liegen. An dieser Stelle lag er 2 Monate, da es keine Ersatzteile gab und der Direktor zu faul war, ihn auf den Hof bringen zu lassen. Kurz und gut, die Zustände waren so, daß wir beschloßen, unser Korn mit der Hand zu mähen. Die Mäher sollten eine Zulage bekommen. Jetzt gab es Mäher genug. Aber „Napoleon" war schlau, er veranstaltete eine Prüfung der Mäher, und nur 6 Mann konnten so mit der Sense umgehen, daß ein Erfolg zu erwarten war. Wir hatten zur Sicherstellung unseres täglichen Essens, Hafer und Mengkorn, zu mähen. Wieviel es war, weiß ich nicht mehr, aber es stand so niedrig, daß es sich nicht lohnte, das Korn aufzubinden. Wir behandelten es deswegen wie Gras. Die Art des Zusammenharkens wurde jeden Tag neu angeordnet, natürlich alles mit der Hand. Es war eine Quälerei, bis wir das einigermaßen getrocknete Korn endlich in kleinen Haufen hatten. Nun sollte es in Diemen gesetzt werden, da keine Dreschmaschine zur Verfügung stand. Einen Wagen hatten wir auch nicht. „Napoleon" kam auf einen sehr genialen Gedanken. Immer zwei Mann erhielten zwei lange Stangen und auf diese wurde jeweils ein kleiner Haufen geladen und zu dem Diemenplatz getragen. Ich dachte mir dabei, daß die Menschen der alten Zeiten, bevor man sich das Pferd nutzbar machte, nicht besser ihr Getreide, oder was sie damals anbauten, hin- und herbewegt hatten. Dieses Tragen war sehr anstrengend und so bewarb ich mich um den Posten des Diemenbauers. Diese Aufgabe hatte ich bis zum Ende unserer Arbeitszeit inne. Im September erhielten wir eine kleine, sehr alte Dreschmaschine. Der Agronom, wie die Leiter der landwirtschaftlichen Betriebe genannt werden, sagte uns, daß die Maschine mindestens 60 Zentner am

Tage leisten müsse, sonst würden wir kein Brot erhalten. Die Summe klingt ja lächerlich, aber bei dieser Dreschmaschine war es doch eine gewaltige Leistung. Merkten wir in den Nachmittagsstunden, daß wir die Norm nicht erfüllen könnten, gingen zwei Mann auf die Maschinen und steckten rein, was nur rein ging, so daß ständig die Gefahr einer Verstopfung bestand. Als eines Tages der kleine Elevator, der das ausgedroschene Korn nach oben über die Siebe leitet, abriß, wegen Überfüllung, wurde er einfach abmontiert und das Korn lief nicht mehr nach hinten in die Säcke, sondern an der Seite auf die Erde. Wir hatten nur 12 einigermaßen heile Säcke. Der Wagen mit dem schwachen Pferd konnte nicht mehr als 6 Zentner befördern, sonst wäre er oder das Pferd zusammengebrochen. Das Korn wurde niemals an der Maschine gewogen, sondern von uns nach Gutdünken auf einen Zentner geschätzt und die 3 km zum Magazin gefahren. Die Folge von dieser Maßnahme war, daß oft die Säcke ausgingen. Wir ließen das Korn einfach auf die Erde laufen, natürlich ohne Unterlage und später wurde es dann sehr großzügig in die Säcke eingeschaufelt, mit Schmutz und Gras dazwischen. Die Fahrer hätten unterwegs ohne Bedenken jede Menge verkaufen können, aber sie waren ja ehrliche Deutsche! Ich glaube einige Jahre später, hat es kaum einen Deutschen gegeben, der nicht sein Recht gesucht und jede Gelegenheit genutzt hätte, um seinen Hunger zu stillen. Der Weg von der Dreschmaschine bis zum Strohdiemen lag mehrere cm hoch mit Korn bestreut. In jeder Ähre waren noch einige Körner, die Maschine drosch sehr unsauber. Keiner fühlte sich verantwortlich. Als wir eines Tages, nach der Mittagspause, eine Gabel in den Strohdiemen drückten, blieb sie in einem Sack stecken. Eine genaue Untersuchung ergab, daß der Traktorist sich hier einen Sack Korn für abends reserviert hatte. Wir freuten uns darüber und lernten aus diesen Dingen für später.

Nun kam die Kartoffelernte. Das Feld kannten wir schon von unseren Hackversuchen. Jetzt aber war alles wieder überwuchert. Wir 25 Mann sollten mit Spaten 5 bis 6 ha aufnehmen. Auch diese Arbeit machten wir mit deutscher Gründlichkeit, als ob es unser eigener Garten wäre. Aber so ging es nicht und wir hätten niemals unser Soll erfüllt. Der Leutnant holte zwei Pferde und ließ die Reihen aufpflügen. Auch dann war die Norm nicht zu schaffen. Jeder erhielt einen kleinen Holzspachtel und sollte damit in der Erde nach den nicht hochgegrabenen Kartoffeln kratzen. Wir taten das nicht, sondern sammelten nur die obenaufliegenden Kartoffeln und drückten die etwas herausschauenden wieder in die Erde. Eine Nachsuche schenkten wir uns. Der Ertrag war verblüffend. 6 Zentner Kartoffeln vom Morgen! Von diesen 6 Zentnern verbrauchten wir selber mindestens 40 kg pro Tag. Unter einem Kilo aß keiner von uns. Man muß bedenken, daß für die meisten von uns seit einem ode rzwei Jahren hier die erste Möglichkeit gegeben war, sich satt zu essen. Morgens, mittags und abends gab es Pellkartoffeln oder Kartoffelbrei ohne Milch und Fett und das war herrlich. Auf dem Felde machten wir uns Feuer an. In den Pausen gab es Röstkartoffeln aus der Asche. Wenn die hungrigen Frauen der Kolchose uns um einige Kartoffeln baten, dann gaben wir mit vollen Händen. Der noch verbleibende Rest wurde auf Haufen geschüttet und blieb offen liegen. Unser Vorschlag, Stroh über die Haufen zu decken, oder nur Kartoffelkraut, wurde abgelehnt. So kam der Frost in den ersten Oktobertagen, und wir fanden eines Morgens alles bereift draußen vor. Jetzt war die Not groß. Schnell, schnell zudecken! Wir baten unser Lager, die Kartoffeln so schnell wie möglich abzuholen, aber es waren z.Zt. keine Autos da. Die Autos kamen dann, wie es schon wieder anfing zu tauen. Sie blieben oft stecken, so daß sie nur eine Fahrt am Tage zum Lager machen konnten. Beim Abdecken der Kartoffelhaufen stellten wir fest, daß alle zu einem großen Haufen zusammengefroren waren. Kartoffelforken hatten wir nicht, wir sollten mit den Händen aufladen. Schnell war eine Kreuzhacke besorgt, mit einigen Schlägen wurde die ganze Masse zertrümmert. Riesenbrocken von 20 bis 30 Kilo Kartoffeln flogen auf das Auto. In Windeseile war die Maschine beladen. In dem gleichen Zustand wurden die Kartoffeln in den Keller des Lagers gebracht. Die Folge war, daß es im Dezember bereits nur noch schwarze Kartoffeln gab.

Hier muß ich eine kleine Episode einschalten, die sich, im Zusammenhang mit den schwarzen Kartoffeln, im Lager abspielte.

Es gab morgens Suppe von schlechten Kartoffeln, mittags schlechte Kartoffeln als Pellkartoffeln und abends Brei von den gleichen Früchten. Das wurde unseren Kameraden und ganz besonders den Italienern zu dumm und man beschloß den Hungerstreik. Leider war in den deutschen Reihen keine Einigung zu finden und es streikten nur etwa 50 Mann. Die anderen ließen sich durch den Herrn Aktivleiter in Angst versetzen. Bei den 600 Italienern streikten etwa 300 Mann. Sie machten die Sache so: 300 erklärten, daß sie vom nächsten Morgen an nicht mehr in den Speisesaal gehen würden und jede Nahrung verweigerten. Die anderen 300 gingen weiter zum Essen. Man wechselte sich täglich ab und so konnte der Streik ohne Schaden mehrere Tage durchgehalten werden. Es gab eine Bestimmung, daß ein Hungerstreik, der länger als 3 Tage dauerte, nach Moskau gemeldet werden müsse. Der Lagerkommandant versuchte natürlich, die Sache möglichst schnell zu erledigen, bevor eine Meldung nach Moskau erforderlich war. Unsere Forderung lautete: Ab sofort keine solchen Kartoffeln mehr oder, wenn das Lager nicht in der Lage sei neue Kartoffeln zu besorgen, solle man sie ersetzen durch Hülsenfrüchte. Nachdem alle Vermittlungsversuche der Agenten aus eigenen Reihen und des Kommissars vergeblich waren, erschien der Kommandant selber und wurde von den Gefangenen unglaublich behandelt. Seine Rede wurde mit Gelächter quittiert. Mit unerbittlicher Schärfe beharrten wir auf unserer Forderung. Er mußte nachgeben. Einige Tage gab es besseres Essen, dann hatte er wieder eine neue Teufelei. Im Januar und Februar 1946 waren wir eingeschneit und erhielten fast 3 Monate kein Fett, kein Fleisch und keine

Rauchwaren. Vorsorge kannten die Russen ja nicht; es wurde immer von der Hand in den Mund gelebt. Das hatte natürlich den Vorteil, daß in dem Lager nicht viel verschoben werden konnte. Oft erlebte wir es, daß der Kommandant, oder einer seiner Gehilfen einen ganzen Waggon verschwinden ließ und dann behauptete, der Waggon sei fehlgeleitet worden. Um eine Ausrede ist ein Russe niemals verlegen.

Zurück zu unserer Kolchose. Wie bereits früher erwähnt, war der nächste Wald etwa 40 km entfernt und es gab keinen Baum und keinen Strauch in unserer Gegend. Holz war nie im Vorrat vorhanden. Infolgedessen standen wir oft morgens ohne ein Stück Holz und erklärten den Russen, wenn wir nichts Warmes in den Bauch kriegten, könnten wir nicht arbeiten. Wir blieben drin und pennten uns aus, bis das Holz da war. Das ging immer sehr schnell. Oft wurde es sogar in einem Auto geholt. Wir hatten natürlich im Verborgenen einige Reserven. Hierzu rissen wir das Dach der Banja an der Rückseite ab und entnahmen jeden zweiten Balken, so daß die Vorderseite gerade noch gehalten wurde. Als dieses Holz zu Ende war, begaben wir uns zu einer in der Nähe befindlichen Brücke und rissen diese ab. Auf den Schultern wurden in der Nacht die schweren Balken in unsere Küche getragen. Als eines Tages der Direktor ein Auto voll Holz für seine Leute und für sich erhielt, machten wir nachts einige Spähtrupps und klauten unseren dringendsten Bedarf von diesem Auto. Die Kolchose wollte sich einen Gemeinschaftsraum bauen. Baumaterial wurde aus der Stadt gebracht. Bis an das Dach ging die Arbeit schnell und reibungslos, dann war das Geld alle und alles Material wurde in einen Schuppen gelegt. Der Bau war für dieses Jahr abgeschlossen. Als es dann kalt wurde und nicht nur Holz zum Kochen, sondern auch zum Heizen fehlte, brachen wir den Schuppen auf und holten alles, was wir brauchten. Wertvolle Türen und Fenster wanderten in unsere Öfen. Wenn einer erwischt wurde, gab es einen großen Krach, aber es geschah nichts. Das fiel uns natürlich auf. Der Sache wollten wir auf den Grund gehen! Wir stellten einen Beobachtungsposten auf und hatten in Kürze des Rätsels Lösung: Der Direktor beschaffte sich aus der gleichen Quelle sein Holz. Jetzt kannten wir keine Hemmungen mehr. Als wir im Dezember in unser Lager zurückgingen, war von der ganzen Ausstattung nichts mehr da. Es erfolgte nichts.

Ich erwähnte oben bereits, daß wir eine Brücke verheizt hatten. Im November wollten oder besser sollten wir ein Kohlfeld abernten. Um die an sich sehr gut gewachsenen Kohlköpfe einzubringen, mußten wir über diese Brücke fahren und man entdeckte, daß sie nicht mehr da war. Material oder Geld, um eine neue Brücke zu bauen, hatten wir nicht und der Leutnant besprach mit dem Kolchosendirektor, daß der Kohl liegenbleiben sollte, bis der Bach gefroren sei, damit wir sodann mit Schlitten darüberfahren könnten. so blieb es auch. Wir schlugen die Kohlköpfe mit unseren Spaten ab und warfen sie in großen Mieten zusammen. Mein Vorschlag, kleine Mieten zu machen, daß bei wiedereintretendem Tauwetter nicht der Kohl unter seiner eigenen Last zusammensinken würde, wurde als Unsinn abgelehnt. Wir machten Haufen von 2 m Höhe und ließen diese unbedeckt liegen. Nach wenigen Tagen hörte der Frost auf und am Tage brannte die Sonne unerbittlich auf den Kohl. Die Haufen fingen an zu schwinden. Nach etwa 8 Tagen, waren es nur noch Häufchen. In der unteren Etage war nur noch Mus. Der Bach fror erst im November so zu, daß man darüber fahren konnte. Über die Hälfte des Kohls war bereits verdorben. Jetzt erhielten wir einen Panjeschlitten, auf den jeweils etwa 6 bis 8 Zentner Kohl gingen. In 14 Tagen fuhren wir den Rest des Kohlbestandes zu unserer Kolchose. Große Silos von je 5 t sollten mit Kraut zum Säuern gefüllt werden. Eine Hobelmaschine mit Handbetrieb wurde irgendwo aufgetrieben und es ging in pausenlosem Einsatz. Vier Mann hobelten, 2 Mann langten an und einer schaufelte mit einer rostigen Schaufel das Kraut in den Silo. Unten war einer meiner Kameraden, manchmal auch zwei, mit alten Gummistiefeln und trat das Herunterfallende fest. Nebenbei hatte er einen Eimer voll Salz, um jede Lage mit einer bestimmten Menge Salz zu bestreuen. Da aber die Zivilbevölkerung unter Salzmangel litt, ging ein großer Teil dieser Mangelware gegen andere Produkte, die uns fehlten, auf die Seite.

Mit welchem Genuß wir im kommenden Winter das Sauerkraut gegessen haben, das kann sich jeder vorstellen, der diese Beschreibung gelesen hat. Immer wenn ich heute mit Leidenschaft Sauerkraut esse, muß ich an unsere Sauerkrautfabrik auf der Kolchose in Rußland denken.

Als wir noch auf dem Vormarsch waren, sagte ich einmal zu meinem Koch: „Ich merke genau, ob ein Ort in dem wir liegen, geräumt ist oder ob die Frauen noch da sind; denn, wo noch Frauen oder gar nette Mädchen sind, schmeckt das Essen nicht". Es war also genau umgekehrt, wie zu Hause, wo man doch sagt, die Köchin sei verliebt, wenn das Essen versalzen ist.

Da wir bei der schweren Arbeit auf dem Lande natürlich besonders hungrig wurden, mußten wir sehen, wo wir hintenherum etwas zum Essen „besorgen" konnten. Jeden Tag arbeiteten zwei von uns in den Getreidemagazinen der Kolchose. Sie sollten umschaufeln und mit der Staubmühle reinigen. In den Magazinen waren zu dieser Zeit größere Bestände an Weizen. Es wurde ein Loch in die Rückwand des Magazins gebohrt und einer der Kameraden stellte sich dahinter mit einem Sack. Durch einen kleinen Trichter floß sodann der Weizen in den Sack, bis er etwa 1 Zentner schwer war. Nun folgte die Überlegung, was machen wir mit dem Weizen. Zuerst wurde er, so wie er war, in die Suppe geworfen und lange gekocht. Es war nicht das Richtige und wir konnten ihn nicht verdauen. Eine Mühle hatten wir nicht. Also fanden wir eine Abhilfe. Drei Mann setzten sich nach Feierabend in eine Ecke und walzten, mittels einer Flasche, den Weizen, so daß er wie gequetchter Hafer aussah. So ging die Sache schon etwas besser und die Suppe wurde dicker. Als nächstes entdeckten wir Wicken und machten diese, lange gewässert, wie Linsen zurecht. Mit Fett und Fleisch schmeckte das sehr gut. Die Wicken konnten wir natürlich nicht in solchen Mengen mitnehmen. Jeder, der in dem Magazin arbeitete, mußte seine zwei Taschen vollfüllen. Später klappte das leider nicht mehr, weil täglich alles untersucht wurde. Wir fanden aber immer wieder Auswege, um unsere Verpflegung zu verbessern. Als wir am 20. Dezember in das Lager zurückkehrten, waren wir gesund und gekräftigt. Die Kameraden in dem Lager waren blaß und nervös. Außerdem waren wir 5 Monate von den politischen Schikanen der Russen und der deutschen Aktivisten verschont geblieben.

XXXVIII.
Degradiert

Unsere im allgemeinen ruhige, arbeitsreiche Zeit auf der Kolchose wurde durch ein Ereignis jäh unterbrochen. Es war der 15.11.1945 ein Tag, der für mich immer von Bedeutung gewesen ist. Der Todestag meines Großvaters, den ich, obwohl kaum gekannt, verehrte und – dessen großes Ölbild in Uniform der Malteser mit allen Orden und Ehrenzeichen mir vorschwebte. Es hing in dem Schloß Gelting, wo mein Vater geboren war. An diesem Tage erschienen ein Major und ein Leutnant aus dem Lager auf der Kolchose. Unser kleines Kommando mußte antreten und wurde mit kalten höhnischen Worten wie folgt informiert: „Auf Grund des Potsdamer Abkommens ist das deutsche Heer aufgelöst, alle Soldaten sind entlassen. Befehl aus Moskau: Alle kriegsgefangenen Deutschen haben sofort ihre Dienstgradabzeichen abzulegen und gegen Quittung abzugeben. Zeit – eine Stunde".

Wenn wir auch durch die spärlich zu uns dringenden Nachrichten über den Abschluß des Potsdamer Vertrages informiert waren, so hatten wir diesen Befehl nicht erwartet. Betroffen schlichen wir in unsere Scheune. Was war zu tun? Es mußte schnell gehandelt werden. Die Russen sollten unsere Dienstgradabzeichen nicht bekommen. Die meisten trennten sie mühsam ab und warfen sie in den Bach oder in die Latrine. Vereinzelte unwichtige Stücke unserer Uniform wurden zähneknirschend abgegeben. Eine unruhige Nacht folgte.

Meine Dienstzeit vom Fahnenjunker in Hannover im Jahre 1930 bis zur Beförderung zum Oberstleutnant im Generalstab im Jahre 1943 zog mit allem Schönen und allem Schweren an mir vorüber. Ob unser Vaterland je wieder Soldaten haben würde? Ob ich je wieder eine Uniform tragen dürfte? Auch in dieser dunklen Stunde siegte die Hoffnung, daß unser Herrgott alles richtig macht. Am nächsten Morgen war unser jugendlicher Optimismus wieder da. Unsere Welt lebt vom Optimismus, den man selber hat oder den andere erwecken. Das Zusammensein mit guten Kameraden half über das Tief in dieser Situation hinweg.

XXXIX.
Landarbeiter und Kuhhirte

Als im April 46 erneut ein Kommando auf eine Kolchose gehen sollte, habe ich mich sofort gemeldet und es nie bereut.

Dieses Mal gingen wir sogar ohne Bewachung. Jeden Abend kam ein Posten, der uns zählte und aufpaßte, daß unser Verhältnis zu den Russen nicht zu vertraulich wurde! Bei diesem Kommando hatten wir sogar lagereigene Pferde, Kühe, Kälber und Schweine. Die Pferde waren schwach, weil der Hafer fehlte. Sie bekamen doppelte Rationen, man glaubte das Versäumte in wenigen Tagen nachholen zu können! Anstatt 10 Pfund Hafer gab es am 20 am Tage. Wir gaben es ihnen natürlich nicht;

das wäre töricht gewesen. Lieber betrieben wir Vorratswirtschaft, für die Zeiten, in denen es wieder nichts geben würde. Die Kühe waren nach der Verfütterung der Rüben im Dezember 45 nur noch mit Stroh gefüttert worden. Sie waren so schwach, daß sie sich bei dem ersten Austreiben kaum auf den Beinen halten konnten. Eine gehässige Stimme sagte einmal: „Unter russischem Mastvieh sind Kühe zu verstehen, die so schwach sind, daß sie sich an den Mast anlehnen müssen, um nicht umzufallen". Die Kühe des Lagers hatten alle schon mit 2 1/2 Jahren gekalbt, man brauchte ja Milchkühe. Von Moskau war ein Befehl ergangen, daß die Starken so früh wie möglich gedeckt werden sollten und daß kein Stück Vieh ohne Genehmigung der Regierung abgeschlachtet werden dürfe. Auf diese Weise sollten die großen Viehverluste des Krieges wieder wettgemacht werden!

Die Maßnahme hatte den Erfolg, daß selbst krankes Vieh nicht geschlachtet werden durfte. Die Genehmigung zum Schlachten eines kranken Stück Viehs kam grundsätzlich so spät, daß niemand, außer einem Kriegsgefangenen, das Fleisch gebrauchen konnte. Ein junges Rind brach sich eines Tages ein Bein und blieb 3 bis 4 Tage stehen, bis die Erlaubnis zum Schlachten kam. Das Vieh fraß nichts und fiel völlig ab.

Als wir im April auf die Kolchose kamen, war kein Schweizer, oder wie man bei uns auch sagt Melker, da. Man fragte, wer von uns etwas von Kühen verstehe und melken könne. Ich meldete mich und wurde als Schweizer eingesetzt. Natürlich versprach ich mir ein gutes Leben und meine tägliche Milch. Ich schlief im Stall auf einer Pritsche, ungestört und ruhig, bis ich bereits in der zweiten oder dritten Nacht aufwachte. Es juckte überall. Ekel erfüllte mich. Wie ich es bei den Russen auf der Straße auf den Häusern beobachtet hatte, zog ich als erstes meine Unterhose aus und folgte mit kritischen Blicken den Nähten. Da, ich hatte „Weidmannsheil" eine und noch eine Laus! Das war meine erste und einzige Begegnung mit diesen lieben Tieren.

Melken durfte ich, obwohl ich Melker war, nicht, weil man mir wohl nicht traute. Aber ich habe mir morgens, bevor die Frauen zum Melken kamen, mein Quantum besorgt. Unsere und die Kolchosenkühe wurden drei Mal am Tage gemolken. Die beste Kuh in dieser Herde von 40 Stück, gab sogar 6 Liter Milch am Tage. Die Hygiene in dem Kuhstall war ganz einwandfrei. Die Kannen standen in einem extra Raum. Sie waren rostfrei und gut sauber. Das Sieb wurde vor jedem Melken mit heißem Wasser gespült. Die Melkerinnen wuschen sich vor und während des Melkens mehrfach die Hände. Die Milch brachte man ein Mal am Tage in das Lager. Zuerst nahmen sich natürlich die Frauen der russischen Offiziere davon. Der Rest kam in das Lazarett. Mit der Milch spielte sich einmal eine sehr nette Sache ab. Dem Lagerkommandanten erschien die Milchmenge, die im Lager ankam, zu gering und er wollte der Sache nachgehen. An einem schönen Tage erschien ein Major, etwa um 10.00 Uhr, in Begleitung seines Adjutanten, in einem Geländewagen, auf der Weide. Zu diesem Zeitpunkt hütete gerade ein evangelischer Pfarrer die Herde. Er entnahm seinem Wagen eine Milchkanne und einen Eimer und verlangte, daß der Pastor um 10.00 Uhr die Kühe melken sollte. Dieser, ein geborener Landwirt, versuchte zu erklären, daß die Kühe um diese Zeit keine Milch hätten. Aber es half nichts. Er mußte melken. Das Ergebnis war erschütternd. Der Major zog wieder ab und hat sich überzeugt, daß die Kühe tatsächlich so wenig Milch gaben!

Da das Lager keine Schweinezucht hatte, aber gerne mit den Abfällen von über 1.000 Mann Schweine mästen wollte – natürlich nur für uns – suchten sie nach einigen Läuferschweinen zur Mast. Die Kolchosen der Umgebung hatten um diese Zeit großen Futtermangel. Man kam auf folgenden Ausweg: Die Kolchose gab dem Lager 10 Läufer und sagte, füttert diese Tiere 3 Monate und wir geben euch einen Teil des Zunahmegewichtes in lebenden Schweinen zurück. Zunächst erhielten die Tiere alles. Dann wurden die Abfälle aus der Küche weniger. Wir wurden nur noch mit Hülsenfrüchten ernährt. Es gab keine Abfälle. Als nächstes gingen aber auch die Hülsenfrüchte zu Ende. Wegen der Schlammperiode konnte nichts Neues geholt werden. Am Bahnhof, einige Kilometer entfernt, wurden die Lieferungen gleich verschoben. Die armen Schweine erhielten nun, genau wie wir und die Pferde, nur halbe Ration. Als dann das Futter wieder eintraf, sollten sie einige Tage doppelte Rationen erhalten. Im Juni rückte der Tag der Lieferung heran. Der Agronom, welcher die Schweine unter sich hatte, erschien eines Abends im Stall und brachte einen Sack Salz. Sein Befehl lautete: Die nächsten 3 Tage wird in jedes Futter anständig Salz hineingeworfen und dann satt getränkt! „An dem Gewichtsgewinn werdet Ihr prozentual beteiligt", sagte er. Nach 3 Tagen kam der Kolchosendirektor, man stellte auf der Waage fest, daß nach Abzug der Gewichtszunahme für das Lager 3 Schweine abfielen. Der Schweinepfleger hat natürlich niemals mehr als eine Zigarette erhalten. Als die Schweine einige Zeit später geschlachtet wurden, kam kein Gramm davon in das Lager. Der Kommandant, mit seinen Genossen, hatte sie vermutlich verspeist.

Vor unserer Abfahrt auf die Kolchose, hatten wir eine genaue Skizze unserer Ländereien erhalten und einen Bestellungsplan gemacht. Als unser Sachverständiger, ein pommerscher Landwirt, am ersten Tage seine Ländereien abgehen wollte, stellte er fest, daß schon ein Teil bestellt war und zwar mit Wintergetreide. Was sollten wir machen? Wir handelten, wie vielleicht ein Farmer in Afrika, es wurde nach der anderen Seite ein Stück dazugenommen. Damals waren noch weite Flächen völlig unbestellt und verwildert. Zwei meiner Kameraden erhielten den Befehl 15 ha Land in Tag- und Nachtarbeit mit einem Traktor umzupflügen. Auf dieses Stück sollten Kartoffeln gepflanzt werden. Der Traktor war einigermaßen in Ordnung, aber die Tagesleistung, welche von einem Traktor verlangt wurde, damit der Fahrer sein Brot verdiente, war ungeheuer. In den ersten

Tagen schafften meine Kameraden es natürlich nicht. Da gab man ihnen einen russischen Zwangsarbeiter zu Hilfe. In wenigen Tagen hatten unsere Leute das Pflügen so heraus, daß sie weit über die Norm schafften! Aber frage man mich bitte nicht, wie das Feld aussah. Die drei Scharen wurden auf äußerste Breite gestellt, so daß die Schollen sich gerade noch deckten. Um die Ecken wurde gejagt! Ein Kultivator mit einer schlechten Egge jagte ebenfalls einige Tage und Nächte darauf herum. Das Feld war mürbe und gar, wie der schönste Schrebergarten. Dünger oder Mineraldünger gab es nicht. Dies war nach Auffassung des Agronomen auch nicht notwendig. Während der Schlag so bearbeitet wurde, brachten einige Lastautos das Saatgut auf den Hof unserer Kolchose. Wir erhielten den Auftrag, die Kartoffeln zu sortieren und zwar zunächst in große, mittlere und kleine. Die kleinen sollten so in die Erde gelegt werden, die mittleren sollten durchgeschnitten werden und wofür die großen waren, das erfuhren wir zunächst nicht. In unsere Küche wanderten reichlich, so daß wir nach dem langen schlechten Winter endlich wieder einmal satt wurden. Nach 2 Tagen erschien eine Frauenbrigade und zwar die Offiziersfrauen des Lagers. Sie sollten helfen und vor allem die mittlere Sorte schneiden. Die Arbeitsleistung dieser Brigade war sehr gering, die Essensleistung dafür um so größer. Ständig kochten zwei Frauen in einer Feldküche Kartoffeln, die dann genau wie bei uns, als Pellkartoffeln ohne jede Zutat verschlungen wurden. Diese Frauen hatten, wie wir, gehungert. Am 4. Tage waren wir fertig und wir merkten, daß von dem immerhin recht großen Haufen der ersten Güte, nicht eine Kartoffel mehr da war. Über Nacht waren sie verschwunden! In drei Tagen waren die Kartoffeln gelegt. Bereits bei der Hälfte des Schlages übersah der Agronom, daß das Saatgut nicht reichte. Eine kleine Gruppe mußte sich hinsetzen und einige Kartoffeln nun in drei Teile schneiden. Da die Zeit drängte und andere Arbeiten eilig warteten, legten wir in größter Eile und größter Nachlässigkeit die Kartoffeln aus. Etwa 1 ha blieb mangels

Saatgut unbestellt. Der Agronom meldete: Das Saatgut habe nicht gereicht. Die Kartoffeln wurden nicht geeggt oder gehackt, sondern nur gehäufelt und wuchsen dann von selber. Die mangelhafte Bestellung und die minderwertigen Saatkartoffeln ließen keine gute Ernte erwarten.

Als wir etwa 3 Wochen später Tomatenpflanzen auspflanzten, erschien der schon öfter erwähnte Lagerkommandant mit seinem Adjutanten und einem Kommissar in einem braunen Ledermantel – die typische Bekleidung für diese Leute –. Sie bewunderten erst unsere Arbeit, von der ich noch berichten werde, und fragten dann so ganz nebenbei, was auf dem Feld nebenan bestellt sei. Wir wußten es nicht, da wir dort noch nicht gearbeitet hatten. Nun begab sich dieser Stab dorthin und untersuchte die Sache. Mit bloßem Auge war nichts festzustellen. Alle drei knieten sich hin und fingen an, mit den Händen in der Erde zu wühlen. Was fanden sie? Die großen Kartoffeln, die bei uns verschwunden waren. Wie kamen sie dorthin? Der Agronom hatte nachts, mit zwei ihm vertrauten Leuten, die die Spitzel unter uns waren, die Kartoffeln aufgeladen und dort gelegt. Ob diese Bestellung des Feldes für ihn oder einen anderen erfolgte, haben wir nie erfahren. Er wurde nicht bestraft. Vermutlich lag ein höherer Auftrag vor.

Unser nächster Auftrag war das Tomatenfeld. Ein Stück Land, welches viele Jahre nicht bestellt gewesen war, wurde in der bewährten Weise umgebrochen. Noch ehe es mit dem Kultivator und einer Egge bearbeitet werden konnte, brachte man die ersten Tomatenpflanzen. Eine unwahrscheinliche Hitze setzte ein und die Dinger mußten schnell in die Erde. Eine Pflanz- oder Lochmaschine gab es nicht. Wir 30 Mann erhielten jeder einen Holzprügel in die Hand und mußten die Schollen und dicken Klumpen zuerst mal zerschlagen. Dann versuchten wir mit einem Locher, Löcher in die Erde zu bekommen. Es ging nicht. Der Agronom erschien mit einem schweren Vorschlaghammer und die Löcher wurden mit Gewalt in die Erde geschlagen! Das ging uns zu langsam, sollten wir doch 8.000 Pflanzen setzen. Nun legten wir einfach die Pflanzen in die Furche und pflügten mit einem Pflug die Furche zu. Einer ging hinterher und trat jede Pflanze noch einmal fest. Das noch nicht verrottete Unkraut und Gras lagen wieder oben auf, aber die Tomaten wurden als bestellt gemeldet. Jeden Morgen um 4.00 Uhr und abends um 9.00 Uhr gingen einige von uns heraus zum Begießen. Es war eine Qual. Gießkannen gab es nicht, die Eimer waren meist leck und irrsinnig schwer. Jede Pflanze sollten einen halben Eimer Wasser erhalten. Das war nicht zu machen und wenn keiner zusah, bekamen 10 bis 12 Pflanzen je einen Eimer. Wir schlugen dem Agronomen vor, Jauche zu beschaffen. Aber woher? Wie alle Russen, wußte der Kerl sich zu helfen. Er besorgte einen Fuder Mist und einige alte Benzinfässer. Eine Grube wurde ausgehoben. Der Mist mußte dauernd begossen werden und was unten herauslief, wurde aufgefangen und war Jauche. Etwa 7.000 Pflanzen gingen an und man war zufrieden. Den Ertrag haben wir natürlich nicht mehr erlebt. Den Tomaten folgte der Kohl. 20.000 Pflanzen sollten gesetzt werden. Wir schafften es mit unseren neuen Patentmethoden in einer Woche. Allerdings wurde das Kommando verstärkt um eine Gießerkolonne. Da die Gefäße nicht ausreichten, holte der Agronom die Feuerspritze und alle Schläuche aus dem Lager. In das Feld wurden Fässer gestellt und in Kürze hatten wir ein Netz von Wasserstellen, daß alle Pflanzen bei der Hitze, wenigstens ein Mal am Tage Wasser erhielten.

In den Jahren 1947 bis 1949 habe ich noch zwei Mal in der Ernte geholfen. Wir brachten Kartoffeln und Hafer ein. DieErnte in diesem Jahr war unvergleichlich besser, vor allem dort, wohin man den Inhalt unserer Latrinen im Frühjahr ausgefahren hatte. Viele Kartoffeln waren schlecht. AlleSorten durcheinander. Auch die in den Jahren 50 bis 51 in unser Lager gelieferten Kartoffeln waren bereits im Oktober so schlecht und krank, daß sie durch die Invaliden jeden Monat ein Mal ausgesammelt werden mußten.

Unser diesmal gutes Kommando als Pflanzer für Kartoffeln, Kohl und

Tomaten ging zu Ende. Unerwartet wurden wir Ende Juni 1946 in das Lager zurück transportiert. Gerüchte schwirrten umher. Optimisten hofften laut und leise. Pessimisten, deren Zahl, trotz des vermehrten Posteingangs, zunahm, befürchteten unangenehme Veränderungen.

XL.
200 km weiter nach Osten – Lager Oranki –

Am 2. Juli 1946 hieß es plötzlich wie immer, wenn ein Transport abging: Sofort alles fertigmachen. Es folgten die üblichen Zeremonien. Bei diesem Lagerwechel ging es einfach toll zu. Das Lager sollte aufgelöst werden, um unter Einbeziehung der Stadt Susdal, in eine große Museumsstadt umgewandelt zu werden. Nicht nur die Offiziere und Beamten, sondern auch die Soldaten hatten den Wunsch sich letztmalig gesundzustoßen. Wir wurden total ausgeplündert und besaßen eigentlich nur noch das, was wir auf dem Leibe trugen.

In dem verhältnismäßig ruhigen Lager Susdal, hatten sich unter uns ungeahnte Talente entwickelt: Handwerkliche und kaufmännische. Wir besaßen Blech- und Tongefäße, Aluminiumteller, Messer, Gabel, Brettchen zum Essen, Dosen und Schachteln aus Birkenrinden, Bridgekarten aus Holz, Schachspiele, gemalte Kalender, wissenschaftliche Ausarbeitungen, Noten für den Chor oder für die Gottesdienste. Alles, alles wurde abgenommen. Es würgte uns wieder einmal in der Kehle. Einzelnen, besonders geschickten Männern, gelang es auch hier wieder, Gegenstände durchzuschmuggeln. Mir hatte man bei einer Filzung am 1. Mai mein Eßgefäß aus Ton weggenommen und zerschlagen. Ich hatte jetzt für diesen Transport, von dem man annehmen mußte, daß er einige Tage dauern würde, kein Eßgefäß und war in großer Sorge; denn nichts haßte ich so, als wenn man sich etwas erbitten mußte, von dem man nicht wußte, ob es sauber war. Es galt hier energisch zu handeln. Nach der Filzung, die einige Stunden dauerte, wurden wir in einen Schafstall gesperrt. In einem unbewachten Moment, verschwand ich und begab mich hintenherum in den Speiseraum. Schnell hatte ich eine kleine Emailleschüssel entwendet. Mit einem Nagel und einem Ziegelstein als Hammer schlug ich am oberen Rand ein Loch, dann nahm ich einen Kupferdraht als Aufhänger und band mir die Schüssel, den Körperformen angepaßt, auf den Hintern. Darüber kam der Mantel. So gelang es mir, unbeobachtet in den Schafstall zurückzugelangen und später aus dem Tor. Diese Schüssel, aus der zu Hause höchstens ein Hund oder eine Katze gefüttert würde, habe ich 7 Jahre benutzt. Zunächst bis 1949 war sie morgens mein Waschgefäß (ich habe mich immer, auch bei 20° und mehr Grad Kälte draußen, oder in einem offenen Raum gewaschen), dann mein Suppengefäß, dann Tee-, dann Rasiergefäß. Abends aß ich daraus und vor dem Schlafengehen habe ich mir noch, wenn Wasser vorhanden war, die Füße darin gewaschen. Wahrhaft ein Universalgerät! Später war die „Kultura" auch bis zu uns vorgedrungen, wir erhielten Blechteller zum Essen. Die Schüssel wurde degradiert und nur noch zum Rasieren oder von den Bäckern zum Anrühren von Kuchenteigen benötigt. Eigentlich wollte ich sie bei der Heimkehr mitnehmen, aber es waren viele Kameraden, die sie gerne übernahmen und so kam sie nicht in mein Kriegsgefangenenmuseum. Mittags verließen wir mit gemischten Gefühlen das Lager Susdal. Keiner ahnte, wo die Reise hinging. Unser Gottvertrauen verließ uns auch hier nicht. Auf dem 10 km Marsch zum Bahnhof Wladimir, versuchte ich auf bedrückte, sorgenvolle Kameraden Optimismus auszustrahlen. Einige Autos pendelten des Weges entlang und holten laufend die müden und lahmen Kameraden ab. Mir machte, dank meines ständigen Training, ein solcher Weg nichts aus. Die Behandlung auf diesem Transsport war sehr mild. Platz war genügend vorhanden. Wir bekamen ausreichend Verpflegung und bei der großen Hitze auch ausreichend zu trinken. Die unterschwellige Hoffnung, daß es vielleicht nach Hause ging, schwand am nächsten Morgen, als wir die Sonne vor uns aufgehen sahen. Wir fuhren also nach Osten.

Die Strecke nach Gorki – das war unser Ziel – beträgt etwa 200 km. Wir machten einen großen Umweg, so daß wir für diese Strecke etwa 3 Tage benötigten. Am 5.7. früh wurden wir in einem Waldgelände ausgeladen. Alles war guter Stimmung; denn unter uns waren Leute, die bereits in früheren Jahren hier gewesen waren und nun erklärten, daß Oranki, so sollte das Lager heißen, einen guten Ruf habe. Bevor wir uns gesammelt hatten, erschien ein Major beim Stabe der Lagerverwaltung, ich glaube, er hieß Gardakow. Eine Erscheinung, die uns allen Schrecken einjagte. Aus seinen Augen sprach ein namenloser Haß, wie er nicht schlimmer sein konnte. Das Verhalten dieses Mannes in den 3 Jahren unseres Aufenthaltes, war stets widerwärtig und gemein.

Der Transport enthielt etwa 250 Mann – meist Stabsoffiziere und Invaliden. Wir wurden zunächst in eine enge Baracke gelegt. Ein Stacheldrahtzaun trennte uns von dem übrigen Lager. Drei Wochen Quarantäne. Mit Einbruch der Dunkelheit standen aber zahlreiche Kameraden der alten Besatzung am Zaun und grüßten uns. In wenigen Tagen waren wir über alles im Bilde. In dem Lager Oranki, bei Gorki, lebten damals ungefähr 1.000 Rumänen, 80 Ungarn, 5 Spanier, 10 Polen, 2 Flamen, 1 Norweger, 5 Holländer, einige Tschechen und rd. 500 Deutsche. Später kamen einige Rotspanier und eine Gruppe deutscher Diplomaten und Kauflaute, mit ihren Frauen, hinzu.

Oranki war einst ein berühmtes Kloster und ein Wallfahrtsort gewesen, große Ländereien hatten dazugehört. Ein Kultur- und Wirtschaftszentrum. In dieses Kloster paßten wir genau. Waren wir doch gezwungen, arm, keusch und gehorsam, wie einst die Mönche, zu leben.

Zweistöckige, in Ziegelsteinen gebaute Wohnblöcke standen noch wie einst in der Klosterzeit. Dazwischen hatte man einige Baracken gesetzt. Die mächtige Kirche wurde etwa Ende des 17. Jahrhunderts gebaut. Eine große Kuppel wölbte sich über dem Hauptgebäude. Die Deckengemälde vollkommen erhalten, leuchteten in schönen Farben. Wahrscheinlich wurden sie von Italienern oder zumindestens unter italienischem Einfluß gemalt. Nach 1929 hatte man verschiedentlich versucht, die Bilder zu vernichten. Überstreichen nützte nichts, die kräftigen Farben kamen immer wieder durch. Dann stieg noch einmal ein Maler aus dem Ort auf das Gerüst, um die Bilder zu beseitigen, aber er fiel herunter und war tot. Ein Zeichen des Himmels! Daraufhin gab man die Versuche auf. Die Kirche diente jetzt als Verpflegungsmagazin. Eine zweite, etwas kleinere Kirche, die sogenannte Winterkirche, war zunächst in eine Unterkunft verwandelt. Hier wohnten anfangs, in 5 Etagen übereinander, etwa 1.000 Menschen. Dann wurden 2 Etagen abgebaut. Ich habe dort mit etwa 600 Mann und mindestens 100.000 Wanzen gewohnt. Der Kirchenraum war in 4 Blocks aufgeteilt. In jedem Block lagen etwa 250 Menschen, auf Holzpritschen, in zunächst 5 Etagen übereinander. Jede Etage hatte ihre Probleme. Unten konnte man normal sitzen, hatte die Schuhe unter der Pritsche und war schnell draußen, wenn man auf die Standtoilette mußte. Vor allem aber, sah und roch man das Essen als erster! Die Nachteile waren: Die Kontrollen stöberten meist nur untenherum. Außerdem war es unten kühl und zugig. Im Zeichen der Energieersparnis, gab es in der Kirche keine Heizmöglichkeit. Die Heizung war der Mensch! Unten zog man alles an, oben alles aus. Ich ergatterte einen Platz im 5. Stock. Man war ungesehen, stieß sich nicht den Kopf, konnte manches verbergen. Ungezählte Male ging es am Tage rauf und runter. Zum Appell, zum Waschen, zum Essen, zur Toilette. Man mußte die Schuhe mit nach oben nehmen, damit sie nicht geklaut wurden. Wir mußten sie ausziehen, damit kein Dreck nach unten fiel. Es gab unentwegt Ärger mit den Unterliegern.

Später wurde diese Unterkunft nicht mehr gebraucht und wurde umgebaut in einen Clubraum. Das Lazarett in Oranki war verhältnismäßig groß; es hatte neben der regelmäßigen Betreuung der Lagerkranken, noch eine Aufpäpplungsstation. Alle deutschen Kriegsgefangenen, die in den Arbeitslagern in der Umgebung von Gorki abgewirtschaftet wurden und es waren sehr viele, kamen nach Oranki, um dort in ein bis zwei Monaten wieder renoviert und dann so schnell wie möglich wieder ausgebeutet zu werden. Ungezählte Male sahen wir, wenn solche Elendszüge anrückten. Ein Bild des Jammers, alle Leute in Lumpen gehüllt, abgemagert zum Skelett, blaß und unrasiert, hohle Augen in denen jedes Feuer erloschen war, schlichen sie mit zerrissenem Schuhzeug, oder nur mit Holzlatschen an den Füßen, durch das Tor. Man hätte heulen können. Diese armen Kerle wurden gebadet, am gleichen Tag sofort untersucht und in Klassen eingeteilt. Die Schwächsten kamen in das Lazarett und mußten liegen, die etwas Besseren kamen in das Erholungslazarett, wo sie bei besserer Verpflegung und ohne Arbeit einige Wochen leben durften. Bereits nach 3 Wochen suchte man die ersten wieder zur Arbeit heraus. Jeden Monat erschien ein Arzt aus Gorki, wegen seiner großen Warze auf der Stirn, das „Warzenschwein" genannt und musterte das ganze Lager. Wer eben wieder kriechen konnte und wessen Haut am Bauch und am Hinterteil einigermaßen wieder gestrafft war, der wurde herausgejagt und „als Sklave verkauft". Wer gesehen hat, wie hier mit den Menschen gehandelt wurde, ja wie die Vertreter der Fabriken kamen und sich ihre Leute aussuchen durften, der fühlte sich sehr stark an die alten Sklavenmärkte erinnert! Dazu las man dann in der Zeitung seitenlange Artikel über Menschlichkeit und Menschenrechte, für die die Sowjetunion in der UNO eingetreten war. Ein Hohn!

Zu der ärztlichen Betreuung wäre noch einiges zu sagen. An der Spitze der russischen Ärzte, stand ein sogenannter Majorarzt. Es war aber nur

Feldscher, mit dem Können eines Sanitätsfeldwebels. Als Armenier liebte er uns sehr! Seine Beziehung zur NWD war denkbar gut. Ihm folgte eine Kapitänärztin mit dem schönen Spitznamen die „Atombombe". Diesen Namen erhielt sie, weil sie stets bei ihren Erscheinen Wirbel machte und alles in Aufregung versetzte. Ihre Fachkenntnisse waren mäßig, aber sie kümmerte sich in aufreibender Tätigkeit um die Kranken und war oft, bis in die Nacht hinein, an dem Bett eines Sterbenden, stets bereit zu helfen. Sie kümmerte sich auch um die Hygiene im Lager, damit wir saubere Wäschen erhielten und die Bekleidung in Ordnung war. Sie revidierte fast täglich die Unterkünfte auf Sauberkeit und machte in der Küche Wirbel, wenn irgendetwas nicht in Ordnung war. Die „Atombombe" war eine echte Russin, bei der man niemals wußte, wie man mit ihr dran war. Als Schatten folgte ihr eine jüngere Ärztin, die noch weniger konnte. Die jüngeren Kräfte waren im allgemeinen besonders nett zu uns. Ich besinne mich auf zwei besonders: Rebecca (wie wir sie nannten), eine Armenierin, immer furchtbar geschminkt und noch furchtbarer parfümiert. Ihr folgte eine sehr gut aussehende und noch besser angezogene Frau, deren Können allerdings noch geringer war. Eines Tages sagte der deutsche Arzt bei der Morgenvisite, das Herz eines Patienten, dem gerade die Visite galt, sei sehr unregelmäßig. Darauf ergriff die Ärztin, die in Moskau studiert haben sollte, ihr Stethoskop und setzte es an der rechten Brustseite des Kranken an. Der deutsche Arzt zeigte ihr in aller Ruhe, wo das Herz sitzt. Ähnliche Beweise des Nichtkönnens begegneten uns häufig. Diese Frau hatte aber gute Beziehungen zur NWD. Ihr Mann war Kommissar in Moskau und kam später in unser Lager. Ein ganz übler Vertreter. Während seiner Tätigkeit wurden gelegentlich die Spitzel zur „Untersuchung" bestellt und im Sprechzimmer mit neuen Aufträgen versehen. Wir aber kannten unsere Freunde! Außer den beiden Ärztinnen waren mindestens 2 Schwestern tätig. Diese hatten keine Ahnung. Sie konnten noch nicht einmal einen Verband anlegen. Sie durften nur Fieber messen und Listen schreiben. Im übrigen waren sie dazu da, uns zu schikanieren, mit dem Wort „Kultura". Auf eine besinne ich mich ganz genau, sie hieß Schwester Ljuba. Immer gut angezogen, geschminkt und stets schlechter Laune. Wir haßten sie. Als das Lager verkleinert wurde, wurde sie abgebaut und mußte wieder auf der Kolchose arbeiten. Wir hörten das mit Schadenfreude. Mit dieser kurzen Schilderung wollte ich zeigen, was für ein Personal manchmal auf die Kriegsgefangenen losgelassen wurde.

Das Lazarett hatte im übrigen eine eigene Küche, in der viel zu viele Köche beschäftigt wurden. Viele Köche verderben den Brei! Hier sagte man, viele Köche verringern den Brei. Alle Köche, eine große Schar von Sanitätern, die deutschen Ärzte und einige Spitzel erhielten bessere oder gar doppelte Verpflegung auf Kosten der Kranken. Wir haben es in diesem und anderen Lagern erlebt, daß zeitweilig mehr Esser als Kranke da waren. Viele Kameraden glaubten, sie müßten sterben, wenn sie Hunger hätten und suchten jeden Weg, um etwas zu bekommen. Die Verpflegung war einfach zu knapp. Hunger tut weh. Die Russen kümmerten sich um diese Dinge überhaupt nicht.

Bei unserer Ankunft war ein Oberst Kommandant des Lagers, ein großes Schwein! Nach einem Krach mit den Rumänen verschwand er. Sein Nachfolger wurde ein älterer Oberst mit einem Bein. Sein anderes hatte er im ersten Weltkrieg verloren. Es war ihm damals in meisterhafter Weise von einem deutschen Arzt amputiert worden, wie er sagte. Er war daher gut auf die Deutschen zu sprechen. Aber auch bei ihm, wußten wir nie, wie wir bei ihm dran waren. Jeder bespitzelte jeden. Auch ein Lagerkommandant muß ständig auf der Hut sein! Wenn man allein mit dem Oberst sprach, war er vernünftig. Er behandelte seinen deutschen Burschen sehr nett und hatte es erreicht, daß dieser mit einem der ersten Transporte nach Hause fuhr. Der Bursche berichtete, daß es in dem Hause absolut ordentlich und gut bürgerlich zuginge. Auch die Ehe soll in Ordnung gewesen sein.

Die NWD – Offiziere des Lagers, deren Namen mir entfallen sind, waren gemein und hinterlistig. Sie wechselten oft, jedes Mal hofften wir auf eine Besserung, es wurde aber von Jahr zu Jahr schlechter, bis wir 1949 den Höhepunkt erreicht hatten. Der Nachschub an „Spezialisten" kam aus Moskau. Sie hatten einen Sonderauftrag vorzubereiten. Wir ahnten nicht, was uns bevorstand.

Die Dolmetscherabteilung habe ich genau kennengelernt, eine Frau Komerowa, genannt der „Pferdekopf", war verhältnismäßig deutschfreundlich. Auch ihr waren die Hände gebunden. Zwei männliche Dolmetscher, ganz übler Art, richteten durch ihre Hinterlist viel Schaden an. Sie taten immer sehr loyal und viele fielen darauf herein. Als ich einmal um eine Postkarte, außer der Reihe, bat, verwickelte mich einer der Kerle in ein Gespräch über meine Kameraden und die im Lager befindlichen Frauen. Er meinte u.a., warum ich nicht mit einer bestimmten der Frauen verkehren würde. Schon lange hatte ich den Verdacht, daß diese Frau im Dienste der Russen stünde. Nun hatte ich eine Bestätigung, sonst hätte er sie mir sicher nicht empfohlen. Als ich ihm darauf sagte: „In unseren Kreisen ist es nicht üblich, daß ein verheirateter Mann mit einer fremden Frau verkehrt und unter diesen Umständen schon gar nicht", fing er laut an zu lachen und sagte: „Bei uns gibt es ein Sprichwort: „Was brauche ich eine Frau, wenn mein Freund eine hat". Diese unmoralische Auffassung habe ich oft bestätigt gefunden. Bei unserer Kritik an den russischen Offizieren ahnte keiner, daß 20 bis 25 Jahre später, auch in unserer Heimat, die Moral auf einen erschreckenden Tiefpunkt sinken würde. Der Kommissar fragte mich noch nach dem eben erwähnten Gespräch, warum ich mit zwei Hauptaktivisten im Lager nicht verkehren würde. Ich sagte ihm, in meinen Augen seien sie Schweine. Das gefiel ihm anscheinend doch und er brach die Unterhaltung ab. Der zweite Dolmetscher war ein Lette mit dem Namen BereÛn. Er war zwar undurchsichtig, aber nie gehässig.

Eine sehr nette Frau war noch in unserem Lager beschäftigt, als Kulturwacht. Sie hatte absolut Kultur, was man in Kleidung und Haltung feststellen konnte. Offensichtlich schätzte sie die Deutschen und ihre Leistungen auf allen Gebieten. Diese Frau sagte einmal ganz traurig zu den Leuten, die mit ihr zu tun hatten: „Oh, Ihr Deutschen, Ihr habt halb Europa besiegt und jetzt seid Ihr die Ärmsten der Armen". Unser deutscher Lagerarzt, der sie einmal in ihrer Wohnung behandelte, berichtete, daß es dort sehr sauber und gemütlich ausgesehen habe.

Ganz tolle Leute waren die Magazinverwaltung, der Wirtschaftsoffizier. Was diese Kerle verschoben haben, läßt sich gar nicht sagen. Die uns zustehende Bekleidung wurde weitgehend verkauft. Kamen Kommissionen ins Lager, zeigten sie nur die besten Sachen. In den Handwerksstuben saßen gute deutsche Handwerker. Sie mußten die schönsten Uniformen und Kleider für die Russen anfertigen. Diese Handwerker erhielten noch nicht einmal ein Trinkgeld von den Offizieren. Nur die Frauen waren immer freundlich und gaben ab und zu etwas Geld oder eine Schachtel Zigaretten als Dank.

Einer von uns hat sich einmal die Mühe gemacht, das Personal zu zählen, welches uns „betreute". Es waren für die etwa 2.000 Mann des Lagers über 60 Offiziere, Beamte und Frauen, ohne das Wachpersonal. Wenn man dagegen bedenkt, wieviel Leute hier in Deutschland ein Kriegsgefangenenlager betreut haben! Alle diese Leute benutzten ihre Zeit weitgehend dazu, uns zu ärgern, uns auszubeuten und auf unsere Kosten zu essen.

Bei der Beschreibung des Lagers, muß ich noch kurz auf die Umgebung eingehen. Oranki und das Nebenlager Monastyrka waren beide von Wald umgeben und nur bei gutem Wetter zu erreichen. Der Wald, in dem wir verschiedentlich zum Holzholen oder zum Pilzesammeln waren, war sehr hübsch und urwüchsig. Zum Teil aufgeforstet, alles in Parzellen eingeteilt und vermessen. Der Holzeinschlag wurde zwar überwacht, aber man sah doch viele Stellen, an denen sehr wild gehaust wurde. Einen Sommer verbrachte ich in dem Teillager Monastyrka, einem alten Klostergut. Die Morgenstunden in diesem Lager waren einmalig schön. Ich stand um 4.00 Uhr auf und beobachtete den Sonnenaufgang und hörte öfter Birkhähne. Ab und an sah ich auch ein Stück Wild. Vor allem aber bereiteten uns die Vogelwelt und die Blumen, die in einer kaum zu schildernden Farbenpracht wild um das Lager blühten, große Freude. Ab und zu saß ich verträumt auf einer Bank und ließ mich von den ersten Sonnenstrahlen bescheinen, alles um mich herum vergessend, bis mich das Signal zum Wecken aufschreckte.

Die beiden dem Lager angeschlossenen Ortschaften wiesen eine Menge schöner Häuser auf. An den Schnitzereien erkannte man, daß hier einst wohlhabende Leute gewohnt haben müssen. In den Ortschaften herrschte jetzt eine erschütternde Armut. Selbst das Haus des Arztes war kümmerlich und verfallen. In dem Lagerbereich, den ich eben geschildert habe, bin ich 3 Jahre gewesen.

XLI.
Frauen, Männer, Kinder

Wenn jahrelang in einem Lager auf engstem Raum nur Männer zusammenwohnen, ist es selbstverständlich, daß der Wunsch, mal wieder mit einer Frau zu sprechen, eine nette Frau zu sehen, auftaucht. Es war nicht zu verwundern, daß bedingt durch den allgemein sehr schlechten Körperzustand, anstelle des sonst häufig unter rauhen Männern üblichen Themas „Die Frau", jetzt das Thema „Essen" war. Ich habe es in der Gefangenschaft selten erlebt, daß schmutzige Witze erzählt wurden.

Jedes Mal, wenn ein neuer Transport gemeldet wurde, schwirrte das Gerücht durch das Lager: Frauen kommen. Eines Tages war es dann doch soweit, mittags hieß es, ein Transport mit Frauen sei im Anmarsch. wir glaubten es natürlich nicht. Aber als dann plötzlich die Fenster des Bades, die zu ebener Erde lagen, mit weißer Farbe gestrichen wurden, gewann die Sache an Wahrscheinlichkeit. Der Nachmittag verging, alles war in gespannter Erwartung. Da, um 18.00 Uhr fuhr ein großer Lastwagen zum Tor hinein. Er war hoch mit Gepäck beladen, oben darauf saßen einige Kinder und man glaubte es kaum, Frauen. Wie ein Lauffeuer ging es rum, in wenigen Minuten war alles am Tor. Noch einmal öffnete sich das Tor, in langer Kolonne marschierten Frauen und Kinder und Männer in das Lager. Die Russen hatten, wie es bei solchen Anlässen meist war, alles abgesperrt, damit wir nicht mit den Neuen sprechen konnten, und kein Aufruhr entstehen würde. Wir folgten dem Zuge zum Clubhaus und hörten unterwegs: Deutsch, Spanisch, Holländisch und Russisch. Ich war in der Baracke geblieben, weil ich es haßte, die armen Leute wie Schauwild betrachten zu müssen. In wenigen Minuten wußte auch ich drinnen alles. Es handelte sich um deutsche Diplomaten aus Mukden, Internierte aus Berlin. Ungarische Diplomaten, ein Siamese und etwa 25 Rotspanier, mit spanischen und deutschen Frauen. Unsere, im Lager befindlichen, prächtigen Spanier aus der Blauen Division hatten schnell heraus, was für Leute gekommen waren und es gab Ohrfeigen untereinander. Ja, das Temperament!

Einige Schicksale, von denen wir in den nächsten Tagen hörten, sind mir in Erinnerung geblieben.

Ein Legationsrat war mit seiner jungen, Anfang 20jährigen Frau in Mukden, als im Sommer 1945 die Russen dort einmarschierten, um die Mandschurei zu „befreien". Er wurde mit den übrigen Diplomaten verhaftet und auf Umwegen über diverse Gefängnisse und Lager zu uns gebracht. Der deutsche Gesandte in Mukden wurde von seiner Frau getrennt und starb einige Jahre später. Die Frau des o.g. Legationsrates durfte zunächst in Mukden bleiben. Nach einigen Monaten wurde auch sie verhaftet und in ein Gefängnis gesteckt. Da sie gut Russisch sprach, konnte sie ihr Verlangen, zu ihrem Mann gebracht zu werden, mit aller Energie vertreten. Sie begann darauf eine fast 2jährige Reise, durch mehrere Gefängnisse und Lager, bis sie im Februar 1948 bei ihrem Mann in unserem Lager landete. Die neueingetroffenen Diplomaten wurden sehr nett aufgenommen. Alle suchten zu helfen und ihnen das Leben zu erleichtern. Als im Dezember, bei dem wiedervereinten Ehepaar, ein Baby geboren wurde, war das ganze Lager in Erregung und Freude. Zu der Geburt des Baby's waren die Eltern nach Gorki gebracht worden. Die Mutter kam in eine Klinik und der Vater wurde ohne Bewachung bei einem Ingenieur einquartiert. Er durfte täglich 2mal seine Frau in der Klinik besuchen. Wir konnten es gar nicht fassen, daß man so viel Aufsehen davon machte. Ich nehme an, man hielt es in der Sowjetunion für eine gute Propaganda, sich so zu verhalten. Außerdem bin ich überzeugt, daß der Vater in seiner Wohnung genau und streng überwacht wurde. Anfang Januar, bei 20° Kälte, kamen die Drei, Vater, Mutter und Kind, wieder angereist. Es war ein triumphaler Einzug. Tischler bauten ein Bettchen, Schneider machten Windeln und Decken. Die Schmiede fertigten einen Kinderwagen an, der auf jedem russischen Dorf den 1. Preis erhalten hätte. Wir sammelten Geld, damit die Mutter sich etwas kaufen konnte.

Einer unserer evangelischen Lagerpfarrer hat das Baby nach einigen Wochen auf den Namen Friedrun getauft. Zwei Kameraden waren Taufpaten. Ein Freudenfest für alle.

Wenn die Eltern abends, bei uns, in unseren Buden, zu einem Gespräch eingeladen waren, oder in das Lagerkino gingen, machte einer von meiner Stube Babysitter. Nach Rückkehr berichtete er genau, was er mit dem Kind gemacht hatte. Als der Sommer kam, mußten die Eltern ein Schild an das Ställchen hängen: „Bitte nicht berühren!". So groß war die Liebe für dieses nette, kleine Kind.

Bitte
nicht
berühren

Der eben erwähnte Pfarrer hat viele Jahre später Friedrun in Deutschland getraut. Bei einem Treffen ehemaliger Kriegsgefangener aus dem Lager, erschien das Diplomatenehepaar, jetzt in München wohnend, mit ihrer Tochter und deren zwei Kindern, unter uns. Sie wurden mit Jubel begrüßt und beschenkt. Ich hatte die besondere Freude und Ehre, neben der ehemaligen Mitgefangenen, die auf Irrwegen lange nach uns, in die Heimat zurückgekehrt war, zu sitzen.

Ein Gegenstück dazu: Einer der Rotspanier, die seinerzeit aus Spanien nach Frankreich emigrierten, von dort durch die Deutschen nach Berlin gebracht und dann dort von den Russen „befreit" worden waren, hatte in Berlin ein deutsches Mädchen kennengelernt, mit dem er zwei oder drei Kinder hatte. Die jüngste wurde in einem Lager in der Sowjetunion geboren. Als die Spanier eines Tages in ein anderes Lager kamen – sie sollten nach Hause fahren – wurde diese Frau gefragt, ob sie mit nach Spanien wolle. Sie lehnte es ab. Man teilte sich die Kinder, ein vierjähriges Mädchen mit dem schönen Namen Rosita, blieb im Lager. Die anderen Kinder nahm der Spanier mit. Die Mutter begann nun ein sehr bewegtes „Leben". Sie hatte ständig neue Kavaliere. Ich glaube, sie arbeitete als Spitzel für die Russen, wie ich es in einem früheren Kapitel ja schon andeutete. Rosita lebte ganz im Lager bei den Gefangenen. Auf der einen Stube aß sie Mittag, auf der nächsten trank sie Kaffee und wieder in der nächsten Stube aß sie zu Abend. Die Mutter lud währenddessen ihre Kavaliere ein, um die Verpflegung der Tochter zu verspeisen! Witzigerweise erhielt das Kind auch eine Männerportion als Verpflegungssatz. Kinderportionen gab es eben nicht. – Hier muß ich noch eine andere Begebenheit einflechten. In dem Lager war ein rumänischer Oberst, der seit der Gefangennahme in Bukarest, mit Genehmigung der Russen, seinen Hund bei sich hatte. Dieser Hund erhielt auch eine Gefangenenration, da kein anderer Befehl für ihn vorlag. Böse Zungen behaupteten sogar, daß er auch die Zigaretten der Gefangenen erhielt! –

Daß Rosita maßlos verwöhnt und altklug war, läßt sich denken. Sie wurde von den deutschen Schneidern des Lagers restlos ausgestattet. Es war sehr nett zu beobachten, wie die russischen Ärztinnen und Schwestern sich um das Mädchen kümmerten. Sie brachten Bonbons und Schokolade mit und luden sie zum Kaffee, auch außerhalb des Lagers, ein. Alle Bemerkungen, die wir über die Russen machten, schnappte das Mädel auf und erzählte sie weiter. Eine gefährliche Sache!

Ich erwähnte schon, daß wir die eine Ärztin Rebecca nannten. Eines Tages redete Rosita diese Ärztin mit „Tante Rebecca" an. Diese war sehr erstaunt über die Anrede und fragte: „Woher weißt du, daß ich so heiße?" Die Antwort lautete natürlich: „Das ganze Lager nennt dich so". Wir hatten unseren Spaß daran.

Ein wohlhabender Kaufmann aus Amsterdam, dessen Vater holländischer Konsul in Tiflis gewesen war, er selber hatte auch dort gelebt, wurde einige Wochen nach der Kapitulation in Berlin gefragt, ob er nach Holland zurückwolle. Als er diese Frage bejahte, sagte man ihm, er solle zu einem bestimmten Zeitpunkt seine Koffer – in unbegrenzter Zahl – packen und sich zur Abreise nach Hause bereithalten. Da aber der direkte Weg über Westdeutschland nicht gangbar war, wählte man den Weg: Berlin – Moskau – Amsterdam. In seiner Begleitung befand sich eine charmante kleine, junge Frau, die gar nicht seine Frau, sondern die Witwe eines gefallenen Offiziers war. Bei Annäherung der Russen in Berlin hatte sich diese Frau in den Schutz ihres holländischen Nachbarn begeben. Sie blieb von allen Schikanen verschont, wurde von den Russen als dieFrau des Kaufmanns betrachtet und mußte ihm fast 5 Jahre als solche folgen. Das „Ehepaar" wanderte mit seinen 12 Koffern! nach Moskau und in das Gefängnis. Dann nachKrasnogorsk und später zu uns nach Oranki. Man hat ihnen nichts abgenommen. Für uns ein Rätsel. Der Mann sprach allerdings gut Russisch und verkehrte viel mit den Kommissaren. Er hat wohl mit List und Tücke alles durchgesetzt, was er wollte. Da ich seinen Vetter, einen deutschen Generalstabsoffizier gleichen Namens, kannte, machte ich auf dem Zimmer des „Ehepaares" einen Besuch und wurde dann öfter eingeladen. Es war ein Genuß in der zwar ärmlichen Stube, aber an einem gedeckten Tisch zu sitzen und aus einer Tasse trinken zu dürfen. Wir selber kamen erst 1951/1952 durch die Pakete aus der Heimat in den Genuß einer eigenen Tasse und hatten die Möglichkeit ein Tischtuch aufzulegen. Auf einem Stuhl, wie hier bei dem Ehepaar, habe ich in 10 Jahren nur ein- oder zwei Mal gesessen! Das holländische „Ehepaar" aß von der schlechten Lagerverpflegung nichts und versetzte ab und zu ein Stück Leinen oder ein Stück Silber in Gorki, was, bei den enorm hohen Preisen, immer für Wochen Geld brachte. Als dieser Holländer, ein auffallend großer Mann, in unserem Lager an Tbc erkrankte und im Lazarett abgesondert wurde, durfte seine „Frau" alleine das Lager verlassen und draußen Sonderverpflegung für den Kranken besorgen. Bei ihrer Abreise im Herbst 1948 hatte ich noch einmal Gelegenheit ihr schönes Kaffeeservice, anständige Tischwäsche und einen sauber gepackten Kabinenkoffer zu sehen. Es wirkte auf mich wie ein Gruß aus der Heimat. Netterweise haben diese Leute meine Familie, nach Eintreffen in Holland, besucht. Mir ist es nach meiner Heimkehr leider nicht geglückt, den Kontakt wiederherzustellen.

Ein weiteres Ehepaar war ein längst pensionierter Generalkonsul aus Berlin, dessen Frau eine Russin war und der deswegen als spionageverdächtig galt.

Unter den Zivilinternierten befanden sich auch einige Kaufleute, die man im fernen Osten geschnappt hatte. Auch sie mußten bis 1948/1949 in Rußland bleiben, obwohl sie niemals einen Schuß abgegeben, ja noch nicht einmal einen gehört hatten.

Ein kleiner Siamese erschien ebenfalls im Lager. Er war vor dem ersten Weltkrieg als Schiffsjunge von einem reichen Engländer mitgenommen worden und hatte seitdem seine Heimat nicht wieder gesehen. Siamesisch konnte er nicht mehr. Englisch wenig. Nach dem ersten Krieg hatte er seinen Dienst bei dem Engländer aufgegeben und war als Schmied in Hamburg bei Blohm und Voß eingestellt worden. Hier heiratete er ein deutsches Mädchen und lebte in glücklicher Ehe, bis zum Ende des 2. Krieges. Wie er merkte, daß die Engländer kamen und in Deutschland ziemliche Unordnung begann, begab er sich nach Berlin in den Schutz der Gesandtschaft seines Landes. Der Gesandte floh mit Familie nach Westen und beauftragte unseren Freund mit der Verwaltung seines Hauses. Jetzt kamen die Russen und untersuchten die Gesandtschaft. Man erklärte dem armen Kerl, der außer seinem Aussehen nichts Siamesisches mehr hatte, zum siamesischen Gesandten. Er mußte mit nach Moskau! Nach langen Vernehmungen merkte man, daß er weder Gesandter, noch Spion war. Als der Zeitpunkt seiner Heimkehr heranrückte, fragten ihn die Russen, wo er hinwolle. Sein Wunsch war, dahin zu fahren, wo er am schnellsten aus den Händen der Russen entkommen könne! Eine Anfrage in Siam ergab, daß man ihn dort nicht haben wollte, da ihn ja niemand mehr kannte. So wurde er nach Hamburg entlassen.

Unter den Rotspaniern waren drei oder vier Frauen, von denen zwei sehr nett aussahen. Der Erfolg war, daß sie sehr oft besucht wurden. Besonders die Rumänen gebärdeten sich wie wilde Tiere. Eines Nachts fand eine Messerstecherei vor ihrer Tür statt. Schlägereien um die Liebe dieser Frauen gab es viele. Als die spanische Gruppe eine kleine Revue aufführte und in sehr netten und aufreizenden Kostümen auftrat, setzte der Zustrom der Verehrer vermehrt ein. Wir waren doch sehr froh, als eines Tages die Frauen fort waren und wir wieder unsere Ruhe hatten.

Noch einmal begegneten uns Frauen in einem Lager. Es war im Herbst 1952, als eine Schar von ungefähr 25 Frauen ankam. Sie wurden im Lager in einem extra Bau untergebracht, waren aber von uns nicht getrennt. Sofort setzte ein Zustrom ein, der nicht zu bändigen war. Mit Ausnahme weniger Frauen, hatten alle einen Freund. Vom Lagerkommandanten angefangen, über den Rechnungsführer und Schreiber, bis zum ärmsten Arbeiter, trugen einige ihr Geld hinüber und wetteiferten im Beschenken. Ja sogar der Arbeitswille litt darunter. Das war die wunde Stelle der Russen und nun wurde ein 2 m hoher Zaun um den Bau gezogen und ein Posten aufgestellt. Der Zaun war aber kein Hindernis, im Gegenteil. Man machte einen Sport daraus, unbeobachtet darüberzuklettern. In der Nacht wurden Spähtrupps verwegenster Art durchgeführt. Ja ganz Kühne bestachen sogar die Posten am Tor und man ließ sie durch. Die ältesten und vernünftigsten Leute waren außer sich. Es gab sogar Kameraden, die sich zu Hause bei ihren eigenen Frauen im Paket Damenwäsche bestellten, um hier damit eine Frau zu beschenken. Der tollste Fall war folgender: Als ein Transport nach Hause ging, schickte so ein Wüstling seine Freundin mit ihrem Kind zu seiner eigenen Frau. Die Sache nahm allmählich einen solchen Umfang an, daß der Russe es nicht mehr mit ansehen konnte. Er sprengte die Freundschaften, in dem er alle „Nachtjäger" wie diese Liebhaber mittlerweile hießen, in andere Lager verlegte. Trotz der vorhandenen Möglichkeiten, habe ich wenig Verkehr zwischen den Kriegsgefangenen und den russischen Frauen erlebt. In den reinen Arbeitslagern, wo unsere Männer zeitweilig ohne Wache zur Arbeit gingen und viel Geld verdienten, soll es oft unerfreuliche Dinge gegeben haben. Einer der Kameraden litt maßlos unter der Sehnsucht nach einer Frau. Jeden Abend nach dem Einrücken zog er sich sofort um und stellte sich in seiner besten Jacke auf den Balkon unseres Hauses, um irgendeinem Mädchen winken zu können. Er stand dann da, bis es völlig dunkel war. Auf dem Wege zur Arbeit setzte er seine beste Mütze auf, damit sein Mädchen ihn erkennen konnte. Ein anderer warf Geld über den Zaun, mit einem Brief an seine Freundin. In dem Brief sprach er die Bitte aus, jeden Abend an ihrem Fenster zu stehen und zu winken. Wie müssen diese armen Kerle gelitten haben!

XLII.
Ein Paket aus der Schweiz

Zu unserer großen Freude kamen die monatlichen Postkarten aus der Heimat immer regelmäßiger. Die Laufzeit wurde kürzer. Der Informationsstand besserte sich. In unseren genehmigten 25 Worten brachten wir langsam alle Fragen und Sorgen unter. Es gab immer noch Kameraden, die keine Verbindung mit der Heimat hatten. Bei jeder Postausgabe warteten sie vergebens und litten sichtbar darunter. Gemeinerweise benutzten die Russen die Post häufig als Erpressungsmittel bei Vernehmungen. Eines Tages wurde ich aus heiterem Himmel zu dem Kommissar gerufen. Wie immer ging man diesen Weg mit einem unguten Gefühl. In dem Zimmer angekommen, empfing mich der Russe in Gegenwart einer Frau und des Lagerkommandanten. Auf dem Tisch stand ein kleines Paket. Den Routinefragen nach dem Namen, Vatersnamen usw., folgte die Frage: „Haben Sie Verwandte in der Schweiz?" Ein Zittern lief durch meinen Körper. Neue Schikane? Was sollte ich antworten? Ein „Ja" konnte wieder den Verdacht der Spionage wachrufen. Bei all den früheren Vernehmungen, die oft bis Adam und Eva zurückgingen, hatte ich nie die Schweiz erwähnt.

Bevor ich antwortete, folgte die nächste Frage: „Kennen Sie den Namen CR?" Mein Herz schlug bis zum Hals. Eine Belgierin dieses Namens war mit einer meiner vielen Schwestern in der Klasse gewesen. Anläßlich eines Reitturniers in Spa in Belgien, an dem ich teilnahm, hatte ich sie besucht und in ihrem Elternhaus nette Stunden verlebt. Sie begleitete mich auf dem Turnier. Sollte sie wirklich, jetzt nach 8 Jahren, meiner gedacht haben? Ich durfte das Paket sehen. Es kam über das Rote Kreuz aus der Schweiz. Erst nach Jahren hörte ich über meine Schwester, daß sie die Sendung veranlaßt hatte, da derartige Sendungen aus der Bundesrepublik noch nicht möglich waren. Nun aber ging es los. Feierlich wurde das Band zerschnitten. Es war wie vor der Weihnachtsbescherung: Schokolade, Nescafé – uns bisher unbekannt – wohlriechende Seife, Socken, Rasierklingen und einiges mehr. Jedes Ding wurde bewundert, angetastet und nach Sprengstoff untersucht. Dann stellte man eine Liste über den Inhalt auf. Ich mußte quittieren. Alles flog in einen leeren Karton. Ich war entlassen. Beglückt und dankbar, zog ich in meinen Korpus, wie unsere Wohnblocks hießen. In unserer Bude angekommen, breitete ich die Schätze auf dem Tisch aus. Bewundernd standen meine Stubenkameraden vor der kleinen Ausstellung. Wie ein Lauffeuer hatte es sich herumgesprochen. Aus allen Richtungen kamen die Männer, um sich von der Wahrheit der Nachricht zu überzeugen. Freude und Dankbarkeit, natürlich auch Hoffnung, selber einmal ein Paket zu bekommen, vielleicht auch etwas Neid, waren zu erkennen. Kaum waren wir wieder allein, holte ich heißes Wasser und bereitete den ersten Nescafé meines Lebens. Keiner von uns hatte bisher etwas von diesem praktischen Kaffee gehört. Meine fünf Mitbewohner und einige persönliche Freunde erhielten zwei bis drei Schluck Kaffee und einige Stückchen Schokolade. Unbeschreiblich war die Freude und der Genuß. Am gleichen Abend war der Vorrat zu Ende. Die Gebrauchsartikel hütete ich wie einen Schatz. In den nächsten Wochen kamen noch einige Pakete und Päckchen in das Lager. Das Barometer unserer Stimmung stieg. Die Gerüchteküche stand unter Dampf!

XLIII.
Der Geburtstag

Der Geburtstag wurde auch in der Gefangenschaft feierlich begangen. Schon bei der ersten Anmeldung wurde man gefragt, wann man Geburtstag habe. Es war April 1945. Mein Geburtstag stand vor der Tür. Am 25.4., morgens um 6.00 Uhr, wurde ich geweckt und sehe vor meinem Lager eine kleine Gruppe stehen, die auf mein Erscheinen wartet. Ein Leutnant und drei Mann meiner Division empfingen mich mit den besten Wünschen und überreichten mir einen Bleistift, damals ein Wertgegenstand von über 30 Rubel, eine kleine geschnitzte Mappe aus Sperrholz mit dem taktischen Zeichen unserer Division, das ich einst selber entworfen hatte und ein deutsches Kochgeschirr, voll Arbeitersuppe, die die Drei sich von ihrer Morgenverpflegung abgespart hatten. Ich war von dieser Anhänglichkeit und Kameradschaft sehr gerührt.

Nach der Ausgabe des Frühstücks erschienen die Angehörigen meiner Essensgruppe und einige Freunde. Sie brachten mir je eine Schnitte Brot mit Butter und Zucker als Gabe. Dazu wurde 5 Minuten eine Kerze angezündet. Nun saß ich da und hatte etwa 30 Scheiben Brot vor mir liegen. Welch ein Genuß, bei dem unerträglichen Hunger, den wir jeden Tag hatten. Mittags und abends erhielt man von der Suppe und von dem Brei je einen Extraschlag, so daß man ein Mal im Jahr das Gefühl hatte, wirklich satt zu sein. Am Abend saßen wir in einem kleinen Kreis nett beisammen und gedachten unserer Lieben. So sah ein Geburtstag im Jahre 1945 aus. Von nun an wurde es jedes Jahr besser, mit Ausnahme des Jahres 1950, in dem ich meinen Geburtstag im Gefängnis zubringen mußte und niemand meiner Kameraden etwas davon wußte. In dem Lager Susdal wohnte ich mit 5 Kameraden auf einer Stube. Wir konnten ungestört morgens und abends zusammensitzen und hatten zur Feier des Tages sogar einen Blechbecher mit heißem Tee. Auch hier war ein Höhepunkt, daß man einmal satt war. Ab 1947 wurden Geburtstage von langer Hand vorbereitet. Man sparte Zigaretten und Geld, um auf dem Tauschwege Tee zu kaufen. Die Kameraden sparten 10 Tage lang etwas Butter, Zucker und Brot, um dann eine Torte Marke „Pleni", machen zu können. Diese Torten wurden aus getrocknetem und gemahlenem Brot und einer Butter-Zucker-Crème hergestellt. Es gab extra „Konditoren", die so etwas auf Anforderung lieferten. Jetzt luden wir unsere besten Freunde ein, um mit ihnen ein nettes Plauderstündchen zu verbringen. Die Russen sahen diese Feiern sehr ungern. Mit der Zeit hatten wir uns an unseren Hunger etwas mehr gewöhnt und wollten an solchen Tagen lieber ein praktisches Geschenk in Empfang nehmen. Es gab ja so viel was uns fehlte, ja eigentlich fehlte uns alles. Man ließ in der Wäscherei oder Schneiderei aus Stoffresten ein Taschentuch oder ein Handtuch anfertigen. Strümpfe haben wir 5 Jahre nicht getragen, sondern nur Lumpen um die Füße gewickelt. Wenn man zum Geburtstag ein paar neue Fußlappen oder gar ein Paar warme Füßlinge erhielt, dann war man unendlich glücklich und glaubte sich reich. Künstler gab es selbstverständlich in einer solchen Gemeinschaft, wie wir es waren, in jeder Menge und auf allen Gebieten. Die Vertreter der Malkunst fertigten ganz fabelhafte Glückwunschadressen an. Ein Oberst in unserem Zimmer war ein Genie im Zeichnen und im Malen. Er illustrierte deutsche und russische Märchen und fertigte im Nu herrliche Karikaturen an. Später malte er Uniformbilder aus aller Welt. Da er auch die Uniformen der ehemaligen russischen Garderegimenter kannte, erregte er bei den Russen auch kein Mißtrauen. Dieser Oberst J.v.A. hat 1981 kurz vor seinem Tode die Zeichnungen für dieses Buch gefertigt. Das Zeichen höchster Konzentration bei seiner Arbeit war Zähneknirschen. Als Motiv für die Glückwunschkarten wurde ein Stück Heimat aus dem Kopf gemalt, oder das Geburtstagskind erhielt eine auf seine Person passende Karikatur. Später wurde das Anfertigen der Glückwunschadressen zu einem großen Geschäft und es erhielten die Künstler 3 Rubel für eine Karte. Auf meinem letzten Geburtstagstisch 1953 hatte ich, wenn ich mich nicht irre, etwa 25 Adressen. Die Arbeitskameraden, die Freunde, die Kriegskameraden, die Schleswig-Holsteiner, usw..

Auch andere Künstler betätigten sich, z.B. Schnitzer, fertigten Zigarettenetuis oder Zigarrenspitzen an. Kunstgewerbler machten Briefmappen, Fotoalben, Bilderrahmen. Dosen für Zucker und Tabak wurden aus Birkenrinde gemacht. Auf diesemGebiete gab es unter den vielen Invaliden Laienkünstler von Format. Ich besinne mich auf einen Oberst, der aus Birkenrinde alle Gegenstände mit einer solchen Kunstfertigkeit herstellt, daß man glaubte, es handele sich um Schweinsleder. Er machte eines Tages einen kleinen Koffer, den man bei jeder Ausstellung hätte vorzeigen können.

Als dann ab 1949 die Pakete begannen, war es leichter jemand eine Freude zu machen. Ich weiß noch genau, wie ich nach einem ersten Paket einem Kameraden eine Rippe Schokolade schenkte und dieser sie gar nicht annehmen wollte, weil ihm dieses Geschenk zu groß erschien. Mit jedem Mal wuchs die Zahl und Größe der Geschenke. So wie der Hunger etwas verschwunden war, war es auch möglich, ohne große Schwierigkeiten eine Sammlung für einen minderbemittelten Kameraden durchzuführen. Jetzt sah man doch schon Hemden, Schlipse, Unterhosen, Strümpfe, ja Schuhe und natürlich jede Art von Konserven und jede Art von Zigaretten, manchmal auch gute Zigarren auf dem Gabentisch. Nachdem auch Weizenmehl und Backpulver eintrafen, konnten unsere „Konditoren" die herrlichsten Torten anfertigen. Ich habe im Jahre 1953 Geburtstagsfeiern gesehen und mitgemacht, bei denen der Tisch so voll Gaben und der Kaffeetisch so voll Torten war, daß man sagen konnte, so hat er bestimmt zu Hause nicht gefeiert.

Eine Mutter oder eine Frau hätte nicht mehr Liebe aufbringen können, als manche Kameraden an solchen Tagen für ihre Freunde und Leidensgenossen. Ich entdeckte weit und breit nichts, was ich zu meiner eigenen Sache zu machen imstande gewesen wäre, außer der Pflege der Kameradschaft, der Bemühungen um Hilfsbereitschaft, gegenseitiger

Rücksichtnahme und Harmonie in der Schicksalsgemeinschaft, der wir ja vorübergehend angehörten.

XLIV.
Italiener, Ungarn, Rumänen, Spanier

In den langen Jahren der Gefangenschaft, sind wir mit fast allen Nationen, die mit oder gegen uns gekämpft haben, zusammengekommen. In dem Lager Susdal waren wir mit etwa 600 Italienern zusammen. Politisch waren sie genau wie wir in zwei Hälften gespalten. Auch bei ihnen gab es ein Aktiv und eifrige Mitläufer, auch bei ihnen gab es große Schweine, die ihre Kameraden dem Feind auslieferten.

Im Großen und Ganzen kann man aber sagen, daß die wenigen, die eine solche Gefangenschaft überstanden haben, eine menschliche Auslese darstellten. Ich glaube, es ist nicht übertrieben, wenn ich annehme, daß mehr als die Hälfte aller Italiener in der Kriegsgefangenschaft gestorben sind. Die noch Lebenden waren schon längere Zeit im Lager und beherrschten die Situation gegenüber den Russen restlos. Auf der einen Seite waren sie frech und ließen sich nichts gefallen, auf der anderen Seite wußten sie genau, wann es zweckmäßig war, einen Buckel zu machen.

Ihr Lagerleben war sehr rege. Sport und Spiel standen auf hoher Stufe. Musik, Gesang, Theater und Sprachunterricht auf einer noch höheren. Ein gutes Orchester und mehrere erstklassige Revuen verschönten uns manchen Abend. Besonders in der Herstellung der Kostüme waren sie Meister. Wir erlebten einige Aufführungen, die in jeder Rolle erstklassig gespielt waren. Außer den guten Kostümen, trugen die dargestellten Frauen Schmuck, der aus Konservendosen hergestellt war und die Begeisterung aller Zuschauer, besonders natürlich der Russen, hervorrief. Die Italiener liebten die Frauenrollen sehr und es gab kein Stück, in dem nicht mehrere schöne Frauen auftraten. Die moralischen Folgen blieben nicht aus! Die Küche des Lagers war mit italienischen Köchen besetzt und sie verstanden es, aus den wenigen Zutaten allerhand Gutes zu machen.

Unser Verhältnis zu den meisten der jüngeren Offiziere war kühl, aber korrekt, während wir unter den Älteren einige ganz fabelhafte Leute fanden, die uns in Freundschaft verbunden waren. Nette Spaziergänge, Unterhaltung, Sprachunterricht und Bridgespiele wechselten sich ab. In der Wahrung der persönlichen Rechte zeigten sie alle eine ungeheuere Rücksichtslosigkeit.

Durch die große Zahl der katholischen Geistlichen in den Reihen der Italiener, hatten wir viele schöne Gottesdienste, mit Chor und Orchester. Sie besorgten uns, auf Grund ihrer besseren Beziehungen zu den Russen, den Wein, das Weißbrot und die Kerzen. So groß ihre Frömmigkeit auf der einen Seite war, so gab es auf der anderen Seite, auch unter den Italienern, sehr viele Leute, die den Glauben von sich geworfen hatten.

Als nächste Gruppe waren unter uns 200 Ungarn. Ihr äußeres Bild, durch die Lupe des Soldaten gesehen, war eigentlich das Beste von allen Nationen in dem Lager. Sie waren immer anständig angezogen, soweit man das überhaupt in unserer Situation sein konnte. Sie hatten eine zwar legere, aber immer noch soldatische Haltung und grüßten sich untereinander dementsprechend. Die ehemaligen Vorgesetzten wurden von fast allen geachtet. Jeder von den Stabsoffizieren hatte einen jüngeren Offizier, der für ihn besonders sorgte, ihm seine Sachen in Ordnung hielt und ihm bei vielen Gelegenheiten half. Die Anrede mit Dienstgrad war selbstverständlich. Ihr Kommandant war meist ein Stabsoffizier, dem sie bei der Zählung meldeten und der ihre Rechte gegenüber den Russen wahrzunehmen hatte. Den Russen gegenüber setzten die Ungarn alles, was sie wollten, mit einer bodenlosen Frechheit durch. Natürlich hatten es diese Nationen leichter als wir; denn in ihrer Heimat gab es eine Regierung und man hoffte, daß diese sich einmal für sie einsetzte. Dieses war um so erstaunlicher, weil man wußte, daß zu Hause eine ganz linksorientierte Regierung an die Macht gekommen war, die vermutlich keinen Wert auf ihre Heimkehr legen würde.

In jeder Position des Lagers hatten die Ungarn einen Vertreter sitzen, der für sie alles tat, gleichgültig, ob der Betreffende ihrer politischen Richtung angehörte oder nicht. Die Zahl der Antifaschisten und der Anhänger der neuen Regierung war verhältnismäßig gering. Ein sehr großer Teil der Ungarn konnte Deutsch, vor allem die Älteren. Daher entwickelte sich eine nette Freundschaft unter uns. Ich habe mit einem Major und zwei Leutnanten ein besonders gutes Verhältnis gehabt. Die Hauptleidenschaften der Ungarn war Schachspiel, Violinspiel und Basteln. Auf allen Gebieten leisteten sie echt Großes. Ein Schachmeister spielte ein Simultanspiel gegen 6 Mann gleichzeitig. Ein Violinvirtuose erfreute uns mit den herrlichsten Konzerten. Manchen Abend lauschten wir in der Baracke seinen Klängen. Durch Schnitzen und Birkenrindearbeiten entstanden die schönsten Geschenke und Andenken. Natürlich kosteten die Dinge etwas Geld. Man wurde auch ab und zu von ihnen über das Ohr gehauen! Ein kleiner Militärpfarrer führte die Gemeinde mit sicherer Hand. Er selber war von einer tiefen Frömmigkeit und einem Nationalbewußtsein, wie es nicht besser sein konnte. Einst bot ihm der Russe im Ernst an, daß er nach Hause fahren dürfe, wenn er dafür etwas liefere! Empört hatte er es abgelehnt und erklärt, daß er als letzter das Schiff verlassen würde. Seine Predigten waren erstklassig. Oft war ich Teilnehmer ihrer Gottesdienste und ging jedesmal erbaut über die Frömmigkeit nach Hause. Ganz besonders gefiel mir ein Lied, daß am Ende einer Messe gesungen wurde, bei dem alle in militärischer Haltung standen und mitsangen, als wenn es ihre Nationalhymne gewesen wäre.

In Bezug auf das Nachhausefahren hat man die armen Ungarn sehr an der Nase herumgeführt. Ich erlebte es zwei Mal, daß sie alle zur Bahn marschierten, mit der Zusage, es ginge nun endlich nach Hause. Nach einigen Tagen waren sie wieder im Lager. Als im April noch einmal ein solcher Abmarsch fehlschlug, schwor ein Leutnant: „So jetzt schneide ich mir die Haare nicht wieder vor der Abreise": Er blieb noch 2 Jahre und hatte einen langen Zopf! Selbst das Zureden der Ärztin konnte ihn nicht bewegen, den Zopf abzuschneiden. Er fiel erst bei der endgültigen Abreise, ich glaube es war 1949. Hier wäre eines Mannes besonders zu gedenken. In unserem Lager erschien, mit einem Transport von Frauen und Kindern, der letzte ungarische Botschafter der Horty-Regierung in Berlin mit seinem Legationsrat. Nach der Ablösung der Horty-Regierung auf Veranlassung von Hitler, war dieser Mann in Berlin auf seinem Posten geblieben, weil ihn niemand abberufen hatte. Seine Frau begab sich 1945 nach Westdeutschland, ebenfalls seine Söhne und seine Tochter. Bei dem Einmarsch der Russen, wurde dieser Botschafter, dessen Familie ursprünglich aus Deutschland stammte, mit seinem Gehilfen in „Gewahrsam" genommen. Man wollte seine Papiere prüfen und ihn dann nach Ungarn senden. Die Prüfung der Papiere dauerte 3 Jahre, dann wurde er der Regierung jenes demokratischen Ungarn ausgeliefert und natürlich festgesetzt. Er starb bald, ohne die Freiheit erlangt zu haben. Auch mit diesem aufrechten Mann, verband viele von uns eine echte Freundschaft. Fast täglich waren wir zusammen. Er erzählte viel von seinen Erlebnissen als Diplomat, vor allem im Hitlerdeutschland. In seinem Urteil war er sachlich und gerecht. Von den Prognosen, die er uns in zahlreichen Gesprächen über die Zukunft aufzeichnete, ist vieles eingetreten. Nach meiner Heimkehr hatte ich mit seiner Frau in Konstanz einmal Verbindung.

In den Lagern Oranki und Monastyrka waren wir mit mehr als 1.000 Rumänen zusammen. Unter ihnen zeigte sich die politische Spaltung besonders stark. Fast die Hälfte stand bedingungslos zu den Russen. Sie taten alles, was der üble Kommissar befahl. Sie bespitzelten nicht nur ihre eigenen Landsleute, sondern auch die anderen Nationen. In Haltung und Anzug waren sie meist sehr vernachlässigt. Das Benehmen in der Unterkunft und vor allem bei Tisch war unter aller Kritik. Der Tisch, an dem sie gegessen hatten, sah aus wie ein Schweinestall. Wenn ihnen etwas nicht schmeckte, schütteten sie das Essen einfach auf denTisch und ließen es stehen. In den Stuben auf den Fußböden, war das gleiche geschehen. Die Zahl derjenigen, die Kultur hatten, war sehr klein. Diese waren aber dann wirklich gebildete Leute und ihr Auftreten vornehm. Sie sprachen ein ausgezeichnetes Deutsch, Französisch und viele unter ihnen Englisch. Über die Hälfte der Rumänen konnte Russisch und hatte einen frechen Umgang mit diesen. Sie ließen sich nichts gefallen und warfen den Russen die tollsten Worte an den Kopf. Wenn sie zur Arbeit gehen sollten, weigerten sie sich energisch. Einmal wurde eine große Menge von ihnen an das Tor zur Arbeit gejagt. Sie weigerten sich hinauszugehen. Da erschien der Kommandant mit Kommissar und einigen Offizieren, ergriffen Knüppel und schlugen so lange auf die armen Kerle ein, bis die meisten nachgaben. Nur eine kleine Schar von etwa 30 Mann blieb standhaft. Sie wurden abgeführt und in einen Sonderraum eingesperrt. Ein Posten stand vor der Tür. Sie machten ungefähr eine Woche Hungerstreik. Dann erhielten sie einige Zusagen im Hinblick auf die Arbeit und nahmen wieder Essen an. Der Arrest aber dauerte 3 Wochen. Der Lagerkommandant, ein rumänischer Eisenbahnbeamter, der emigriert war, sagte zu diesen Leuten, die alle der eisernen Garde angehörten: „Von Euch kommt keiner nach Hause, es sei denn, eine Atombombe fällt und Ihr könnt ausreißen". Tatsächlich wurden die meisten von ihnen im Laufe der Zeit verurteilt und sind irgendwo in den ungezählten russischen Straflagern verschwunden.

Handel und Gewerbe blühte unter diesen Leuten ganz besonders. Sie hatten ein Lager aller Waren, die der Gefangene gebrauchen kann. In den Zeiten großer Not unter der Zivilbevölkerung, 1946/1947, errichteten die

Rumänen eine Broteinkaufsstelle, in der wir Brot in jeder Menge zu einem täglich festgesetzten Börsenpreis verkaufen und vertauschen konnten. Jeden Morgen ging einer von uns hin und holte die neue Notierung, anschließend sammelte er das Brot ein und lieferte es ab. Für 1 kg Brot gab es manchmal bis zu 20 Rubel! Auf diese Weise konnten wir in den Besitz von Bargeld kommen. Wer Tabak, Papier oder Bleistifte benötigte, konnte alles bei den Rumänen zu hohen und Höchstpreisen kaufen. Selbstverständlich verkauften sie die Gebrauchsgegenstände des Lagers, von den Trinkbechern angefangen, bis zum Bettuch, oder ganzen Kleidungsstücken an die Zivilbevölkerung.

Kunst, Wissenschaft und Sprachen betrieb nur ein kleiner Kreis. Aber als Koch, Schneider, Schuster oder Friseur betätigten sich sehr viele. Eine kleine Schar unter ihnen, die einen Posten hatten, oder den Russen gute Dienste leisteten, liefen stets wie geleckt und gräßlich parfümiert durch das Lager. Man konnte bei allen Nationen bis zum Zeitpunkt, wo die Pakete in größerem Umfange kamen, an der Kleidung genau erkennen, wen man vor sich hatte.

Die Spielleidenschaft war unter den Rumänen besonders stark verbreitet. Da das Geld, wie schon berichtet, im allgemeinen knapp war, wurde um Tabak, Machorka oder Zigaretten gespielt. In meiner zeitweiligen Baracke, die mit über 600 Mann in einem Raum belegt war, gab es einige Spielergruppen, die oft die ganze Nacht durchspielten. 50 Päckchen Machorka oder Schachteln Zigaretten auf dem Fußboden, neben dem Hocker, waren keine Seltenheit. Wenn wir am Morgen erwachten, ging das Spiel meist gerade zu Ende und der Platz sah wirklich wie ein Schlachtfeld aus. Zigarettenkippen, Sonnenblumenkerne und Asche in Mengen! An Sonn- und Feiertagen begingen die Rumänen stets sehr feierliche Gottesdienste (orthodox). Da wir so etwas noch nicht gesehen hatten, waren viele Zuschauer dabei. Ein ganz besonderer Feiertag war der

Georgstag am 23. April. An diesem Tage wurden, einer alten Sitte entsprechend, alle Rumänen gewogen. Sie beschafften sich Waagen, die an den Ecken des Lagers aufgestellt waren und ließen sich wiegen. Dort war Hochbetrieb. Auch wir ließen uns wiegen, wobei wir über unsere Fliegengewichte erschraken. Das Abschiedsdebüt der Rumänen hat uns allen sehr gut gefallen. Die Russen hatten ihnen auf Grund des bestehenden Friedensvertrages versprochen, daß sie alle 12 Monate nach der Unterzeichnung des Vertrages heimfahren sollten. Diese Versprechung wurde natürlich nicht gehalten. Zunächst vertröstete man in Güte. Dann ging das nicht mehr. Es entstanden Unruhen. Nun sagte der Kommissar, die neue demokratische Regierung, Anna Pauka, hat erklärt, daß sie auf die meisten von diesen Leuten keinen Wert lege. Ein kleiner Teil fuhr nach Hause, aber diese berichteten genau, was im Lager Oranki los war. Die Dinge erschienen in der dortigen Presse. Eine Kommission kam aus Moskau, große Vernehmungen begannen. Der o.e. Vorfall, mit der Schlägerei an dem Lagertor, wurde aufgerollt. Der Lagerkommandant wohnte den Vernehmungen bei. Ein sehr schneidiger Leutnant, es wurden im übrigen nur Leute zur Vernehmung gerufen, die der Kommissar für sicher hielt, oder die er vorher verwarnt hatte, bestätigte die Tatsache, daß er geschlagen worden sei. Der Oberst sprang auf und fragte in großer Erregung: „Wer hat Sie geschlagen?" Die Antwort lautet: „Sie, Herr Oberst". Da war die Bombe geplatzt. Die Verhandlung wurde abgebrochen, die Folge war verblüffend. Der Lagerkommandant wurde sofort abgelöst und strafversetzt. Allerdings erfuhren wir später von einer Kolchosenarbeiterin, die seine zweite „Frau" war, daß dieser Mann mittlerweile General geworden sei und eine gute Stelle in Moskau habe. Außer dem Oberst verschwand auch der böse Geist des Lagers, der Kommissar Teletzki. Bei dieser Gelegenheit muß ich wieder eine kleine Abschweifung machen und ein Anekdötchen über den besagten Oberst erwähnen. In den Zeiten des blühenden Brothandels erfuhr der Oberst, daß die Gefangenen von Haus zu Haus gingen und Brot anboten. Er tobte und erklärte, wer erwischt würde, käme in den Karzer. Nachdem er nun versetzt war, und wir längere Zeit nichts von ihm gehört hatten, blühte der Brothandel wieder auf. Dieser Oberst hatte aber eine Liebe in unserem Dorf. Eines Tages saß einer der Kameraden, der auf Grund seiner Zuverlässigkeit freien Ausgang hatte und ohne Wachposten draußen arbeiten durfte, bei seiner Freundin im Dorf. Da öffnete sich die Tür, unser ehemaliger Lagerkommandant erschien in Zivil und fragte, ob man ihm ein Stück Brot verkaufen könne. Er schämte sich nicht, vor den Kriegsgefangenen zu zeigen, daß er Hunger habe und außerdem wieder bei seinem Mädchen war.

Es verging ein halbes Jahr, da wurde es den Rumänen zu dumm mit den ewigen Versprechungen. Sie beschloßen einen Hungerstreik. Durch geschickte Nachrichtenübermittlung gelang es, die Kameraden im Nebenlager über das Vorhaben zu verständigen. Ein alter deutscher Beutewagen wurde benutzt, um die Fäkalien beider Lager auf die Felder zu fahren. Der Fahrer war ein prächtiger Westfale mit dem Namen Hesse. Seine Verdienste sind groß. Der arme Kerl saß mehrfach wegen seiner Gefälligkeiten im Karzer. Mit diesem Wagen und Fahrer brachten die Rumänen alle ihre Nachrichten in das andere Lager. Im März traten zunächst versuchsweise 100 Mann in Streik. Am nächsten Tag waren es 300 und am dritten Tag bereits 400 Mann. Der neue Lagerkommandant erschien und fragte nach dem Grund des Streiks. Ihm wurde die Forderung übergeben und erklärt, daß man nur mit einem Vertreter aus Moskau verhandeln würde. Alle Versuche zu vermitteln, Versprechungen, ein Angebot von Zigaretten und sonstigen freundlichen Worten, ja selbst die schlimmsten Drohungen, zogen nicht mehr. Am nächsten Tag erschien ein General aus Gorki und versuchte sein Heil. Keiner sprach ein Wort mit ihm. Es lagen schon etwa 10 Mann vor Erschöpfung im Lazarett, aber sie hielten den Hungerstreik durch. Am 6.

Tage erschien dann im Flugzeug aus Moskau einGeneral und brachte die geforderte Erklärung des Innenministeriums

1. Es wird garantiert, daß alle Rumänen bis zum 15. Mai zu Hause sind.

2. Alle Lebensmittel, die in diesen Tagen verloren gegangen wären, würden ersetzt. Die Kranken werden besonders versorgt.

3. Es werden keine Nachforschungen angestellt, wer den Streik inszeniert hatte und keiner wird bestraft.

Diese Bedingungen wurden angenommen und die Rumänen erklärten sich bereit, den Streik abzubrechen. Sofort erschienen 2 Ärztinnen und Schwestern und holten die zusammengebrochenen Leute ab. Etwa 40 Mann wurden im Lazarett bestens gepflegt. Die anderen empfingen tagelang doppelte Verpflegung. Alles war befriedigt. Am 15. Mai waren natürlich noch alle da! Ende Mai ging dann aber doch die Masse fort. Kurz vor der Abfahrt wurden 16 Mann herausgeholt und nach Gorki ins Gefängnis gebracht. Ein Teil von diesen wurde verurteilt, wegen Agitation. So konnte man sich also auf die schriftlichen Versprechungen des Innenministeriums, überbracht durch einen General, verlassen!

Etwa 70 rumänische Offiziere blieben in unserem Lager. Sie wurden innerhalb von 6 Monaten alle verurteilt. Einige von ihnen traf ich 1950 wieder, als sie aus den Strafgebieten am Eismeer zurückkamen. Nach einigen Monaten wurden alle fremden Nationen aus unserem Lager herausgezogen, sie sollten nach Hause fahren!

Nicht unerwähnt bleiben dürfen in diesem Kapitel einige spanische Offiziere der sogenannten Blauen Division, mit denen wir längere Zeit zusammen waren. Es waren aufrechte, prächtige Leute, mit einer vorbildlichen Haltung. Die Russen fürchteten sie, wie jeden Kriegsgefangenen, der Courage zeigte. Nur ein Beispiel: Im Winter 1945/46 sollten die Spanier arbeiten. Sie weigerten sich energisch. Der Lagerkommandant stellte sie zur Rede und sagte: „Sie sind doch freiwillig in die Sowjetunion gekommen und waren nicht eingeladen, also müssen Sie die Konsequenzen selber tragen". Der spanische Major erwiderte „Wir haben nur Ihren Besuch aus dem Jahre 1938 in Spanien erwidert". Das Gespräch war beendet.

XLV.
Wir beten hinter dem Stacheldraht

An dieser Stelle erscheint es mir angebracht, einmal über unser religiöses Leben in der Gefangenschaft zu berichten.

Karl Marx hat 1844 den Satz geschrieben: „Religion ist Opium für das Volk, sie will mit den Versprechungen eines besseren Morgen, das Heute erträglicher machen".

Uns wollte und hat man ständig ein besseres Morgen versprochen. Aus Propagandagründen wurde daher 1943/44 den Kriegsgefangenen die Ausübung ihrer Religion gestattet. Leider aber mit der Einschränkung, daß zunächst nur solche Geistlichen sich betätigen durften, die Mitglied des „Freien Deutschland" bzw. der antifaschistischen Gruppe waren. Dadurch wollte man auf der einen Seite die Überwachung erleichtern und auf der anderen Seite die Nichtmitglieder in Seelenkonflikte bringen. Das letztere ist weitgehend gelungen; denn wir Nichtmitglieder verkehrten, wie ich ja schon erwähnte, nicht mit den Mitgliedern und schnitten sie vollkommen. Also hätten wir auch nicht in ihre Gottesdienste gehen dürfen. Sehr viele meiner Kameraden haben aus diesem Grunde die Gottesdienste gemieden. Das war sicher nicht richtig. Man muß hier Person und Sache trennen können. Über dieses Thema gab es unter uns viele erfolglose Dispute.

Mir ist es auch heute noch unverständlich, wie ein Geistlicher, selbt wenn er ein erbitterter Gegner Hitlers war, in das „Freie Deutschland" eintreten konnte. Selbstverständlich sind Geistliche auch Menschen und sind dem Hunger, der Angst und den menschlichen Schwächen genauso ausgesetzt, wie jeder andere Mensch. Eine Entschuldigung, wir haben diesen Schritt nur aus Haß gegen Hitler getan, erscheint mir sehr zweifelhaft.

In dem Lager Krasnogorsk entstand ein sehr reges religiöses Leben. Jeden Sonntag Gottesdienst beider Konfessionen in dem Clubraum. Ein großer Raum in einer Baracke, die sonst anderen unerfreulichen Dingen dienen mußte. Der Altar, ein gewöhnlicher, selbstgezimmerter Tisch, darauf ein von einem Flensburger Bildhauer, bei dessen Eltern mein Vater und ein Onkel als Schüler in Pension lebten, geschnitztes Kruzifix. Ein Bettuch galt als Altartuch, wobei zu bemerken ist, daß wir dieses, wie alle Dinge, entweder über die russen-freundliche oder rote Lagerleitung, oder über den Betreuungsoffizier des Lagers erbetteln mußten. Dieser Betreuungsoffizier war ein österreichischer Emigrant, in russischer Uniform. Seine Gehilfin, die berühmte Frau Stern, geboren in Berlin, deren Mann ein höherer NWD Offizier in MoŸkau war. Diese beiden Angestellten der russischen Lagerleitung besorgten Wein, Weißbrot und Kerzen. Damals benutzten wir noch für die heilige Kommunion Weißbrot, was wir später auf Anraten der italienischen Geistlichen nicht mehr wagten. Dann wurde ein Waffeleisen besorgt. Ein Kamerad in der Bäckerei fertigte nachts, aus Weizenmehl und Wasser, richtige Hostien an. Die Mittel für die Beschaffung der notwendigen Dinge sammelten wir unter uns. Die Einkaufsverhandlungen für sakrale Dinge, die Festlegung der Zeiten und die Freigabe des Raumes erledigte der evangelische Lagerpfarrer, der offensichtlich gute Beziehungen zu den Russen hatte. Jeder von uns, der etwas von den Betreuungsleuten brauchte, wurde zunächst gefragt, wann er endlich in das „Freie Deutschland" eintreten wolle. Um diesen Preis gab es für uns keine Verhandlung.

Unser katholischer Lagerpfarrer hielt sonntags sein Hochamt. In der gleichen Zeit war bei den beiden Geistlichen, die nicht Mitglieder des „Freien Deutschland" waren, Beichtgelegenheiten zwischen zwei Stühlen. Ich habe bereits damals in der Gefangenschaft das heute vielfach übliche Beichtgespräch praktiziert. Gottesdienste beider Konfessionen wurden gut besucht, auch der Sakramentenempfang ließ nichts zu wünschen übrig. Als wir im Sommer 1945 in das Lager Susdal kamen, stand uns dort die ehemalige Kapelle des Abtes und der Kapitelsaal zur Verfügung. Diese Akustik in dem Kapitelsaal war besonders gut. Zu unserer Freude, fanden wir sogar einen Flügel vor. Ich erwähnte schon, daß in diesem Lager bei unserem Eintreffen bereits 600 Italiener waren. Ihre und unsere Geistlichen wechselten sich sonntags in den Gottesdiensten ab. Ein ausgezeichneter Chor und ein kleines Orchester verschönten unsere Feiern.

Unter uns lebte damals nur ein katholischer Geistlicher, der nach einiger Zeit, ungeachtet seiner hervorragenden deutschen Haltung, die Genehmigung erhielt, für uns die heilige Messe zu lesen und zu predigen. An der Haltung dieses Mannes konnten sich viele Leute im Lager ein Beispiel nehmen. Er war nicht nur seiner Gemeinde, sondern allen ein Freund und Vorbild. Ein Schulmeister übernahm den neugegründeten Chor. Bis Weihnachten 45 hatte sich alles so eingespielt, daß wir eine Mette und ein Hochamt halten konnten, an dem auch eine kleine deutsche Gemeinde ihre Freude gehabt hätte. Der erwähnte katholische Pfarrer B. stammte aus einem kleinen Ort imAllgäu und hatte zuletzt eine Pfarrei im Schongau in Oberbayern. Unbeschreiblich litt gerade dieser Mann unter den Umständen der Gefangenschaft. Trotzdem hatte er für jeden stets ein Trostwort voller Güte. Mich verband mit diesem Pfarrer eine echte tiefe Freundschaft, die über die Gefangenschaft hinaus, bis zu seinem Tode im Jahre 1974, währte. Als wir uns 1949 trennten, zeigte er mir ein Stück Seife, in dem er sein Eisernes Kreuz I. Klasse, das er im ersten Weltkrieg als aktiver bayrischer

Artillerieleutnant erhalten hatte, eingeknetet versteckte. Nach seiner Heimkehr war er Pfarrer in Augsburg und später in einem Krankenhaus in Neuburg an der Donau.

Auf diesen heiligmäßigen Mann trifft folgendes zu: „Bevor Gott einen Menschen braucht, schüttelt er ihn. Bevor er Licht gibt, den hellen Schein, läßt er ihn in Finsternis geraten. Gott verbündet sich nur mit neugemachten Menschen und wenn er sich uns dazu nähert, dann geht es mit uns ans Sterben". Nachdem sich in dem zweiten Jahr der Gefangenschaft die Gemüter etwas beruhigt hatten, begann ein reges geistiges Leben. Selbst der Russe förderte diese Dinge, weil er Interesse hatte, daß Ruhe und Ordnung herrschten. Außerdem konnte er durch die Vortragenden sein Gift verspritzen lassen; es durfte kein Thema behandelt werden, das nicht vorher von dem Kommissar geprüft wurde. Auch in unserer kleinen katholischen Gemeinde fanden sich einzelne Gruppen zusammen und sprachen, natürlich im geheimen, über religiöse Themen.

In einer so großen Zahl von Menschen befinden sich meist auch Künstler. So begannen Maler und Bildhauer mit ihrer Arbeit. Außer einer Anzahl von schönen Gemälden, entstand damals ein sehr wertvolles Kruzifix aus Birkenholz. Ein Stabsoffizier schnitzte sogar einen Kelch aus Eiche. Um den lithurgischen Vorschriften zu entsprechen, dichteten wir dieBodenfläche des Kelches mit Pech ab und glaubten, in unserer Notlage, diesen Kelch benutzen zu dürfen. Nach einiger Zeit war auch ein Kelch aus Metall erstellt. Als wir mit 40 Mann auf der Kolchose lebten, wurde auch der Wunsch geäußert, einmal draußen, auf dem Hof, einen Gottesdienst zu haben. Schnell hatten wir einen Behelfsaltar erstellt und ein Kruzifix gebastelt. Jeden Sonntag hielt ein evangelischer Geistlicher einen Feldgottesdienst draußen ab.

Im Frühjahr 1946 erlebten wir eine große Freude. Aus dem aufgelösten Lager 20 B. bei Moskau, in dem die Mitarbeiter des „Freien Deutschland" untergebracht waren, traf mit einigen anderen „Prominenten"

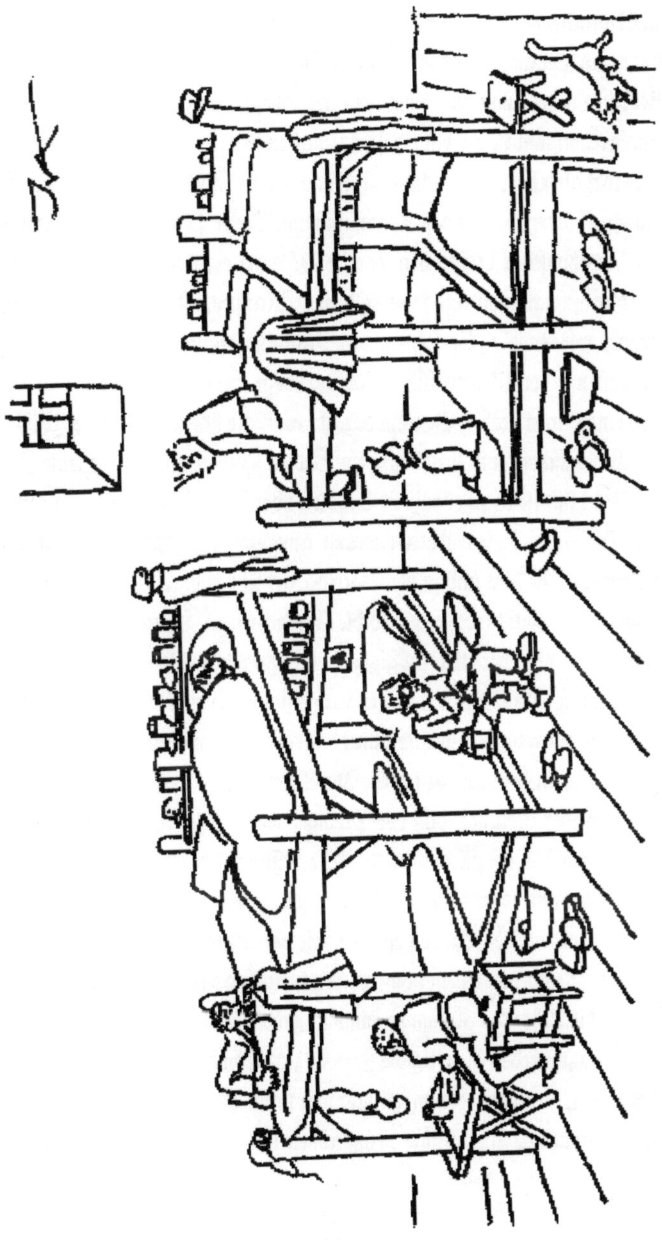

ein Geistlicher ein, in dessen Besitz sich ein schönes gotisches Messgewand, ein Kelch, ein Testament und ein vollständiges Brevier befanden. Dieser neue Geistliche wurde von vielen mit gewisser Skepsis aufgenommen, da er aus dem berüchtigten Lager kam, dessen Insassen wir für Kommunisten hielten. Das traf aber bei vielen nicht zu. Bei unserem Geistlichen schon gar nicht. Er war ein scharfer Gegner des Kommunismus. Dieser Pfarrer war der einzige von 5 katholischen Geistlichen, der 1949/1950 verurteilt wurde. Bei der überdurchschnittlichen Begabung dieses Mannes, ist es mir heute noch unklar, wie er als Verfolgter des Nationalsozialismus seinen Kampf zunächst mit den Russen führen wollte. Sein Erscheinen stellte für unsere Gemeinde einen großen Gewinn dar. Er verfügte über ein enormes Wissen auf theologischem und soziologischem Gebiet. Außerdem hatte er seine Zeit von 1943 bis 1946 zu eifrigsten Studien über den Materialismus genutzt. Die Predigten dieses Herren waren ausgezeichnet, aber leider für die meisten etwa zu hoch und in der Vortragsart sehr kühl. Als in Susdal der Lagerkommandant wechselte und die Italiener nach Hause fuhren, war es sofort aus mit der Großzügigkeit, im Hinblick auf unsere religiöse Betätigung. Als erstes hieß es, der Kapitelsaal und die Abt-Kapelle dürfen nicht mehr für religiöse Zwecke benutzt werden. Wir waren also gezwungen, unsere Messen draußen zu feiern. Im Sommer ging das gut. Dann aber wurde wieder verlangt, daß der Prediger seine Texte einige Tage vorher dem Kommissar vorzulegen hätte. Wir spürten, daß in jeder Predigt ein Spitzel saß, und zwar leider ein Mann aus unseren Reihen.

In dem nächsten Lager Oranki wir von Anfang an von einem üblen Kommissar und von einem noch übleren deutschen Aktivleiter – später Dozent für die Lehre des Kommunismus in Jena – beschattet. Der Club durfte nicht benutzt werden für religiöse Zwecke. Im Sommer waren wir, wie auch in Susdal, draußen, aber im Winter war unser Platz sehr beengt, ich möchte sagen unwürdig. Als einzige Möglichkeit bot sich ein Treppenabsatz, wo gerade ein Altar und 20 Mann Platz fanden. Alles übrige stand auf den Stufen und konnte den Altar kaum sehen. Außerdem war ständiger Durchzug und die dort wohnenden Leute beschwerten sich, wenn wir morgens früh plötzlich beteten und gar sangen. In dieser Zeit, in der wir räumliche Schwierigkeiten hatten, war der Wunsch nach öfterem Empfang der heiligen Kommunion sehr groß. Unser Pfarrer trug das Allerheiligste daher zeitweilig bei sich auf der Brust. Wer nun den Wunsch hatte, an einem besonderen Tage zu kommunizieren, der konnte frühmorgens in einem kleinen Türmchen auf einer Wendeltreppe, seinem Wunsche nachkommen. In den Katakomben muß es ähnlich gewesen sein!

Weihnachten 46 werde ich und alle, die es erlebten, niemals vergessen. Unsere deutsche Gemeinde war leider gezwungen, die Mette auf dem erwähnten Treppenabsatz, zwar feierlich mit Chor und Orchester, aber sehr beengt zu begehen.

Ich hatte unter den ungarischen Offizieren einen Freund und dieser lud mich zur ungarischen Mette, in der bereits geschilderten ehemaligen Winterkirche des Klosters, ein. In der dritten Etage der Pritschen hatten die Ungarn oben geräumt und einen schönen Altar mit zwei großen Tannenbäumen, zu beiden Seiten aufgebaut. Dort unter der Decke, in etwa 6 m Höhe, wurde jetzt ein levitiertes Hochamt mit Chor, Orchester und Violinsolo eines ungarischen Meisters gefeiert. In der ehemaligen Klosterkirche herrschte eine sehr gute Akustik; von den 600 Menschen, mit der Masse Andersgläubiger, war nicht ein Laut zu hören. Den Höhepunkt erreichte die Feier, als die 3 Geistlichen die Heilige Kommunion austeilten und hierzu mit dem Allerheiligsten in einem Täschchen vor der Brust, die Leiter herunterkletterten. Ich hatte meinen Platz neben der Tür und beobachtete, wie ein russischer Soldat hereintrat, seine Mütze vom Kopf riß und wie gebannt diesem Schauspiel zuschaute.

Hier sei noch ein anderes Erlebnis geschildert. In dem Strafgebiet

Woykutta am Eismeer, das mir gottlob erspart blieb, versammelte ein evangelischer Geistlicher in der Heiligen Nacht eine kleine Schar von Gläubigen, um mit ihnen das Weihnachtsevangelium zu verlesen und dann ein Lied zu summen. Mehr war in dieser Umgebung nicht möglich. Als die Gruppe gerade unter einer Pritsche in einer Nische, bei dem Schein einer Kerze, versammelt war, kam der größte Verbrecher des Lagers, den selbst die Russen fürchteten herein und beobachtete diese Gruppe. Er nahm seine Mütze herunter und blieb stehen. Als man fertig war und sich erhob, trat er auf den Pfarrer zu und sagte: „Ja, wirklich schön". Dabei drückte er dem Geistlichen die Hand.

Im April 1947 kamen noch zwei Geistliche in unser Lager Oranki, so daß wir nunmehr 5 katholische Geistliche hatten. Beide Lager wurden zusammengelegt und so entstand eine beachtliche Gemeinde. Es blühte ein religiöses Leben auf, wie es nicht schöner sein konnte. An Sonn- und Feiertagen waren zwei heilige Messen. Sonntags hatten wir den großen Speisesaal zur Verfügung. Ein würdiger Altar, ein schönes Kreuz, ja sogar ein von einem Kameraden gemaltes dreiteiliges Altarbild mit einer Auferstehungsszene und selbstverständlich im Sommer ein reicher Blumenschmuck, zierten unsere Feiern. Die Geistlichen hielten regelmäßig Konferenzen ab, legten die Themen der jeweiligen Predigten fest und sprachen über andere theologische Probleme. Wir hatten eine kleine Kirchenzeitung, mit dem schönen Namen „St. Michael". Diese erschien wöchentlich und wurde von uns selbst in 3 bis 4 Exemplaren geschrieben und dann von Hand zu Hand weitergereicht. Hermann Gmeiner, der Begründer des S.O.S.-Kinderdorfes, hat einmal gesagt: „Unsere Frömmigkeit machte uns bescheiden im Glück und tapfer im Leid". So war es auch bei uns.

Auch in der evangelischen Gemeinde „war ein reges Leben", mit ebenfalls 5 Geistlichen. Zwischen den Konfessionen bestand genau, wie wir es an der Front auch schon erlebt hatten, nicht der geringste Widerspruch. Das Jahr 1949 „sollte" für uns alle das Jahr der Heimkehr werden. Je weiter es vorrückte und je weniger wir von Transporten merkten, desto tiefer sank unsere Stimmung. In einer der Predigten sagte der von mir soeben geschilderte Geistliche sehr treffend: „Unser Geschick kann man doch wohl weitgehend mit dem Fegefeuer vergleichen, wo man immer Sehnsucht, immer Durst und Hunger hat und niemals weiß, wann es zu Ende ist". In Ermangelung von Ministranten habe ich es mir zur Ehre angerechnet, so oft wie möglich den Dienst am Altar zu tun.

Am 2.11.1949 hatte ich gerade in dem Allerseelenamt als Messdiener gedient, da erschien einer meiner Kameraden und sagte mir: „Du gehst auf Transport". Kurze Zeit hinterher wurde mir eröffnet, daß ich verhaftet sei. Warum wußte niemand und sagte mir niemand. Mit 18 Kameraden wurde ich auf ein Auto geladen und nach Gorki in das Gefängnis gebracht, doch davon später.

Bei der Abfahrt brachte mir ein Kamerad ein kleines selbstgeschnitztes Kreuzchen aus Apfelholz und sagte: „Möge es Ihnen ein Begleiter sein in schweren Stunden". Als mir im Jahre 1944 bei der Gefangennahme alles abgenommen wurde, war es mir gelungen, mit dem Zauberwort „Talismann", meinen Rosenkranz zu retten. Dieser Rosenkranz und nun das Kreuzchen waren meine Begleiter in den weiteren Jahren.

Im Gefängnis bei der Verurteilung und den vielen anderen Erniedrigungen, die uns von 1949 bis 1953 begegneten, habe ich mir oft gedacht, daß doch eigentlich schon eine ganz schöne Portion Glauben und eine starke Hoffnung dazugehört, um zu beten: „Dein Wille geschehe" oder „Mach uns bereit, für alles was Du mit uns tun wirst". Ich war glücklich darüber, daß mir der Glaube bis zu diesen schweren Tagen nicht abhanden gekommen war.

XLVI.
Acht Mann in einer Bude

Mit meiner Verhaftung begann der vorletzte Abschnitt der grausamen Zeit in der Sowjetunion. Die Zeit, in der wir als Stabsoffiziere gewisse Vorrechte gegenüber den übrigen Kriegsgefangenen hatten, war zu Ende. Ich möchte daher noch einmal einen Rückblick tun, auf das Leben in einer Kriegsgefangenenbude.

Nach mehrfachen Umzügen von einem Wohnblock, genannt Corpus, in den nächsten, landete ich in einem Steinhaus des alten Klosters. Auf engstem Raum, ca. 20 bis 22 qm, lagen wir mit 8 Personen; 4x2 Betten übereinander. Eine bunte Gesellschaft. Ein evangelischer Pfarrer, lang, dürr, bescheiden, ruhig und ständig Pfeife rauchend, lag oben und wohnte oben, d.h. er verbrachte außer der Nacht auch am Tage, viele Stunden in einem unbequemen Sitz. Mußte er doch seine langen Beine irgendwo unterbringen, ohne den Untermieter zu stören. Er las viel, betete andächtig, meditierte und führte von oben seine Gespräche mit uns.

Dieser Mann war ein geschätzter Geistlicher, seine Gottesdienste wurden gerne besucht. Er war es, der unser Diplomatenbaby Friedrun Z., von dem ich schon berichtete, getauft hat.

Ein Oberst, etwas älter als wir, klein, temperamentvoll, geschichtlich sehr beschlagen, sein Hobby waren die Uniformen europäischer Heere, vor dem 1. Weltkrieg. Bridge spielen war einer seiner Zeitvertreibe. Kartenspiele waren bei den Russen verboten. Sie galten als „Herren"-spiele. Die Herren hatte man nach 1917 aber abgeschafft. 1946–1949 gab es noch wenig neue „Herren", wenigstens sind uns keine begegnet! Die Spielkarten machten die Kriegsgefangenen selber aus Sperrholz, das irgendwo organisiert wurde. Es gab kleine und große Karten, teilweise echte Kunstwerke. Kam ein Russe, mußten die Karten blitzschnell verschwinden, am besten in der Hosentasche, wenn man eine hatte. Wenn der Russe die Karten fand, wurden sie kassiert und mutwillig zerbrochen. Wenn uns ein solcher Gegenstand abgenommen wurde, kochte es immer wieder in uns. Unter mir lag ein Oberstleutnant, der im 1. Weltkrieg ein Bein verloren hatte. Er war Junggeselle, mit den dazu gehörigen Allüren; im Zivilberuf höherer Beamter bei der Reichsbahn. Die Prothese wurde, wie es nicht anders möglich war, mehrfach am Tage an- und abgeschnallt. Der Stumpf bereitete oft große Schmerzen. Durch ungeheuere Energie überwand dieser Mann alle Schwierigkeiten beim An- und Ausziehen, beim Baden, Spazierengehen und den vielen Untersuchungen. Die Russen nahmen keine Rücksicht auf Invaliden. Wir beide waren von 1945 bis 1949 zusammen und haben uns immer gut vertragen. Nach meiner Heimkehr habe ich ihn bei Kriegsgefangenentreffen mehrere Male wiedergesehen und stets freudig begrüßt. Unterdessen ist er leider auch schon verstorben.

Der nächste in der Runde, ein Oberstleutnant im Generalstab, der in Stalingrad bereits in Gefangenschaft geraten war. Er hatte viele Lagerwechsel und unzählige Vernehmungen, Gefängnis, Karzer und andere Schikanen gut überstanden. Sein sprühender Geist kam nie zum Ruhen. Es wurden Sprachen gelernt, Geschichte studiert, soweit möglich, und zur Entspannung auch einmal Bridge gespielt. Dieser Mann verstand es, sein Wissen in zahlreichen Gesprächen, unentwegt zu fördern. Kameraden, Professoren, Ärzte, Diplomaten und die Offiziere der anderen Nationen waren seine Gesprächspartner. 1949 oder im Frühjahr 1950 kam er nach Hause. Er trat später in die Bundeswehr ein und wurde dort noch Generalleutnant. Wir stehen noch heute in lockerer Verbindung. Von den anderen drei Kameraden, ebenfalls Oberstleutnante, trat einer noch insofern hervor, als er sozusagen die Mutter der Stube war, die für alles und für alle sorgte. Es war ein Ostfriese von großer Statur mit viel Humor. Dieser Mann mit dem Spitznamen „Fietje" hatte irgendwo eine große Blechschüssel organisiert. In dieser Schüssel bereitete er den Teig, für die schon erwähnten Lager- oder Plenitorten, vor. Fietje war ein großer Bäcker. Es gab aber im Lager noch andere Bäcker aller Dienstgrade. Bei ihnen konnte man zum Sonntag, zum Geburtstag, zu Weihnachten oder zu Pfingsten, sich eine Torte bestellen. Als später die Pakete mit Kakao usw. kamen, wurden diese Torten Meisterwerke! Ich selber habe nie gern Torte gegessen und im Lager schon gar nicht.

Mein Tagesablauf war völlig anders, als der meiner Kameraden. Ich stand immer vor dem Wecken auf, um in Ruhe meine Gymnastik machen und mich ohne Zeitdruck waschen zu können. Wenn die anderen sich gequält und noch müde, schlechter Laune und gereizt erhoben, hatte ich oft schon eine Lagerrunde gedreht, dabei meine Morgenandacht gehalten und etwas in der Heiligen Schrift gelesen, die mir ein katholischer Pfarrer vor seinem Abtransport hinterließ.

Nach dem Frühstück habe ich in der Bäckerei Holz gesägt und einige Monate auch als Bäcker gearbeitet. Durch diese Arbeiten wurde mein linker Arm wieder voll funktionsfähig. Mein Partner beim Holzsägen und Holzspalten war ein Viehhändler auf Eldena bei Ludwigslust, Mecklenburg. Ich nannte ihn kurz Gustav. Er aber redete mich immer mit meinem Familiennamen an. Gustav hielt die Säge und die Beile scharf. Bei ihm habe ich die Holzarbeit richtig gelernt. Eines Tages sagte er einmal zu mir: „Sie müssen, bevor Sie anfangen, das Holz untersuchen, und vielleicht etwas übertrieben, Sie müssen das Holz kaputtgucken, dann werden Sie Ihr Beil richtig ansetzen". Durch seine Vermittlung kam ich auch in die Bäckerei, wo ich jeden Morgen mit mehreren Kameraden einige Stunden Brot geknetet habe, auch zur körperlichen Ertüchtigung. Wir lagen zu viert oder zu sechst über einem Backtrog und kneteten mit entblößtem Oberkörper das Brot. Wobei das Wort „Brot" in Anführungsstriche zu setzen ist, denn es war sehr viel Wasser und wenig Mehl. Unsere Schweißtropfen fielen mit hinein und würzten das zukünftige Brot für unsere Kameraden. Außer diesen Beschäftigungen habe ich so viel wie irgendmöglich gelesen. Habe mir immer wieder Notizen gemacht und viel auswendig gelernt, um mein Gedächtnis zu trainieren. Bridge gespielt habe ich, im Gegensatz zu vielen anderen Kameraden, sehr wenig. Gespräche mit Kameraden, mit den Geistlichen, mit den Alten, mit den Diplomaten, gaben mir Mut, Kraft und Trost. Oft war auch ich der Trostspender.

Acht Mann auf engem Raum, Altersunterschiede, andere Sitten und Gewohnheiten, menschliche und körperliche Schwächen, viele unter uns verbittert, unter Heimweh leidend und alle arbeitslos. Wir kannten uns, wie bereits einmal erwähnt, teilweise besser, wie sich zuhause Ehepartner kennen. Dieser Zustand, fast 3 Jahre, Tag für Tag, war eine unendliche Belastung für jeden von uns. Eine große Disziplin und Geduld wurde von jedem Einzelnen verlangt.

Die griechische Bezeichnung für Geduld lautet: „Darunter bleiben". Geduld bedeutet niemals Schwäche, sondern, wie jede Tugend, ein Äußerstes an Kraft. Geduld ist die Frucht der Hoffnung, die uns warten läßt, ohne mutlos zu werden, die alles von der Güte dessen erwartet, bei dem kein Ding unmöglich ist. Besser läßt sich unsere Situation damals nicht schildern. Mit allen Leidensgefährten dieser Zeit, soweit sie noch leben, stehe ich in lockerer Verbindung.

XLVII.
Verhaftet und wieder im Gefängnis

In den Jahren 1947 bis 1949 verschwanden ab und zu Leute aus unserer Mitte, die, wie wir richtig vermuteten, vor ein Gericht gestellt und verurteilt wurden. Wir nannten diese Transporte „Linkstransporte". Durch häufige Vernehmungen zeichnete sich ein solcher Transport meist schon länger vorher ab. Im Sommer 1949 hofften die meisten von uns, noch bis Weihnachten zu Hause zu sein. Bei jedem Besuch von Kommissionen und Kontrollen im Lager, fragten wir die Russen, ob wir nicht nach Hause dürften. Immer kam die gleiche Antwort: „Bald wird es besser, bald geht es nach Hause". Wir glaubten es nicht, aber wir hofften und beteten, daß es doch Wahrheit werden möge.

Mitte Oktober, es war ein Sonntag, unmittelbar noch vor dem üblichen Sonntagsgottesdienst, wurde ich zu einem sehr unangenehmen Kommissar gerufen. Mir wurde eine Aussage meines letzten Divisionskommandeurs v.L. vorgelesen. Er hatte ausgesagt, daß ich, sein damaliger Generalstabsoffizier in Stalingrad Verbrechen gegen die Menschlichkeit begangen hätte. Ich nahm die Sache zunächst auf die leichte Schulter, weil die Punkte so lächerlich waren und in keiner Weise zutrafen. Dem Kommissar erklärte ich, die Aussagen seien niemals von meinem ehemaligen Div.Kdr., da dieser schon in Deutschland sei. „Das stimmt nicht", sagte er, „er ist in dem Lager 27 und läßt Sie herzlich grüßen". Diese Worte kamen sehr höhnisch aus seinem Munde. Wir hatten doch aus Rundfunk und Presse entnommen, daß mein General in Berlin eingetroffen war und dort bereits eine Stellung bei der Verwaltung und später als Abgeordneter in der Volkskammer innehatte. In so unverschämter Weise logen die Leute bei Vernehmungen. Ich stritt alles ab. Da sagte der Kommissar: „Gut, wir werden Ihnen Gelegenheit geben, darüber nachzudenken". Dann wurde ich entlassen. Mit einem unguten Gefühl ging ich von dannen. Als erste Maßnahme, nach einer solchen Unterhaltung, haben wir stets einen oder zwei Kameraden unterrichtet, damit sie u.U. später einmal zu Hause Bescheid geben könnten. Bei mir hat das auch sehr gut geklappt. Über alles wurden meine Angehörigen durch Heimkehrer unterrichtet. So lautete die Anklage gegen mich, gleichzeitig gegen einen Oberst meiner Division, der in unserem Lager war und den wir alle liebten und verehrten.

Am 2. November um 9.00 Uhr vormittags, erschien, wie bereits berichtet, ein Schreiber bei mir und sagte mir, ich sollte sofort meine Sachen packen und an das Tor kommen. Der Abschied ging sehr schnell. Einige Kameraden wurden noch über Heimatadresse und über besondere Wünsche unterrichtet. Dann ging es zum Tor. Mit mir gleichzeitig erschienen 18 Kameraden. Am Tor wurde uns eröffnet, daß wir mit dem Auto nach Gorki transportiert würden. Alle Sachen wurden natürlich durchwühlt und erheblich geplündert. Dann ging die Reise los, auf offenem Lastkraftwagen, ohne Winterbekleidung, mit schlechtestem Schuhzeug. Auf der Fahrt, die 5 Stunden dauerte, war unsere einzige Freude, daß man uns vor der Abfahrt noch einige Pakete aus der Heimat aufgegeben hatte. Wir konnten uns gegenseitig etwas anbieten. Damals waren Pakete noch sehr selten. Ich hatte einem im September heimgefahrenen Kameraden einige Aufträge an meine Familie mitgegeben und ihm gesagt, zum Zeichen, daß alles geregelt sei, solle mein Vater mir sofort eine Uhr senden, die damals noch erlaubt war und einen großen Wertgegenstand darstellte. Genau eine Stunde vor meiner Abfahrt aus dem Lager, erhielt ich die Uhr und die Gewißheit, daß die Wünsche übermittelt waren. Leider wurde mir die Uhr sofort bei der Ankunft im Gefängnis abgenommen, und habe ich diese erst am 23.12.1953 wiedergesehen. Etwa um 16.00 Uhr trafen wir in Gorki ein. Unsere erste Station war ein Warteraum, in dem wir mit Russen, die auch „um Aufnahme in dieses Haus" gebeten hatten, zusammentrafen. Es waren Männer, Frauen, Mädchen und Kinder. Sie begannen sofort uns anzupöbeln, weil sie natürlich mit Recht annahmen, daß wir auch Verbrecher, wie sie selber seien. Die Bewegung des Aufhängens und die Worte „Faschist" und „Hitler" fielen öfter. Nach etwa 2 Stunden Wartens ging es in das Gefängnis und wieder in eine Wartezelle. Es folgte die Verlesung der Namen, die unvermeidliche Filzung, dann das Bad. Anschließend sollten uns die Haare geschoren werden. Dem energischen Protest eines Kameraden gelang es, dieses zu verhindern. Gegen 22.00 Uhr wurden wir einzeln in ein Zimmer gerufen, wo man uns sagte, wir seien nun verhaftet und nur noch eine „Nummer" des Gefängnisses. – Wieder ein langes Warten. – Kein Offizier, kein Beamter, ließen sich sehen. Immer noch wußten wir nicht was los war. Folterqualen! Eine alte Ärztin erschien und jagte mir eine Spritze in den Rücken. Wozu, weshalb, erfuhren wir nicht. Man vermutete das Schlimmste. Morgens um 5.00 Uhr saßen wir immer noch in der Zelle. Endlich erschien ein Offizier mit mehreren Posten und holte einen nach dem anderen ab. Ein kurzer Abschied. Wir trennten uns, ohne zu ahnen, was los war. Da wir so lange im Ungewissen getastet hatten, sagte jeder: „Lieber ein Ende mit Schrecken, als ein Schrecken ohne Ende". Unsere Nerven hatten in langen Jahren doch sehr gelitten. Mich brachte man in die Zelle 65. Die Tür schlug zu und erschöpft sank ich auf das Bett oder auf die Pritsche nieder. Nun saß ich also nach genau 5 Jahren wieder im Gefängnis, und zwar allein. Über das Alleinsein war ich zunächst froh; denn die Enge hatte mich die ganzen Jahre am meisten bedrückt. Langsam sackte ich in mich zusammen und fiel in einen tiefen Schlaf. Erst durch das Klappern der Eßschüsseln erwachte ich wieder. Den Nachmittag saß ich meist auf der Bettkante und döste vor mich hin. Am nächsten Morgen begann ich, etwas erholt von einem ruhigen Schlaf, meine Verteidigungsrede in allen Punkten, die man mir zu Last gelegt hatte, vorzudenken. Es dauerte 2 Tage, bis ich sie auswendig konnte. Vergebens! Leider hat mich niemals jemand danach gefragt.

Am dritten Tag meines Aufenthaltes erschien eine Kommission, begleitet von dem Dolmetscher unseres Lagers, in meiner Zelle. Sie fragten mich mit höhnischer Miene: „Nun, wie geht es?". Ich sagte „Mir geht es so, wie es einem Menschen geht, der zu Unrecht im Gefängnis sitzt!". Darauf schauten sie mich böse an und der Dolmetscher meinte: „Wir werden es Ihnen schon beweisen, daß Sie schuldig sind". Ich wartete weiter. Das Bibliotheksmädchen brachte mir ein Buch mit dem Titel „Der Leidensweg" von Alexey Tolstoi. Als ich den Titel sah, dachte ich, ob es wohl eine Vorbedeutung dessen ist, was uns hier bevorstand? In 2 Tagen hatte ich das Buch von über 600 Seiten verschlungen. Es behandelt das Leben einer russischen Familie in den Jahren von 1914 bis 1917 und ist eines der besten Bücher der neueren russischen Literatur. Der dritte Teil des Buches, der über die Revolution und über die roten Kampfbrigaden berichtet, fällt allerdings sehr ab und ist wegen seiner zahlreichen Namen sehr schwer zu lesen. Die drei Bände dieses Buches habe ich mindestens 3mal gelesen.

Endlich, am 11.11., natürlich abends, tat sich die Tür auf und ich wurde zur Vernehmung gerufen. Ein gut aussehender Kapitän und die Lagerdolmetscherin, Frau Komerowa, empfingen mich. Nach Feststellung der üblichen Personalien wurde mir der selbe Wortlaut der Anklage, den ich im Lager Oranki schon einmal gehört hatte, noch einmal vorgelesen. Zu jedem Punkt durfte ich Stellung nehmen und alles wurde sehr ordentlich aufgeschrieben. Meine Anklage lautete:

1. Verschleppung von Tausenden von Russen aus Stalingrad in die Knechtschaft nach Deutschland!

2. Aufstellung von Erfassungskommandos zur Ausplünderung der Bevölkerung in Stalingrad!

3. Einsatz der Bevölkerung zu Schanzarbeiten in Kampfbereichen!

Meine Stellungnahme:

Zu Punkt 1:

Im Oktober 42 war die Lage in Stalingrad so, daß es kaum noch ein Fleckchen der Stadt gab, welches nicht unter Feuer lag. Die Armee ordnete daher an, daß die gesamte Zivilbevölkerung die Stadt verlassen müsse. Die Truppe sollte mit den nach Westen zur Versorgung fahrenden Leerfahrzeugen, die zu Fuß wandernden Leute auffammeln und an eine Verpflegungsstation bringen, um sie von dort mit Fahrzeugen in ruhigere Gebiete zu fahren. Dieser Befehl war ausschließlich zum Schutze der Bevölkerung gegeben worden. Alles was in der Stadt blieb, war dem Tode geweiht. Diesen Befehl habe ich, als 2. Generalstabsoffizier der Division, an meinen Kommandeur der Nachschubtruppen weitergegeben. Wir glaubten damals, etwas Richtiges zu tun. Das Gleiche glaubte ich auch noch bei meiner Vernehmung. Der Abtransport der Zivilpersonen erfolgte reibungslos. Die Leute wurden unterwegs verpflegt und kamen in ein rückwärtiges Sammellager. Meinen Befehl erhielt ich von dem Divisionskommandeur. Dieser wurde entlassen, ich sollte für die Weitergabe eines Befehls nun bestraft werden.

Zu Punkt 2:

Bei dem Vormarsch auf Stalingrad hatte dieArmee nicht ausreichend Nachschub heranschaffen können und die Truppe mußte aus dem Lande leben. Es wurden aber nur die herrenlos in der Steppe herumlaufenden Rinderherden erfaßt. Der Zivilbevölkerung konnte man nichts wegnehmen, da sie nichts hatte. Das Leben „aus dem Lande" war nach dem Kriegsrecht ja zulässig. Eine persönliche Bereicherung hatte ich niemals durchgeführt.

Zu Punkt 3:

Mit dem Einsatz der Bevölkerung zu Schanzarbeiten hatte der 2. Generalstabsoffizier niemals etwas zu tun; denn das war Sache der Truppe bzw. der taktischen Führung.

Als ich bei der Vernehmung erwähnte, daß ich bereits im November 1942 krank aus Stalingrad ausgeflogen sei und eigentlich mit der ganzen Sache überhaupt nichts zu tun gehabt hätte, wurde der vernehmende Kapitän wütend. Er sah seine Anklage vielleicht zusammenbrechen. Ich beharrte darauf, daß dieser Punkt in das Protokoll hineinkäme. Alle meine Einwände wurden ordnungsgemäß aufgenommen und am Schluß verlesen. Als ich fertig war, wollte ich den Kommissar noch ein bißchen ärgern und fragte ihn ganz unvermittelt nach seinem Namen. Das saß! Er funkelte mich an und fragte, warum ich den wissen wolle. „Ich möchte mir gerne merken, mit wem ich hier zu tun hatte", war meine Antwort. Damals hielt ich es für völlig ausgeschlossen, daß man mich verurteilen könne. Um 23.00 Uhr kehrte ich ganz erschöpft in meine Zelle zurück.

In dieser Nacht schloß ich kein Auge; denn es arbeitete pausenlos in mir. Das Bedrückenste war für mich, daß ich mit niemand sprechen konnte und nicht wußte, ob ich mich richtig verhalten hatte. Vor meinem Gewissen fühlte ich mich sicher.

An einem der ersten Tage in dem Gefängnis, wurde ich plötzlich von einem Posten geholt und in einen Fotoraum geführt. „Was ist nun wieder los?" sagte ich mir. Dann erschien ein freundlicher Zivilist und forderte mich auf, auf einem Stühlchen Platz zu nehmen. Jetzt kam das Allergemeinste, man hing mir ein kleines Schild aus Blech vor die Brust auf dem eine Nummer stand. Ich mußte schwer schlucken. Es folgte eine Aufnahme von mir, von drei Seiten. Anschließend ging es in die Zelle zurück. Jetzt war ich wirklich nur noch eine Nummer! Am nächsten Tage wurde sogar ein Fingerabdruck genommen! Ich hätte in den Boden versinken können vor Scham. Wenn das einer von meinen Lieben zu Hause sehen würde, schoß es mir durch den Kopf. Diesen wichtigen Akt führte übrigens ein ausgewachsener Major durch. Am 12.11. abends erschien ein Sergeant an meiner Tür und forderte mich auf, ihm mit meinen Sachen zu folgen. Es ging über mehrere Flure, über einen Hof und wieder eine Treppe hinaus. Jetzt erreichten wir einen Flügel des Gefängnisses, in dem Frauen auf Posten standen. Ein gräßlicher Geruch schlug mir entgegen. Schweiß, schmutzige Wäsche und billiges Parfum. Ich befand mich im sogenannten Frauenkorpus. Ein Block, der nur für Frauen vorgesehen war; denn die Gleichberechtigung der Frau zeigte sich auch darin, daß sie in Gefängnissen in fast gleicher Anzahl wie die Männer vertreten ist. Eine Tür wurde aufgeschlossen und nun trat das ein, was ich schon immer befürchtet hatte, ich wurde wirklich mit russischen Strafgefangenen zusammengesperrt.

Drei Mann saßen auf ihren Pritschen und betrachteten mich kritisch. Ich mußte gute Miene zum bösen Spiel machen und ging auf sie zu, um sie zu begrüßen. Gleich stelle ich sie dem Leser derReihe nach vor.

Ein Ukrainer aus Woroschilowgrad. Alter: Anfang 40. Er war im Kriege als Artillerist verwundet worden und befand sich z.Zt. der deutschen Besatzung in W. aufErholung. Die deutsche Besatzung stellte ihn in einer Fabrik als Arbeiter ein. Seit Kriegsende lebte er ganz ungestört in seiner Wohnung und arbeitete als Schlosser. Im Februar 1949 waren nachts plötzlich Leute in seiner Wohnung erschienen und hatten ihn in wenigen Minuten, ohne Angabe eines Grundes, abgeführt. Im Gefängnis in W. wurde ihm eröffnet, daß er wegen Kollaboration vor ein Gericht gestellt würde. Hierzu kam er im März nach Gorki und saß nun bereits 8 Monate dort, ohne Vernehmung. Wir kamen in ein Gespräch und er erzählte zunächst von den Verbrechen der Deutschen in W. und vor allem von den Judenerschießungen. Allerdings sagte er zu meiner Freude immer wieder, daß die kämpfende Truppe sich gut benommen hätte. Das wurde uns auch anderswo bestätigt. Die Zivilverwaltung, die Polizei und die SS waren ein rotes Tuch für ihn. Dieser Mann erzählte mir eines Abends, nachdem er mich etwas näher kannte, daß er überzeugter Kommunist sei. Allerdings sei von der Lehre Marxs, Engels, Lenins, bis heute noch nicht so viel durchgeführt, wie er Dreck unter dem Fingernagel hätte, und er hatte sehr viel Dreck darunter! Im übrigen waren seine Manieren beim Essen, nach dem Essen und vor allem nachts widerwärtig. Man mußte allerhand Geräusche und Gerüche hinnehmen! Dieser Mann war ein leidenschaftlicher Raucher und litt entsetzlich unter dem Tabakmangel. Gemeinsam mit Nr. 2, über den ich gleich berichten werde, inspizierte er sofort mein Gepäck und zwang mich mehr oder weniger, ihm regelmäßig von meinen noch vorhandenen Zigaretten abzugeben. Ja, er fragte mich auch, wieviel Geld ich noch auf dem Konto hätte, um dann ohne mein Einverständnis bei der Gefängniskantine Zigaretten zu bestellen, die ich bezahlen mußte. Wenn er wieder zu rauchen hatte, war er für einen Tag zu genießen. Es gelang mir eine Schachtel zu verstecken, bei der nächsten Filzung aber, die alle 7 Tage stattfand und bei der alles genauestens untersucht wurde, sah er diesen Schatz und war sehr eingeschnappt, daß ich es gewagt hatte, ihn zu betrügen.

Nr. 2; ein mittelgroßer, blonder Mann, der sehr ordentlich angezogen war und erfreulicherweise etwas Deutsch konnte. Er hatte während des ganzen Krieges gesessen und war im Jahre 1946 in die Verwaltung eines Kriegsgefangenenlagers gekommen. Hier hatte er sehr gut gelebt, sich mit dem deutschen Lagerkommandanten angefreundet und alles bekommen was er brauchte, vor allem hatten die deutschen Schneider ihn ganz neu eingekleidet. Sogar eine Weste sah ich an diesem Mann, wie sie in Rußland sonst sehr selten zu sehen ist. Über den Betrieb in dem Lager, über die deutschen Gefangenen und vor allem die deutschen Handwerker, war er voll des Lobes. Seine erste Strafe waren 8 Jahre, die er 1948 abgesessen hatte. Jetzt hatte er eine Unterschlagung begangen und wartete auf die neue Strafe von mindestens 10 Jahren. Wir beide spielten viel Schach miteinander und ich lernte eine Menge Russisch von ihm.

Nr. 3: Ein ganz schlichter und primitiver Landarbeiter, der wegen Agitation gegen das bestehende Regime angeklagt war. Dieser Mann hatte wohl in seinem Leben bisher nur gearbeitet und noch nie Zeit gehabt, sich auszuruhen oder gar zu lesen. Er saß den ganzen Tag in seiner Ecke und las mit dem Finger unter der Zeile folgend, wie ein Schulkind, nur reine kommunistische Tendenzliteratur. Alle paar Tage kam seine Schwester, die in Gorki arbeitete und brachte auf die Wache des Gefängnisses ein Paket für ihn. Der Inhalt wurde dann durch eine Frau revidiert und in die Zelle gereicht. Ich erhielt regelmäßig mein Stück ab. Dieser arme Kolchosnik,

Kolchosenarbeiter, wurde dann zur ewigen Verbannung oder Zwangsaussssiedlung nach Sibirien verurteilt. Er sollte zunächst alleine nach Sibirien in ein Strafgebiet, hatte dort einen Bewegungs- und Arbeitsbereich von etwa 17 km und durfte nach 11/2 jähriger Bewährung seine Familie nachholen. Das war so die übliche Methode, um lästige Leute loszuwerden und auf der anderen Seite, um Sibirien zu besiedeln. Der Zar hat es ja schon genauso gemacht.

Mit dieser kurz beschriebenen Gesellschaft saß ich nun 12 Tage zusammen. Wir vertrugen uns gut. Der Betrieb in dem Frauengebäude war sehr ruhig, da alle Verrichtungen auf den Fluren, einschließlich der Bewachung bei den Spaziergängen, von Frauen gemacht wurden. Nur der Posten vor unserer Tür, war stets ein Veteran. Die Frauen in den Nachbarzellen hörte man oft schreien und furchtbar schimpfen, noch öfter allerdings singen, als wenn es ihnen glänzend ginge. Eines Abends bekam eine dieser wertvollen Damen einen Anfall von Tobsucht und geriet mit dem Posten, der sie immer wieder zur Ruhe aufforderte, in Streit. Der Posten wußte sich nicht mehr zu helfen und rief erstmal eine andere Frau von der oberen Etage zur Hilfe. Dann gingen sie gemeinsam in die Zelle und wie ich aus den Geräuschen entnahm, wurde diese Frau dann mit Fußtritten traktiert, bis sie am Boden lag. Dann kam eine Ärztin und gab ihr eine Spritze. Nach wenigen Minuten war es wieder ruhig. Das Unangenehmste in dem Bau war der Geruch, vor allem auf den Aborten und in den Waschräumen, die wir gemeinsam mit den Frauen benutzten.

Jeden Dienstag und Freitag kam eine Frau oder ein Mädchen, die im übrigen immer sehr nett waren, und fragten, ob jemand etwas aus der Kantine benötigte! Da hörte ich plötzlich an der Tür nebenan, die Stimme eines Mannes aus meinem früheren Lager. Dieser Mann war 1,95 m lang und hatte schon immer unter Hunger gelitten. Man nannte ihn deswegen im Lager den „Hungerturm". Jetzt kam er natürlich um vor Hunger und fragte das Kantinenmädchen, ob sie ihm nicht einige Pellkartoffeln besorgen könne. Dieses Anliegen wurde mit gebrochenem Russisch und anscheinend auch mit zahlreichen Gesten vorgebracht, so daß wir, an der Tür stehend und lauschend, laut lachen mußten. Für mich war es interessant zu wissen, daß ich nicht ganz allein in dem Block saß. Am 20.11. wurde ich wieder zu einer Vernehmung gerufen. Ein mir bisher unbekannter Mann, in einem braunen Ledermantel, das bedeutet in Rußland „Kommissar', wie ich schon einmal sagte, empfing mich sehr freundlich und forderte mich auf, Platz zu nehmen. Dann las er mir meine Anklageschrift noch einmal vor. Es war alles enthalten, was ich dagegen ausgesagt hatte. Nach Beendigung der Vorlesung warf er mir eine Akte auf den Tisch und sagte, ich solle sie studieren. Diese Akte enthielt außer meinen genauen Personalien, drei Aussagen, die gegen mich angeblich von drei Zeugen gemacht worden waren.

1. Von meinem früheren Divisionskommandeur
2. von einem mir unbekannten Leutnant der Division, und
3. von einem mir unbekannten Russen aus Stalingrad.

Die Unterschrift zu 1. war mir hinreichend bekannt, es war wirklich die Unterschrift meines Generals. Ob er die Aussagen tatsächlich gemacht hat, oder nicht, weiß ich nicht. Eines ist klar: Die Einstellung dieses Mannes in der Gefangenschaft und seine jetzige Stellung in der sowjetisch besetzten Zone lassen vermuten, daß er sich seine Heimkehr auf diese Weise erkaufte. Der erwähnte Leutnant war mir unbekannt, ich hatte und habe auch heute trotz allem, was man erlebte, ein gutes Namensgedächtnis und kannte so ziemlich alle Offiziere der Division, wenigstens dem Namen nach. Den genannten Doppelnamen habe ich früher nie gehört. Im Jahre 1950 brachte der Russe diesen Mann in das gleiche Lager wie mich. Als ich seinen Namen hörte, eilte ich sofort zu ihm und fragte, ob er mich kenne. „Nein" war seine Antwort. Dann nannte ich meinen Namen und fragte, ob er diesen schon einmal gehört hatte. Er bestätigte es. Nächste Frage, ob er auch in der 24. Pz.Div. gewesen sei. Antwort: „Jawohl, aber erst ab Dezember 1942". Zu diesem Zeitpunkt war ich schon längst in Deutschland im Lazarett. Er konnte mich also nicht kennen. Meine Frage, ob er gegen mich vernommen sei, verneinte er energisch. Was sollte ich machen? Ich zitterte am ganzen Körper und wollte ihm gleich ein paar kleben, aber eine Stimme in meinem Inneren sagte mir: „Laß das, du bist nicht sein Richter, sein Geschick wird ihn schon noch erreichen." Nach dieser Unterhaltung erkundigte ich mich über den Herrn und stellte fest, daß er ein aktives Mitglied des „Freien Deutschland" gewesen war. Er hatte sogar an einer Tagung in Moskau gemeinsam mit meinem ehemaligen General, teilgenommen. Ein in meinem Lager befindlicher Oberst erzählte später einmal, daß dieser Mann ihm im Jahre 1948 in Stalingrad vor Gericht gegenübergestellt worden sei und einwandfrei gegen ihn, seinen ehemaligen Generalstabsoffizier, ausgesagt habe. Diesem Herrn war also nicht zu trauen.

Zu der Aussage des Russen ist gar nichts zu sagen. Mit einem Russen habe ich in Stalingrad niemals etwas zu tun gehabt, da damals in der Stadt keine Männer mehr waren.

Der Mann im Ledermantel, der, wie ich später erfuhr, der Staatsanwalt war, sagte mir auf meine Frage, ich brauchte hier keinen großen Erläuterungen zu geben, das könnte ich vor Gericht tun. Dort würden Vertreter der Anklage, Zeugen und Verteidiger sein und wenn ich unschuldig sei, dann solle ich mir keine Sorgen machen. Im übrigen war die Anklageschrift zugleich gegen einen Oberst meiner Division, der mit mir gemeinsam in diesem Hause angekommen war, gerichtet.

Völlig ruhig begab ich mich in eine Zelle zurück. Meine drei Russen fragten mich natürlich genau aus, was los gewesen sei und was man mir zur Last gelegt hatte. Der eine von ihnen sagte gleich: „Mach Dir keine Sorgen, Ihr Deutschen bekommt alle 25 Jahre!". Ich war wütend und sagte ihm, daß ich unschuldig wäre. Er meinte: „Ja wenn schon, das spielt gar keine

Rolle". Bei dieser Gelegenheit erfuhr ich auch, daß ein mir bekannter Oberst, ebenfalls in dieser Zelle gesessen hatte und vor 2 oder 3 Monaten zu 25 Jahren verurteilt worden sei. Das waren alles sehr beruhigende Nachrichten! Als man mir auf meine Frage, wie denn so eine Gerichtsverhandlung hier laufen würde, sagte, es ginge ganz schnell und nach der Verkündigung der Strafe würden die Verurteilten, soweit sie eine schwere Strafe erhalten hätten, gefesselt durch die Stadt geführt, da war ich am Ende meiner Kräfte. Drei Tage litt ich Höllenqualen und sagte mir, wenn es nur bald zu Ende wäre. Ich fand eigentlich nur Trost im Gebet und in der Betrachtung meines kleinen Kreuzes.

Nun kam der 23. November. Morgens um 7.00 Uhr wurde mir schon gesagt, ich solle mich mit meinem Gepäck bereitmachen zum Abtransport. In der Zelle gab es einen kurzen Abschied. Jeder fand ein paar nette Worte. Am meisten setzte mich in Erstaunen, als nun der Mann, der mir wenige Tage vorher erklärt hatte, er sei überzeugter Kommunist, ein Kreuz über meinen Kopf machte und sagte: „Gott mit Dir!".

Man führte mich in den schon bekannten Warteraum. Hier traf ich sechs weitere Kameraden, die das gleiche Geschick erwartete. Unter diesen, meinen Divisionskameraden, den Oberst v.B.. Er war bereits in Stalingrad in Gefangenschaft geraten. Dieser Oberst, eine glänzende Erscheinung, schneeweiße Haare und klare blaue Augen, stand wie aus dem Ei gepellt, aufrecht vor mir und sagte: „Ha, wir werden die Sache schon durchstehen, wir taten nichts als unsere Pflicht!". Ich schöpfte aus seinem Anblick und seinen Worten neuen Mut! War doch dieser Mann jahrelang das Vorbild eines preußischen Offiziers und Edelmannes gewesen. Es folgte nun die Henkersmahlzeit im Gefängnis, bei der man uns anscheinend in Bezug auf die Menge und Güte Mut machen wollte. Dann waren wir bereit zu unserem schweren Gang.

XLVIII.
Als Angeklagter vor dem sowjetischen Militärgericht

Es war der 23. November 1949, 08.00 Uhr vormittags, als wir vor dem Gefängnis Nr. 1 in Gorki in eine „Grüne Minna" geladen wurden. Mit uns fuhren einige Zivilisten und ein Rotarmist, der wegen Unterschlagung vor das Tribunal kam. In dem Gerichtsgebäude wurden wir getrennt; und die Deutschen, darunter ein österreichischer Staatsbürger, kamen in einen eigenen Warteraum. Nach einiger Zeit wurde der Name des Obersten und der meine genannt. Man führte uns, unter starker Bewachung, eine Treppe hoch. Es ging in den sogenannten „Kleinen Gerichtssaal". Ein kahler Raum, ein Riesenbild von Stalin, ein hufeisenförmig aufgestellter Tisch, mit roten Tüchern belegt, an zwei Wänden rote Flaggen und für uns ein kleiner Käfig, mit zwei Hockern darin. An dem Tisch saßen: Als Vorsitzender, ein Oberstleutnant mit dem Namen Kusmin, ein Kapitän als Vertreter der Anklage, 2 Beisitzer und ein Dolmetscher. Es war der Dolmetscher unseres alten Lagers.

Nachdem wir in unsere Käfige eingesperrt waren und die Posten sich aufgestellt hatten, erhob sich das Gericht von den Plätzen. Die Namen der Richter wurden verlesen und dann an uns die Frage gestellt, ob wir die anwesenden Richter ablehnen würden, oder gegen einen derselben etwas einzuwenden hätten. Da wir keinen kannten, weder im Positivem noch im Negativem, erklärten wir unser Einverständnis, aber fragten gleichzeitig nach den Zeugen und den uns versprochenen Verteidigern. Die Antwort lautete: „Das ist nicht notwendig".

Als erstes wurden wie immer, unsere Personalien verlesen und ungefähr bei der Geburt angefangen. Alles natürlich nur Theater. Dann verlas der Dolmetscher die Anklageschrift. Zu jedem Punkt durften wir Stellung nehmen. Alles hatten wir ja vorher in Eile untereinander auf einen Nenner gebracht. Man ging zum Schein auf unsere Worte ein. Ein Schreiber, den ich bei der Erwähnung der anwesenden Personen vergaß, nahm alles auf. Zu unseren Einwürfen wurde kurz Stellung genommen. Ich hatte mir jedes Wort genau festgelegt und konnte in flüssiger Form meine Verteidigung durchführen. Einige Minuten hörte man sich die Sache an und der Richter merkte offensichtlich, daß die Anklagen nicht hieb- und stichfest waren. Schnell gab er das Zeichen zum nächsten Punkt. So verhandelten wir etwa 1 1/2 Stunden. Die von mir bereits erwähnten Anklagen reichten dem Richter nicht aus. Er brachte plötzlich ganz lächerliche und oberflächliche Dinge, über Mißhandlungen der Zivilbevölkerung und persönliche Bereicherung. Bei meinem Leidensgefährten versuchte man, aus Unsicherheit, sogar Dinge auszugraben, die einem Vetter des Obersten mit dem gleichen Namen passiert sein sollten. Wir beide merkten, die Richter waren sich ihrer Sache nicht sicher. Schließlich meinte der Vorsitzende des Gerichts, es solle doch nun Schluß gemacht werden. Der Vertreter der Anklage erhob sich und sagte zu uns, daß jeder jetzt noch ein letztes Wort zu sagen hätte. Mein Oberst erhob sich, korrekt bis zum letzten, funkelte die Bande an und sagte: „Was glauben Sie eigentlich wen Sie vor sich haben? Wir sind deutsche Offiziere, die im Krieg und Frieden nichts als ihre Pflicht getan haben. Wenn sich da irgendwelche Schmutzfinken gefunden haben und uns Dinge in die Schuhe schieben, die wir niemals begangen haben, die niemals passiert sind, und für die wir, wenn sie tatsächlich passiert sein sollten, niemals verantwortlich gemacht werden können, dann kann ich das nur für eine grobe Gemeinheit halten! Ich habe fast den Eindruck, daß diese Leute sich den Heimfahrtsschein mit ihren Aussagen erkauft haben. Kein Wort von dem, was Sie uns beiden hier vorwerfen, ist wahr. Ich bekenne hiermit vor Ihnen, vor meinem Volke und vor allem meinem Herrgott, an den ich noch glaube, daß ich unschuldig bin und niemals etwas anderes als meine Pflicht getan habe". – Da blieb den Herren doch einige Sekunden der

Mund offen stehen, sie fanden keine Worte mehr. Als sie sich wieder gefangen hatten, gab der Dolmetscher mir das Zeichen zu sprechen. Was sollte ich nach diesen klaren und schönen Worten noch sagen? Kurze Sekunden überlegte ich, ob ich die Kerle mal richtig anbrüllen sollte. Nein, sagte ich mir, du hast es nicht nötig, dich hier zu erregen; denn die Heimat glaubt es sowieso nicht, daß wir schuldig sind und wahrscheinlich macht diese Haltung mehr Eindruck als sich gehen zu lassen. Meine Antwort lautete daher: „Ich schließe mich den Worten des Obersten an".

Die Verhandlung war zu Ende. Der Dolmetscher erklärte nun, daß sich das Gericht zur Beratung zurückziehen würde. In Wirklichkeit haben sie in der halben Stunde, die wir warten mußten, bis zur Verkündigung des Urteils, schon die nächsten fertiggemacht. Während dieser Zeit saßen wir in einem Warteraum mit den anderen Kameraden zusammen. Kurze Zeit darauf, wurde einer von unseren Kameraden zur Verkündigung des Urteils gerufen. Nach 5 Minuten war er wieder da und sagte uns völlig gebrochen: „25 Jahre!". Ein leises Rieseln lief über meinen Rücken. Die Hoffnung sank noch tiefer. Nun war dieser erste ein Mann, von dem wir wußten, daß er schon im Lager Oranki ziemlich alles zugegeben hatte, was man ihm vorwarf. Er hatte als Verwaltungsbeamter Befehle ausgearbeitet, Verpflegung aus dem Lande zu entnehmen. Absolut kein Verbrechen! Wir sagten uns, eigentlich könnte man uns garnichts vorwerfen; alle Anwürfe waren völlig haltlos. Es dauerte nicht mehr lange, da holte man auch uns beide. Das Gericht erhob sich von den Plätzen und der Dolmetscher verlas etwa folgenden Text: „Der Oberst v.B. und der Oberstleutnant v.H. werden wegen Verstoßes gegen die Menschenrechte, nach einem Gesetz aus dem Jahre 1943, zum Tode verurteilt. Wegen der Aufhebung der Todesstrafe im Jahre 1947 wird diese Strafe in 25 Jahre Straf- und Erziehungslager umgewandelt. – Haben Sie verstanden? Sie können innerhalb von 48 Stunden Berufung einlegen".

Wir waren entlassen und wurden von 2 Posten abgeführt. Auf der Treppe haben wir uns die Hand gedrückt und haben uns versprochen, zusammenzuhalten und auf unseren Herrgott zu vertrauen. „Wir sind unschuldig und werden diese ungerechte Strafe nicht absitzen", waren unsere Worte. Mein Kamerad sagte zu mir: „Ich habe meine Abrechnung mit dem Himmel gemacht, mir kann nichts mehr passieren". Im Juni 1951 mußte dieser aufrechte Mann dann noch sein Leben in der Gefangenschaft lassen. Er starb an einer Gelbsucht mit Leberschrumpfung, die nicht zu heilen war. Diesem Edelmann hatte das Schicksal ganz besonders hart zugesetzt, hatte doch seine Frau auf der Flucht aus Ostpreußen, neben Hab und Gut, ihre Eltern und ihre beiden Töchter, die in die Hände der Russen gefallen waren, verloren. Auf diesen Kameraden komme ich in einem späteren Kapitel noch einmal zurück.

Zum Verbrecher gestempelt wurden wir um 21.00 Uhr abends in das Gefängnis zurückgebracht. Zwei von meinen Kameraden waren seelisch vollkommen zusammengebrochen und haben wir größte Mühe gehabt, ihnen den Gedanken an einen Selbstmord auszureden. Mich hat in dieser Stunde tiefster Erniedrigung mein Optimismus nicht verlassen. Optimismus, von dem Bonhoeffer sagte: „Optimismus ist eine Lebenskraft, eine Kraft der Hoffnung, eine Kraft den Kopf hochzuhalten, wenn alles fehlzuschlagen scheint, eine Kraft Rückschläge zu ertragen, eine Kraft, die die Zukunft niemals dem Gegner überläßt, sondern sie für sich in Anspruch nimmt".

Jeder von uns erhielt sein Urteil schriftlich ausgehändigt, einer sogar das eines Mannes, der noch gar nicht zur Verhandlung da war!!! Aus diesem Vorfall ist ersichtlich, daß die Urteile schon in Moskau geschrieben waren und daß man mit uns nur Theater gespielt hatte. Viele meiner Kameraden sind auch nur durch ein Fernurteil verurteilt worden. Im Gefängnis Gorki war zu unserer Zeit ein Mann, der aufgrund eines Fernurteils frisch aus Schwerin in Mecklenburg importiert worden war!

Was ist von einem Staat mit einer derartigen Rechtsprechung zu halten?

Über das Dritte Reich und seine Rechtsprechung schrieb einst eine Zeitung: „Keine menschliche Gesellschaft, kann ohne Recht bestehen; keiner, auch derjenige, der glaubt, es verachten zu können, kann es entbehren!" „Für jeden kommt die Stunde, da er nach dem Recht ruft, Gott hat uns in seiner Ordnung des Weltalls, in seiner Schöpfung und in seinen Geboten die Notwendigkeit des Rechtes gegeben". „Eine Weltanschauung kann man nicht als Richtschnur des Rechtes nehmen". „Es ist unerträglich, daß Menschen verurteilt werden, die nicht wissen konnten, daß ihr Tun strafbar war".

Der Heilige Augustin sagte einst: „Ohne Gerechtigkeit sind die Staaten nur große Räuberbanden".

XLIX.
Gemeinsame Schicksale in der Zelle

Am 23. November 1949, etwa um 21.00 Uhr abends kamen wir von der Gerichtsverhandlung auf dem Militärgericht Gorki als zum Verbrecher gestempelte Menschen zurück. Ein Offizier, der auf dem Gang des Gefängnisses stand, fragte mit freundlichster Miene von der Welt: „Nun, wie war es, wieviel Jahre habt Ihr bekommen?". Als wir mit leicht oder schwer bedrückten Gesichtern unsere Zahl 25 sagten, lachte er und sagte „Das ist normal! Das ist die Norm!". Wieder ein Beweis, auch die Offiziere waren sich darüber im klaren, daß es für alle Deutschen, egal ob Offizier oder Mannschaft, ob schuldig oder unschuldig, kleines Vergehen oder Verbrechen, nur ein Strafmaß gab. Außerdem sagte dieser freundliche Mensch: „Das macht gar nichts, Pieck wird Euch schon wieder herausholen!" Wir bedeuteten ihm gleich, daß wir auf eine Befreiung durch Herrn Pieck keinen Wert legen würden.

Selbst nachdem wir den ganzen Tag unter strengster Aufsicht gewesen waren, wurden wir beim Betreten des Gefängnisses wieder gefilzt. Anschließend wurden wir auf die Zellen verteilt. Ein etwas jüngerer Wachtmeister der Artillerie und ich kamen zusammen in eine Zelle mit 6 Russen. Es war schon dunkel, nur einer der Russen in der Zelle war noch auf. Dieser erhob sich freundlich, stellte sich mit dem Namen „Stein" vor, und sagte, er sei Architekt aus Moskau und wegen Unterschlagung zu 15 Jahren verurteilt. Er war etwa Mitte 30, sah gut aus und war gut angezogen. Stein sprach russisch, wie ein gebildeter Mann und konnte außerdem gut Französisch und ein wenig Englisch. Wir schlossen gleich nähere Bekanntschaft und haben manchen Abend, ja manche Nacht zusammengesessen und über alles mögliche geredet. Es war interessant zu hören, wie ein Gebildeter in Moskau lebte. Seine Frau arbeitete auch als Architektin, obwohl sie 4 Kinder hatte. Nach seinen Schilderungen hatte Stein eine nette Wohnung, sogar einige Hunde und eine Jagdgelegenheit im fernen Osten. Letzteres erschien mir allerdings etwas zweifelhaft. Auf jeden Fall war ich angenehm von diesem Mann überrascht. Höchst erstaunt war ich, als er gleich an diesem Abend seine Kameraden vorstellte. Einen von diesen bezeichnete er als Spitzel, und warnte mich vor ihm.

Dieser eine war der Schlachthofdirektor von Gorki. Er war wegen Unterschlagung von 90.000 Rubel zu 10 Jahren verurteilt. Ein dicker, aufgeschwemmter, schlitzäugiger Mann, der sich maßlos gehen ließ, sehr gefräßig war und dauernd Streit mit den Kameraden hatte. Ich mußte mit den Wölfen heulen und spielte auch mit ihm Domino und Schach. Wenn er verlor, war er ganz krank. In dem Moment, wo das Essen auf dem Flur zu hören war, war der Schlachthofdirektor nicht mehr zu bändigen. Er ließ alles stehen und liegen und sauste an die Tür. Das hatte er wohl gewissen Tieren in seinem Arbeitsbereich abgesehen! Seine Frau brachte ihm öfter Pakete und diese aß oder fraß er meist allein auf, während die anderen jedes Paket genau in 8 Teile aufteilten und uns Deutschen das gleiche abgaben, wie ihren eigenen Leuten.

In der Ecke am Fenster lag einSoldat, der ebenfalls wegen Unterschlagung verurteilt war. Dieser, ein netter Kerl, betonte immer wieder, daß die Deutschen sehr gute Soldaten gewesen seien, daß die deutschen Waffen, vor allem die Vierlings-Flak, erstklassig gewesen sei. So zwischen den Zeilen erwähnte er, daß er selber ein großer Antisemit sei! Mir gegenüber wohnte ein sogenannter Kfz-Ingenieur. Ich glaube aber nicht, daß er einer war. Er hatte den schönen Namen Jakubson. Im Krieg war er Führer einer Krankenkraftwagenkolonne gewesen, hatte alle Fronten kennengelernt, aber wohl nie einen Schuß gehört. Nach dem Kriege war er angeblich in Österreich, in Deutschland und sogar in Luxemburg, zur Übernahme von Beutefahrzeugen gewesen. Sein letzter Beruf war Leiter einer Kraftfahrzeug-Reparaturwerkstatt in Gorki. Hier hatte er auf alle Reparaturen aufgeschlagen und das Geld selber eingesteckt. Dann war er nachts, mit den am Tage reparierten Lkws in den Wald gefahren und hatte einen Holzplatz entleert. Bei diesem offenkundig sehr lohnenden Geschäft hatte man ihn erwischt. Auch er erhielt 15 Jahre. Seine erste Frau hatte angeblich in ihrer freien Zeit studiert und ein Examen bestanden, um dann ihrem Manne auszurücken. Jetzt hatte er eine neue Frau, welche Stenotypistin war. Die drei anderen Russen in unserer Zelle haben auf mich keinen nachhaltigen Eindruck gemacht. Unsere Zelle war im übrigen recht ordentlich eingerichtet. Wir hatten fließend Wasser und ein WC russischer Art. Der Fußboden war mit roten Kunststoffplatten belegt und ließ sich gut sauberhalten. Das WC im Raum war natürlich ekelhaft, wegen des Geruchs, vor allem, wenn man, wie ich, genau danebenlag, und die netten Mitmenschen womöglich während des Essens das WC benutzten.

Unsere Zeit verbrachten wir mit Schach, Domino und „Mensch ärgere Dich nicht". Das Spielen ist nun einmal die Leidenschaft der Russen. Wenn wir nicht beobachtet wurden, spielten sie um ihr Hab und Gut. Einer verspielte seine ganze Bekleidung und ging nur mit dem Hemd und der Unterhose bekleidet aus der Zelle. Das war der Gefängnisleitung alles egal, obwohl das Spielen um Geld und Gut offiziell in der Sowjetunion verboten war. Morgens und abends machte ich jeweils eine Stunde Sprachunterricht.

Einige deutsche Bücher halfen uns über die trüben Stunden. Die Zeit raste, und im Nu stand Weihnachten vor der Tür. Vor dem Fest sollte mir noch eine Überraschung zuteil werden. Der als Spitzel bezeichnete Schlachthofdirektor von Gorki wurde ab und an zur Behandlung durch die Ärztin herausgerufen. Das fiel mir auf. Eines Tages kam er gleich nach dem Mittagessen aus der Zelle. Kurze Zeit darauf wurden auch der erwähnte Artilleriewachtmeister, der als Invalide am Stock ging, ein alter Oberstleutnant, der Kfz-Ing. Jakubson, und ich aus der Zelle geholt. Man brachte uns in einen anderen Flügel in eine 4-er Zelle. Diese Bude lag in der Nordostecke des Gefängnisses, war nicht geheizt, hatte keine Nachbarn an zwei Wänden und keine Untermieter. Die beiden Außenwände waren in der Kältewelle des Januars und Februars 1950, wo es draußen über 40° waren, bis zu einem Meter vom Fußboden her vereist. An den übrigen Wänden lief das Wasser herunter. Man kann sich wohl vorstellen, wie erfreut wir über unseren neuen Aufenthalt waren. In dieser „Eiszelle" sind wir fast 3 Monate gewesen. Ich nehme an, daß der Schlachthofdirektor uns verpfiffen hat und dieses nun ein Strafaufenthalt sein sollte. Die Betten mußten am Tage hochgeklappt werden und wir durften nur auf dem Schemel sitzen. Der Invalide aber hatte die Genehmigung, auch am Tage zu liegen. Wir deckten ihn dann so zu, daß er nicht frieren brauchte. Jeder von uns spielte einmal am Tage „Invalide" und konnte sich auf diese Weise erwärmen. Ein- bis zwei Stunden nach dem

Essen hielt die Wärme der Suppe oder des heißen Wassers vor, dann fingen wir an, auf und ab zu laufen und uns gegenseitig warmzumachen. Das Schlimmste waren unsere ständig kalten Füße. Wir Deutschen haben uns alle drei die Zehen erfroren, ich sogar zwei. Das Schönste am Tage waren immer unsere Spaziergänge von 20 Minuten, sie fielen nur aus an den Tagen, an denen es draußen mehr als 40° Kälte waren. Auf diesen „Spaziergängen" habe ich regelmäßig meine Jacke ausgezogen und einige Minuten Freiübungen gemacht. Die Posten auf den Türmen kannten mich genau und riefen schon, wenn wir heraustraten: „Hallo, Fiskultura" – Fiskultura heißt Sport. Mit Herrn Jakubson, der nur bis Anfang Januar bei uns war, machte ich etwas Sprachunterricht, wir spielten Schach und Domino zusammen. Diese Spiele waren auch seine große Stärke, er kannte jeden Stein, sein Zahlengedächtnis war unwahrscheinlich.

Das traurigste Weihnachtsfest in meinem Leben nahte. In dem Jahre, in dem wir zu Hause sein wollten oder sollten, war ich im Gefängnis und zwar nicht nur im Gefängnis, sondern bereits verurteilt zu 25 Jahren Zwangsarbeit und saß nun als „Verbrecher" mit zwei Deutschen und einem Russen in einer ungeheizten Zelle. Wir hatten nichts, außer unserer kümmerlichen Verpflegung. Da sagte der Russe eines Morgens zu mir: „Du bekommst heute ein Paket!". Ich schaute ihn erstaunt an und wollte es nicht glauben. Gegen Mittag öffnete sich die Klappe unserer Zelle und eine Frau fragte nach unseren Namen. Bei mir machte sie halt und sagte nur: „Paket". Es erschienen ein Offizier und ein Posten. Das Paket wurde im Beisein von zwei Zeugen geöffnet. Man zeigte mir den Absender und fragte, ob ich ihn kennen würde. Natürlich mußte ich antworten, es sei meine Schwester, obwohl es mir unbekannte Schulmädchen aus Bönningstedt bei Hamburg waren. In dem Paket fanden wir die schönsten Heimatgenüsse mit viel Liebe zusammengestellt. Einen Tannenzweig und drei Sterne erregten das besondere Aufsehen der Russen. Was sollten sie damit anfangen? Jeder mußte sie erst einmal anfassen und dann erhielt ich sie mit der Bemerkung, daß sie sehr schön seien, zurück. Ich hängte nun die Sterne an der Regietafel „Über das Benehmen im Gefängnis" auf; denn dort war der einzige Nagel. Hier hingen sie drei bis vier Tage, dann hatte sie der Posten geklaut, während wir auf dem Spaziergang waren. Nach einiger Zeit erschien auch noch die Gefängnisverkäuferin. Ich bestellte 1 Pfund Brot und einige Bonbons. Während in den Abendstunden meine Leidensgefährten ein interessantes Schachspiel durchführten, setzte ich mich auf meine Bettkante und machte einige belegte Brote mit heimatlichen Genüssen. Den Posten auf dem Flur bat ich um etwas heißes Wasser, um Nescafé machen zu können. Eine Kerze hatte man mir auf meine Bitten auch belassen. In dem Scheine einer Kerze mit einem Blechbecher Kaffee und einigen belegten Broten, als Nachtisch für jeden drei russische Bonbons, feierten wir, zitternd vor Kälte, unser Weihnachten. So traurig es war, es war doch schön. Jeder erzählte, wie er es zu Hause gefeiert habe und dann summten wir ein Weihnachtslied. Ob wohl um diese Stunde irgendjemand zu Hause ahnte, wie es in unseren Herzen aussah?

Eine besondere Freude war uns noch beschieden an diesem Festtage. Am 1. Weihnachtstag, um etwa 16.00 Uhr, um diese Zeit sind alle zu Hause, bei einem gemütlichen Weihnachtskaffeestündchen, öffnete sich die Klappe und der Posten befahl, einer von uns solle mit dem Latrineneimer herauskommen. Der Älteste war 58, der Nächste war Invalide und so entschloß ich mich, kurzerhand den Eimer zu ergreifen und dem Posten zu folgen. Ich erhielt den schönsten Auftrag, den Eimer zu entleeren und dann, man stelle sich die Schweinerei vor, durfte ich mit der Hand dieses schöne Gefäß scheuern. Alles, was sich so am Rande abgesetzt hatte, sollte mit rotem Sand aus zerstoßenen Ziegelsteinen abgescheuert werden. Ekel und Wut kamen hoch. Ich biß die Zähne zusammen und machte weiter. Diese tiefste Erniedrigung habe ich dem Heiland in der Krippe als mein Opfer dargebracht. Die Zeit lief weiter. Jeden Morgen ging ein Sergeant über die Flure und fragte an der Klappe nach dem Namen des Stubendienstes. Das war die einzige Gelegenheit zu hören, wer in der Nachbarschaft wohnte. Eines Tages stellte ich fest, daß in einer Zelle, uns schräg gegenüber, drei Kameraden aus dem Lager Oranki eingetroffen waren. Also die Verschleppung in das Gefängnis ging weiter. Jetzt kam es darauf an, mit diesen Leuten in Verbindung zu kommen. Auf dem nächsten Gang zum Abort, sagte ich im Vorbeigehen an deren Tür: „Hier Hobe". Auf dem Rückweg hörte ich dann die Namen der dortigen Insassen. So haben wir mit der Zeit durch genaue Festlegung unserer Fragen und Antworten alles erfahren. Vor allem wußten wir, daß zu dieser Zeit im Gefängnis etwa 250 Stabsoffiziere waren. Diese zwar traurige Feststellung wirkte beruhigend: denn man sagte sich, je mehr es sind, desto mehr wird in der Welt um diese Männer gekämpft, umsomehr können sie sich gegenseitig stärken. In den nächsten Tagen waren wir bei dem Spaziergang durch Zufall auf nebeneinanderliegenden Höfen. In die Trennwände hatten andere Leute schon Löcher gebohrt und durch ein solches Loch entdeckte ich meine Zellennachbarn. Jedes Mal, wenn ich an dieser Stelle vorbeiging, sagte ich ein oder einige Worte. So konnte ich meinen Kameraden, die wie ich feststellte, noch völlig schimmerlos waren, mitteilen, daß wir drei schon zu 25 Jahren verurteilt waren. Diese Nachricht schlug wie eine Bombe bei ihnen ein. Sie fragten im Vorbeigehen zwei Mal an, ob es auch wirklich stimme und warum. Mit der Zeit hatte ich mit meinem guten Gehör genau heraus, wer auf unserem Flur noch lag. In der übernächsten Zelle saßen zwei russische Mädchen, die oft sehr nett sangen und sich von den Posten nichts gefallen ließen. Wir überlegten uns an Hand der Stimmen, wie sie wohl aussehen würden. Eine weitere Zelle war von einer Frau mit Baby besetzt. Man konnte das Baby oft schreien hören. Aber in diesem sozialen Land wird für die Frauen und Mütter sehr gut gesorgt! Diese Frau erhielt jeden Morgen eine Flasche Milch und ein Brötchen! Auf dem Flur unter uns, saß ein neunjähriger Junge, der ab und zu Tobsuchtsanfälle hatte und so brüllte, daß man annehmen mußte, er stürbe. Dann ergriff er einen Schemel und trommelte so lange gegen die Tür, bis der Posten erschien und ihn vertrimmte. Anschließend soll der Knabe in eine Gummizelle gesteckt worden sein, bis er sich beruhigt hatte.

Außer diesem Jungen, waren noch in großen Mengen Jugendliche im Gefängnis. Wir sahen sie öfter, wenn wir zum Baden geführt wurden. Jeden Montag und nach jedem Freitag waren die Wartezimmer voll von Leuten aller Altersklassen, die man aufgegriffen hatte.

Allmählich ging unsere Wäsche in die Brüche und wir überlegten verzweifelt, was zu tun sei. Da versuchten wir es mit einem Rapport an die Gefängnisleitung. Der Rapport hatte sogar Erfolg. Nach einigen Tagen erschien von der Verwaltung ein Mädchen und brachte für jeden ein neues Hemd und eine Unterhose. Netterweise zeigte sie uns bei der Ausgabe die Quittungsliste, ich konnte alle Namen lesen. Wir fanden bestätigt, wer alles in diesem Hause wohnte.

Die Verpflegung war recht gut und immer gut gekocht, aber sehr knapp. Niemals erlebte ich es, daß etwas angebrannt oder etwas versalzen war. Das Essen kam stets auf die Minute. Die ganze Verwaltung machte einen soliden Eindruck und von sonst üblichen Unterschlagungen war nichts festzustellen. Die Russen sagten uns, der Kommandant des Gefängnisses habe selber schon mehrere Jahre darin gesessen, darum seine große Erfahrung! Das ganze Haus war stets sauber und gepflegt. Der Erbauer soll ein Deutscher gewesen sein. Nirgends wurden wir so korrekt behandelt wie in diesem Gefängnis. Die Gefängnisse sind eben in Rußland Aufenthaltsräume für alle Schichten. Ein Russe erzählte mir einmal: „Es gibt in unserem Lande 3 Kategorien von Menschen. Solche die gesessen haben, solche, die gerade sitzen und solche, die noch sitzen werden". Immer wieder wurde berichtet, daß mehrere Millionen hinter Stacheldraht säßen.

Im Januar erhielt ich meine eingelegte Berufung zurück. Man war gar nicht auf die Begründung eingegangen, sondern hatte einfach darauf geschrieben: „Nicht zutreffend, daher abgelehnt". Ob dieses Schreiben überhaupt nach Moskau gegangen ist, bezweifle ich sehr. Später habe ich dann noch mehrere Schreiben an den Innenminister, den Justizminister und an den Außenminister gerichtet, aber niemals eine Antwort erhalten.

Am 27. Februar hörten wir plötzlich Bewegung auf dem Flur. Türen wurden gechlagen, Leute riefen, Schritte kamen und gingen. Was war da los? Dann hörte ich sogar die Worte: „Domoi, domoi", d.h. nach Hause, nach Hause. Meine Kameraden erklärten mich für verrückt, aber mein gutes Ohr hatte mich nicht getäuscht. Auch unsere Tür wurde geöffnet und einer gesucht. Unser Senior marschierte nach kurzem Abschied von dannen. An Nachhause wollte und konnte natürlich keiner glauben, sonst hätte man sicher Aufträge mitgegeben. Und doch es war so, wie wir 14 Tage später erfuhren, waren diese Leute, auch unser Leidensgefährte aus der Zelle, nach Hause gefahren. Diesem Transport im Winter 1949/50 folgte wieder eine große Pause.

Dem bereits erwähnten Weihnachtspaket, folgten während meiner Gefängniszeit noch 9 weitere. Das war jedes Mal eine große Überraschung und Hilfe. Wir faßten neuen Mut. Wir hatten Fett, Bohnenkaffee und sonstige Dinge zusätzlich. Trotz monatelangen Schweigens – im Gefängnis durfte man nicht schreiben – und umlaufenden Gerüchten über unsere Verurteilung, hat meine Familie immer weiter Pakete geschickt. Leider konnte ich mich nicht bedanken.

Ende Februar 1950 gab es für uns eine Änderung. Wir wurden plötzlich aus unserer Zelle herausgerufen und in einen anderen Bau geführt. Kurz vor unserem Umzug hatten wir noch einen Zuwachs bekommen und zwar einen sehr unerfreulichen, den Kulturwart aus dem Lager Gorki, natürlich ein Aktivist. Wie er unsere Zelle betrat, dachte ich gleich: „Aha, ein neuer Spitzel". Umgekehrt dachte dieser Herr, er würde mit Spitzeln zusammengesperrt, weil wir es erreicht hatten, daß wir die Haar behielten und er schon einen Glatzkopf geschoren hatte. Dieser Mann war ein Berliner Spediteur. Im Kriege ist er angeblich Major gewesen. Als unser Lager Oranki seiner Auflösung entgegen ging, wurde auf seine Veranlassung für den russischen Lagerkommandanten ein großes Abschiedsgeschenk gefertigt. Alle waren wütend über die Taktlosigkeit, aber noch bevor er dieses Geschenk mit seiner Urkunde gefertigt hatte, wanderte auch er in den Karzer und dann in das Gefängnis. Es war ihm gelungen, eine Rasierklinge zu behalten und mit dieser schnitt er sich, vor einer Vernehmung in der Wartezelle, die Pulsadern auf. Bei dem ersten Tropfen Blut wurde er aber ohnmächtig, fiel gegen die Tür, welche aufging und ihn auf den Boden gleiten ließ. So fand ihn ein Posten. Er kam einen Tag in das Lazarett und wurde am nächsten Tag, genau wie alle anderen, verurteilt. Die Russen nahmen keine Rücksicht. Nach der Verurteilung saß der Mann mit einem jungen Russen von 18 Jahren, der schon drei totgeschlagen hatte, in einer Zelle. Diese Gesellschaft bekam ihm nicht und er begann unter Verfolgungswahn zu leiden. Er fühlte nicht nur sich verfolgt, sondern auch seine Familie zu Hause. Wenn wir bei dem Tee zusammensaßen, sprang er plötzlich auf und erklärte, seine Frau säße unten bei dem Kommissar und werde gerade vernommen. „Ich höre sie im Luftschacht reden. Mein Sohn ist auch da". Diese und ähnliche Äußerungen fielen öfter. Wir mußten das gleiche schwere Geschick tragen und so hatten wir Mitleid mit diesem Herrn, der uns früher als Faschisten bezeichnete. Wir versuchten ihn zu beruhigen und ich flößte ihm zur Stärkung guten Kaffee ein. Allmählich kam er wieder zu sich. Natürlich bekam er von uns ab und zu einen Stich, wegen seiner roten Vergangenheit! Er ging dann hoch und sagte, daß er alles bereue und niemals wieder mit den Russen zusammenarbeiten wolle. Leider war das nur eine Phrase, denn 14 Tage später stellte er sich wieder dem Kommissar zur Verfügung. Diese Leute konnten eben nicht mehr aus ihrer Haut heraus.

Dieser Spediteur, mein Wachtmeister – ein Schlesier – und ich, zogen am 1.3.1950 in eine neue Zelle ein. Ein Glück, hier waren nur Deutsche, die sich bereits einigermaßen kannten. Wir wohnten 6 Wochen zusammen. Noch nie in der Gefangenschaft ist mir die Zeit so schnell vergangen, wie diese Wochen. Wir hatten einen Stubenältesten, eine feste Hausordnung, eine erstklassige Sauberkeit. Abends hielt einer einen Vortrag oder wir machten Gesellschaftsspiele. Am Tage war russischer Unterricht, einer von uns beherrschte die Sprache gut. Bei den sogenannten Spaziergängen auf dem Gefängnishofe, machten wir alle, unter meiner Leitung, einige Freiübungen, denen die Posten auf dem Wachturm mit Interesse zuschauten.

Eines Tages passierte etwas sehr komisches. Jeden Morgen erschien an der Tür eine dicke Frau oder eine sehr niedliche jüngere, die wir „Sonnenschein" nannten, und brachte unser Brot und Zucker. Am 2.3. stand die Junge, unser Sonnenschein, vor der Tür und strahlte. Sie gab uns 100 gr Brot mehr und doppelte Zuckerportionen. Wir waren sprachlos und meinten, das sei wohl ein Irrtum. „Nein", sagte sie, „von heute an, erhaltet Ihr wieder Offiziersverpflegung". Das konnten wir nicht fassen. Natürlich nahmen wir die Zusatzverpflegung gerne in Empfang. Ein Rätselraten ging los. Keiner fand die Lösung. Mittags gab es Kascha – Brei, der in Fett schwamm. Dann erhielten wir sogar Backobst und sehr gute Zigaretten (15 Stück). Keiner wußte was los war. Aber auch die Posten auf dem Flur wußten es nicht. Wir belauschten ein Gespräch folgenden Inhalts: „Wie ist das nur möglich, erst werden diese Leute zu Verbrechern erklärt und dann gibt man ihnen plötzlich die beste Verpflegung?". Die Gerüchteküche kochte wieder! Die Lösung ließ nicht lange auf sich warten. Wir hörten, Ende Dezember hatten plötzlich über die Nacht die Verurteilungen aufgehört und Leute, die zu dieser Stunde noch vor Gericht standen, wurden unvermittelt wieder in ihre Zellen zurückgebracht. Vermutlich eine Weisung aus Moskau. Am 28. Februar wurden etwa 75 Mann aus den Zellen gerufen. Unter diesen waren die Stabsoffiziere noch unverurteilt, die Mannschaften dagegen bereits verurteilt. Die ausgewählten Leute erhielten neue Bekleidung, bessere Verpflegung und man sagte ihnen, sie führen nach Hause. Ja man sagte sogar, daß bald weitere Kameraden folgen würden. Wir erfuhren natürlich auch, daß wir alle seit dem 1. März bessere Verpflegung erhielten und wurden dadurch in dem Glauben bestärkt, es sollten alle nach Hause fahren. Das war aber nur ein gemeiner Trick, mit dem man uns beruhigen und die anderen täuschen wollte. Die Tatsache des Transportes erfuhren wir durch unser neues Haustelefon. Wir hatten es den Russen abgeguckt, daß sie immer durch die Heizungsrohre telefonierten und morsten. In Kürze klappte es auch bei uns und wir waren gut und genau über die Vorgänge im Hause unterrichtet. Wir hatten sogar fast alle Namen der nach Hause gefahrenen Kameraden.

Am 18. März wurde unser ruhiges Dasein durch eine neue Überraschung gestört. Das „Haustelefon" meldete, daß die Verurteilungen wieder begonnen hätten. Das Barometer sank in Minuten unter Null. Wenige Tage später hörte die Offiziersverpflegung auch wieder auf. Im April gab es dann noch einmal 14 Tage bessere Verpflegung. Wieder stieg und sank unser Barometer. Unseren Nerven wurde allerhand zugemutet! Das waren aber noch nicht alle Rätsel. In den Tagen, in denen es bessere Verpflegung gab, wurde plötzlich ein Soldat in unsere Zelle verlegt. Was sollte das nun wieder? Er erhielt auch Offizierverpflegung. Natürlich tauchte der Verdacht auf, er sei ein Spitzel. Aber die Zeit hat uns bewiesen, daß er sich bis zum Schluß bestens benommen hat. Lauter Rätsel für uns!

Mitte April etwa kam ich in eine neue Zelle, die in ihrer Zusammensetzung und vor allem in ihrem Zustand nicht so nett war. Hier verlebte ich meinen 39. Geburtstag, ohne, daß einer der Kameraden es wußte. In dieser Zelle waren wir bis zum 9. Mai 1950. Es folgte der für uns alle niederschmetternde Abtransport in ein Arbeitslager. Die ganzen

Monate hatte man immer gesagt, wenn doch bloß bald die Zeit im Gefängnis zu Ende wäre! Jetzt stand die ungewisse Frage vor uns: „Geht es nun in ein Arbeits- und Erziehungslager?".

L.
Wieder ein 9. Mai

Am 8. Mai erschien plötzlich und unerwartet an unserer Tür dieSekretärin des Gefängnisses und verlangte unsere Quittungen über abgenommenes Geld und abgenommene Wertsachen. Ein Zeichen, daß etwas los war! Dann wurden wir zumBaden geführt, obwohl unser 10 Tage-Törn noch nicht um war. Im Bad erhielten wir gute Wäsche, die Haare wurden nicht geschnitten. Das Essen mittags war gut und die Ausgeberin war in guter Laune. Alles Anzeichen für etwas Besonderes! Wieder fing die Phantasie der Kriegsgefangenen an zu arbeiten. Wir waren 8 Mann in unserer Zelle und hatten 6 verschiedene Meinungen. Jeder erwog das Für und Wider seiner Meinung, dann wurde sie ausgesprochen: „Morgen ist der 9. Mai, 5 Jahre seit der Kapitulation, vielleicht macht der Russe eine Geste und schickt uns nach Hause!" Zu dieser Patentlösung hatten wir uns durchgerungen. Einer unter uns, ein 65jähriger, schwerhöriger Mann, merkte unsere Erregung und ging nun von einem zu anderen und fragte ihn nach seiner Meinung. Nachdem er alle gehört hatte, schloß er sich der Optimistenpartei an und war ganz selig. Am 9. Mai, etwa 3 Uhr morgens, hörten wir Bewegung auf dem Flur. Einer stellte sich gleich mit dem Ohr an die Tür. Er meldete jedes Wort genau. Wir hörten die Namen von Bekannten und immer wieder die Worte: „Mit allen Sachen kommen!" Jetzt ging auch unsere Tür auf und der Tagesoffizier erschien mit einer großen Liste. Er las alle Namen vor, bis auf einen, der bleiben mußte. Das war gerade der größte Pessimist unter uns. Es kam der Befehl, unsere Sachen zu packen und uns bereitzuhalten. Die Nervosität und Reizbarkeit wuchsen von Minute zu Minute. Dann ging die Tür auf und wir wurden herausgerufen.

Seit 7 Monaten hatte ich nun auf den Moment gewartet, an dem ich das Gefängnis verlassen durfte; jetzt aber war es doch irgendwie sehr ungemütlich. Keiner von uns wollte als erster die Zelle verlassen. Als wir endlich auf dem Flur standen, da sahen wir die Bescherung! - In der großen Nische des Flures standen 4 bis 5 russische Offiziere, mindestens 10 Mann Wachpersonal und in ihrer Mitte Friseure. Zu den Füßen der Friseure lag ein großer Haufen Haare. Der erste von uns wurde sofort ergriffen und wie ein Schaf zum Scheren geführt. Jetzt ahnten wir was los war. Es ging nicht nach Hause, unser Los hatte sich verschlechtert. In der ganzen Gefängniszeit waren uns die Haare belassen worden; jetzt aber in dem Moment, in dem wir in größter Hoffnung lebten, da erhielten wir einen Glatzkopf, oder wie der Kriegsgefangene sagte, eine Bombe geschnitten. Ein schwerer Schlag! Den o.e. alten Herren sah ich in diesem Augenblick sichtbar zusammensacken. Er hat sich auch nicht wieder erholt und war bis zu seiner Heimreise, im Herbst 1953, zeitweilig umnachtet. Unser Leidensweg, hier in diesem Hause, sollte aber noch nicht zu Ende sein. Unten in der Halle erhielten wir unsere Sachen und ein Abschiedsessen. Dann wurden die Personalien verlesen. Bei dieser Gelegenheit sah unser Dolmetscher in die Liste, wo es hingehen sollte. Als er es wagte, seine Feststellung bekanntzugeben, wurde er fast gelyncht. Keiner wollte es wahrhaben. Nach Erledigung aller Formalitäten, mußten wir draußen antreten. Das Gefängnis, eines der wichtigsten Gebäude der Stadt, lag natürlich im Zentrum von Gorki. Wir machten jetzt einen kurzen Marsch zu dem Verladeplatz. Auf diesem Wege standen Posten neben Posten, bis an die Zähne bewaffnet. Dahinter eine Kette von Offizieren und dann eine große Zahl Männer, Frauen und Kinder. Sie wollten die „wilden Tiere" oder die, wie es in der Presse stand, „Verbrecher" noch einmal sehen.

In solchen Momenten braucht man schon ein großes Gottvertrauen, um nicht zu verzweifeln. Wir waren eben nicht mehr Menschen, sondern nur Nummern. Alle mehr oder weniger ausgehungert, in Lumpen gehüllt, ein Bild des Jammers - und dafür so eine Bewachung! Wie Vieh wurden wir in die „Grüne Minna" gepreßt und fuhren zum Bahnhof. Ein neuer Abschnitt unseres traurigen Daseins hatte begonnen.

LI.

Als Strafgefangener in einem Arbeitslager

Am 17. Mai trafen wir in Afdakowo am oberen Donez ein. Beim Verlassen des Waggons, in dem wir 7 Tage eingesperrt waren, atmeten wir erleichtert auf; die Reise war entsetzlich gewesen. Die ersten 3 Tage eisige Kälte. Wirkliche Eisheilige! Dann das Gegenteil, eine brütende Hitze. Unsere Bewachung war die gleiche, wie sonst bei Verbrechertransporten. Auf jedem Wagen Scheinwerfer und Maschinengewehre; Posten jede Menge und eine große Zahl von Hunden. Zwei Mal am Tage wurde gezählt. Hierzu erschien ein Offizier mit einem Knüppel in der Hand und trieb uns wie das Vieh in die eine Hälfte des Waggons, von dort einzeln in die andere Ecke. Wenn er sich verzählte und das passierte am laufenden Bande, ging die gleiche Prozedur von neuem los. Auf jeder größeren Station wurden die Waggons untersucht. Einige Posten mit Gummihämmern klopften den Wagen, ob Tag oder Nacht, von oben bis unten mit furchtbarem Getöse ab. Man wollte sehen, ob evtl. eine Planke gelöst war, zum Aussteigen. Nachts wirkte dieses Geklopfe nervenaufreibend. Alles, Schlafen, Essen und vor allem die Notdurft mußten in dem Waggon bzw. durch einen Trichter nach draußen erfolgen. Entsetzlich ekelerregend! Sieben schwere Tage haben wir überstanden. Doch es gab Kameraden unter uns, die haben Wochen, ja Monate auf so einem Transport zugebracht.

Die neue Landschaft, die uns nun empfing, war unerfreulich. Steppe, Steppe, und nochmals Steppe. Kein Baum, kein Strauch. Im Mai waren noch die weiten Flächen grün, aber ab Juni war alles eine gelbe, staubige, mit leichtem Kohlenstaub überschüttete Fläche. Aus dem großformigen Gelände ragten in allen Richtungen Kohlenschächte hervor und dazwischen Fabriken. Schnell waren wir ausgestiegen und marschierten zum Lager Brianka. Hier erwartete uns ein erfreulicher Anblick. Ein großes Lager mit Steinbaracken, in der Mitte ein Sportplatz und ein schöner Springbrunnen, umgeben von großen Blumenbeeten. Auf einem Antretplatz, vor dem Hauptblock, sammelten wir uns und erwarteten unser Gepäck. Jeder wurde verlesen und konnte seine Habe in Empfang nehmen. Am Schluß blieben 5 Mann übrig, die nicht verlesen waren und kein Gepäck erhielten und darunter war auch ich. Eine Rückfrage bei dem leitenden Offizier ergab, daß unser Gepäck nicht da war. Ein schwerer Schlag! Wir waren schon so arm und nun war das Letzte auch noch anscheinend verschwunden. Es wurde zu Protokoll genommen und man versprach uns, alles zu tun, um den Verlust aufzuklären. Tatsächlich kamen nach etwa 3 Wochen unsere Sachen an und zwar erstaunlicherweise vollzählig. Die Frauen im Gefängnis hatten jedes kleinste Stück eingewickelt und mit einem Bändchen versehen. Es entsprach ganz der Ordnung, die wir in dem Gefängnis Gorki in den 7 Monaten erlebt hatten. Unser Transport war 250 Mann stark. Uns wurde ein halber Block als Unterkunft zugewiesen. Wie wir liegen wollten, wurde uns erstaunlicherweise überlassen. Daher fanden wir uns mit 10 Mann für eine Stube zusammen.

In den bisherigen Lagern, in der Zeit von 1944 bis 1950, waren stets Generale gesondert untergebracht worden. Stabsoffiziere und „subalterne" Offiziere wurden getrennt. Die Letzteren mußten von Anfang an arbeiten, genau wie die Unteroffiziere und die Mannschaften. Jetzt aber, nach der Verurteilung, waren wir alle gleich. Wir wohnten und arbeiteten zusammen, nach unseren Fähigkeiten und Tätigkeiten, in Brigaden zusammengefaßt. Zu Beginn der Zwangsarbeit taten sich die Offiziere, die sich kannten, zusammen. Das war keine gute Lösung. Wir hatten die körperliche Arbeit nicht gelernt und es fehlte weitgehend an fachlichen Kenntnissen. Sehr schnell bildeten die Brigaden sich daher um. Offiziere und Mannschaften fanden sich nach anderen Gesichtspunkten. Das war natürlich in Anbetracht der großen Unterschiede in der Herkunft, der Bildung und der jeweiligen Interessen nicht leicht. Wir wären am Leben zugrunde gegangen, wenn wir nicht einigermaßen gut zueinander gewesen wären, wenn wir einander nicht ertragen und respektiert, wenn wir einander dann und wann nicht geholfen hätten.

Zur Zeit unserer Ankunft, befanden sich die bereits im Lager befindlichen 250 Kameraden - fast alle durch Fernurteil von Moskau verurteilt - auf der Arbeitsstelle. Nur einige Invaliden oder Kranke begrüßten uns. An ihren Gesichtern und an ihren Anzügen konnte man sofort feststellen, daß es ihnen ganz gut ging. Besonders erfreut waren wir über den Haarschnitt. Sie trugen die Haare wie ein normaler Mann in damaliger Zeit! Aus den Berichten dieser Kameraden erfuhren wir nun, daß hier alle arbeiten müßten und jeder, der etwas leistete, die Möglichkeit habe, Geld zu verdienen. Diese Tatsache war auch entscheidend für die Zusammensetzung unserer neuen Stubenbelegschaft. Wir waren 10 jüngere, gesunde und einigermaßen arbeitsfähige Leute, die sich sagten, wenn man schon arbeiten muß, dann so, daß man Geld verdient und sich etwas kaufen kann, um den Lebensstandard zu verbessern. In diesem Lager fanden wir ein gutes Bad mit Duschen, einen großen, sauberen Speisesaal und ein ganz nettes Zimmer, in dem wir ausreichend Platz hatten. Um die Mittagsstunde war ein Appell, es wurde uns eröffnet, daß alle gesunden Leute arbeiten müßten und zwar jeder nach seinen Fähigkeiten oder seinem häuslichen Beruf. Die Ungelernten unter uns, wie wir, galten als Schwarzarbeiter!

Am Nachmittag kamen die „Alteingesessenen" von der Arbeit zurück. Es fand eine freudige Begrüßung statt. Viele trafen alte Bekannte und Regimentskameraden oder Landsleute wieder. Da unser Zustand erbarmungswürdig war und unser Hunger gewaltig, liefen die Männer gleich zur Kantine, um ihre Freunde und Bekannten zu bewirten. Margarine und Wurst kamen angerollt in großen Mengen. So etwas hatten wir seit 4 oder 5 Jahren nicht erlebt. In unseren bisherigen Lagern gab es auch eine Kantine, aber wir hatten kein Geld und bekamen nur 15 Rubel im Monat. Unser Brigadier forderte uns auf, bei der bevorstehenden Arbeit ordentlich reinzuhauen, damit wir auch Geld verdienen und später besser leben könnten. Das wollten wir auch, trotz unseres Gesundheitszustandes.

Am 18. Mai begann die Zwangsarbeit in Rußland. Wir bauten als erstes eine Fabrik. Diese Fabrik, oder besser die Baustelle, lag etwa 2 km von dem Lager entfernt. Es sollte eine Kohleveredlungswerk werden. Die Kohle im Donezbogen ist jung und gilt als schlecht, was wir in unseren Zimmeröfen und Herden bestätigt fanden. Man wollte daher, in diesem und ähnlichen Werken die Kohle verbessern.

Der Arbeitsvorgang in einer solchen Fabrik, die den stolzen Namen „Zoff" trägt, lief wie folgt: Die Kohle von etwa 5 bis 6 Schächten kam mit der Bahn heran. Die Waggons wurden in einem Tiefbunker entleert und die Kohle lief auf langen Förderbändern hinaus in den sogenannten Hochbunker. Dort zerkleinerte man sie und reinigte sie magnetisch. Dann wurde die Kohle feingemahlen und mehrfach mit Wasser und chemischen Mitteln gewaschen. Als ein dicker Brei floß sie anschließend durch verschiedene Kanäle, um anschließend getrocknet zu werden. Am Ende des Fabrikationsvorganges kam gereinigter und hochwertiger Kohlenstaub heraus. Große Transportbänder in geheizten Brücken beförderten den Kohlenstaub an die Verladestellen, wo er durch Trichter in Waggons fiel. Die Abfälle wurden ebenfalls auf Förderbändern nach außerhalb des Werkes transportiert. Das Schlammwasser floß durch Kanäle in eine große, dreiteilige Kläranlage und von dort, nach Klärung mittels Pumpen, wieder in das Werk bzw. in die Wasserbehälter zurück. Der Kohlenstaub selber sollte zur Beheizung von Lokomotiven und Öfen mit großem Hitzebedarf verwandt werden. Ich nehme aber an, daß er für die chemische Industrie benötigt wurde!

Nachdem wir einige Tage Aufräumungsarbeiten auf dem Hauptbauplatz gemacht hatten, wurden wir zum Bau der Kläranlage abkommandiert. Hier war noch gar nichts geschehen. Ein Bagger hatte lediglich in jedem der drei Becken einige Kubikmeter Erde herausgenommen. Unsere Aufgabe war es, die Becken auszuschachten, die Erde mit Schiebkarren 50 bis 70 m weit zu fahren und später die Becken zu betonieren. Nun waren wir also Erdarbeiter. 5 Mann von uns machten die Erde mit der Pickhacke los und luden sie auf. 5 Mann fuhren die Erde auf selbstgebauten Bahnen, teilweise sehr weit und steil bergan, fort. Für ungelernte und völlig untrainierte Arbeiter war diese Aufgabe sehr schwer. Die Arbeit begann um 5 Uhr morgens und endete um 13.00 Uhr mittags bei großer Hitze. Eine angenehme Arbeitszeit.

Wir wollten Geld verdienen. Das war aber nicht so einfach. Zunächst mußte jeder von uns, wie früher schon einmal erwähnt, 465 Rubel für seinen eigenen Unterhalt verdienen und dem Lager abgeben. Dieser Preis war für das, was uns an Bekleidung und Verpflegung geboten wurde, sehr hoch. Für jede Arbeit, ob es Mauern, Tischlern, Erdarbeit, Wassertragen oder Brettersammeln war, gab es eine Norm, die von Moskau festgelegt worden war. Sie stand in dem sogenannten Normbuch verzeichnet. Tage- oder Stundenlohn gab es nicht. Bei einem solchen Lohnverfahren würde ein Bestrafter und wahrscheinlich viele Russen, nur die Zeit absitzen und nichts leisten. Für unsere Arbeit war eine Norm von etwa 5 Kubikmetern Erde pro Kopf und Mann festgesetzt. Das bedeutete also für unsere Brigade rund

50 Kubikmeter. Eine gewaltige Leistung! Kaum zu schaffen, aber wir haben es geschafft! Jeden Tag wurde gemessen, was geleistet wurde und ein extra Mann, der sogenannte Normierer, für den wir auch noch mitarbeiten mußten, notierte den Fall, rechnete alle 10 Tage mit den Russen ab und berechnete dann den Lohn. Diese Leute hatten eine sehr unangenehme Stellung. Sie saßen immer zwischen zwei Feuern. Viele von ihnen hielten zu den Russen. Sie hatten nur Interesse, ihre Stellung, in der sie nicht zu arbeiten brauchten und immer im Trocknen saßen, zu behalten. Andere wiederum versuchten zwischen beiden Parteien zu lavieren. Sie ließen sich von den Brigaden gut bezahlen, nach Möglichkeit auch noch unter der Hand und bestachen auf der anderen Seite die Russen nach Strich und Faden. Die ganz Gewandten kannten in Kürze die Bestimmungen besser als der Russe und konnten ihn über das Ohr hauen.

Schnell hatten wir verstanden, daß mit diesen Normen kein Blumentopf zu gewinnen war und daß wir betrügen mußten. Jeder Russe konnte das, wir mußten es erst von ihnen lernen! Tja, wie kann man bei solchen Arbeiten betrügen? Wir gaben falsche Maße unserer Arbeit an, wir berechneten den Boden nach einer falschen Bodenwertkategorie, wir berechneten den Bau unserer Fahrbahnen und den Fahrweg länger und steiler. Es wurden nur angefangene Arbeiten genommen, bei denen niemand genau wußte, was wir und was andere gemacht hatten. Wenn die Erde mit Autos abgefahren wurde, mußte der Fahrer abends angeben, wieviel Maschinen er gefahren hatte. Der Russe, als Fahrer, hatte ja auch Interesse, möglichst viel zu verdienen und auf der anderen Seite Benzin zu sparen, mit dem er abends vielleicht Schwarzfahrten gegen Geld machen konnte. So gaben wir dem Fahrer einige Zigaretten und er rechnete anstatt 10 Wagen, eben 15 oder gar 20 ab. Mit Recht wird der Leser nun fragen, hat das denn keiner gemerkt? Natürlich merkte man das ab und zu. Dann sagten wir: „Wir haben uns nicht richtig verstanden". Wir suchten jede mögliche Ausrede. Wurden wir erwischt, schrieb man nur die tatsächliche Leistung auf; dafür gab es am nächsten Tag von uns aus wieder einen Aufschlag! So ging es bei jeder Arbeit. Wer existieren wollte, mußte betrügen oder pfuschen und seine Arbeit schnell und schlecht machen. Alle Handwerker und Arbeiter, die wir damals erlebt haben, arbeiteten nach diesem System. Die natürliche Folge ist, daß der Unternehmer, kein Privatmann, sondern der Staat, nie mit dem Geld, das für den Bau veranschlagt wurde, auskam. Je weiter ein Bau fortschreitet, desto knapper werden die Mittel. Der russische Normierer mußte nun streichen. Bei jeder Montageabrechnung wurde einige Prozent wieder abgestrichen. Es gab natürlich an jeder Arbeitsstelle eine Reihe von Leuten, die ihre Norm nicht erfüllen konnten und leider dadurch nichts verdienten. Ihre Arbeit war also kostenlos und stellte ein Geschäft für den Unternehmer dar. In den ersten Monaten verdienten wir 1800 Rubel pro Kopf. Natürlich wurde uns aus Angst, daß man ausreißen könnte, nicht alles ausbezahlt. Wir erhielten nur 450 Rubel auf die Hand - wie man so schön sagte - und der Rest ging auf ein persönliches Sparkonto. Aber kaum hatten wir das erste Geld in Händen, da ergriff leider unser Brigadier und einen Teil der Brigade der Rubelwahn! Es wurde Sonntagvormittag eine Besprechung einberufen und beraten, wie man schneller arbeiten, mehr betrügen und mehr verdienen könne. Einer meiner Kameraden und ich erhoben unsere warnende Stimme und sagten: „Wollen wir uns denn für die Russen kaputtmachen, wir stützen ja nur ihr System. Mit unserem Verdienst können wir unsere Gesundheit weitgehend wiederherstellen. Das reicht doch!" Da fiel man über uns her und erklärte uns für verrückt. Ich sah mir die Sache noch einige Zeit mit an, bis ich merkte, daß sogar Leute, mit denen ich jahrelang im bestem Einvernehmen gelebt hatte, von dem Rubelwahn erfaßt wurden und nur noch von Geld und Arbeit und Essen sprachen. Abends kamen sie wie tot nach Hause, aßen oder fraßen und warfen sich auf das Bett. Sie waren nur noch Maschinen. Jetzt war Schluß! Ich wollte meine

Gesundheit nicht ruinieren und erklärte, daß ich nicht mehr mitmachen würde, wenn nicht ein anderer Geist in die Brigade käme. Man stimmte gegen mich und gegen meinen Gesinnungsgenossen ab und warf uns aus der Brigade heraus. Zum ersten Mal in meinem Leben lernte ich hier die Brutalität und die Geldgier kennen, die in dem Menschen ruht und die über Leichen gehen kann. In der Wirtschaftswunder-Bundesrepublik Deutschland hatte sich unterdessen eine ähnliche rücksichtslose Arbeitswut entwickelt, aber nicht für den ehemaligen Feind, sondern für den Wiederaufbau der Heimat und für die Gründung einer Existenz. Tatsächlich haben sich mehr als die Hälfte dieser Brigade so überanstrengt, daß sie über kurz oder lang aussetzen mußten. Der Brigadier selber, ein Mann von unwahrscheinlichem Ehrgeiz, dessen Vater, ein verdienter General, die Russen einige Jahre vorher als Kriegsverbrecher aufgehängt hatten, starb ein Jahr später mit 39 Jahren an Krebs. Ich weiß nicht, ob er wohl bei einem vernünftigem Leben und Arbeiten mindestens noch einmal seine Familie wiedergesehen und noch einige Jahre gelebt hätte. Wir beiden „Abtrünnigen" kehrten nun der „Sklavenbrigade" den Rücken. Ich verlor die Gesellschaft mehrerer Kameraden, mit denen ich jahrelang Schulter an Schulter gekämpft hatte. Meine neue Arbeit war auf dem Baugelände der Hauptfabrik. Hier mußten wir Bretter tragen, Steine abladen und saubermachen. Wenn wir Glück hatten, verdienten wir 50 bis 70 Rubel im Monat, aber dafür waren wir gesund und abends nicht so müde. Die neue Brigade war ganz auf der Basis der Kameradschaft aufgebaut. So hielt ich es bis zum Schluß meiner Zwangsarbeit. Der Bau der vorgesehenen Hauptfabrik wurde im Frühjahr 1950 mit den Ausschachten begonnen.

Am 1. August hatten wir in unserem Lager ein trauriges Schauspiel. Sonntagnachmittag trafen wir ca. 1.000 Mann aus dem Eismeergebiet bei Woykutta ein. Ein Bild des Jammers. Blasse und verhungerte Gestalten, mit langen Bärten und tiefliegenden, ausdruckslosen Augen. Sie waren alle gezeichnet! Seelenqualen, Verzweiflung, Hunger, Krankheit, Neid und vielfach ein maßloser Haß hatten tiefe Furchen in ihre Gesichter geschrieben. Ein, zwei und drei Jahre hatten diese armen Menschen unter den unwürdigsten Verhältnissen mit russischen Verbrechern zusammengelebt. Sie waren geschlagen, belogen und betrogen worden. Sie waren zusammengebrochen und wieder aufgefüttert worden und erneut zusammengebrochen. Man hatte ihnen alles weggenommen. Man hat sie schwer arbeiten lassen und ihnen dann nach der Ausszahlung den Lohn wieder abgenommen. Man hat ihnen das Bett unter dem Leibe fortgezogen; wenn man sich auf der Arbeitsstelle umdrehte, war das Werkzeug verschwunden. Man hat sie an die zugigsten und gefährlichsten Ecken gestellt. Keine Bücher, keine Zeitungen, keine Post. Keine Bilder der Angehörigen, alles war verschwunden. Dazu kam das entsetzliche Gefühl, hier oben holt uns keiner heraus. Wir müssen hier sterben! Kein Ende abzusehen. Dies ist nur ein kleiner Teil der Leiden, die diese Menschen durchgemacht haben. Viele von den neuen Kameraden brachten Schäden mit, die sie nie wieder loswurden.

Als diese Kameraden uns erblickten, konnten sie es gar nicht glauben, daß es so etwas noch gab. Ich entdeckte auf der Suche nach einem Vetter, von dem ich wußte, daß auch er seit 45 Kriegsgefangener war, und nach evtl. Bekannten, einen Landsmann, nahm ihn unter den Arm und gab ihm erst einmal anständig zu essen. Als der arme Kerl Weißbrot, Butter und Wurst sah, gingen ihm fast die Augen über. Nach seiner Heimkehr begab er sich gleich zu meiner Familie und sagte, ich hätte ihm so ungefähr das Leben gerettet. Mir selber ist das gar nicht so aufgefallen. So habe ich mir jeden Tag einen Kameraden geholt und ihn bewirtet.

Leider war mit den neuen Kameraden ein neuer Geist in unser Lager eingezogen. Der Geist der Mißgunst, des Geldneides und des Klauens. Die Kameradendiebstähle häuften sich. Auf der Arbeitsstelle verschwanden dauernd Geräte. Die Brigade bekamen sich in die Wolle. Die Arbeitsmöglichkeiten wurden schlechter, jeder glaubte, er sei betrogen. Dieser schlechte Geist dauerte etwa 1 bis 1 1/2 Jahre. Dann hatten die meisten sich wieder gefangen, es gab Pakete und Post, man wurde wieder Mensch. Vor allem der Ton besserte sich ständig.

Auf unserer Baustelle war jetzt Hochbetrieb. Es wurde in zwei, teilweise in drei Schichten gearbeitet. Bis zum Eintritt der Kälte war tatsächlich das Dach auf dem Hauptgebäude. Es konnte mit der Montage im Innenraum begonnen werden.

Hier muß ich noch zwei Personen erwähnen, die bei dem Bau unserer Fabrik eine Rolle gespielt haben. Die Bauarbeiten unterstanden einem zivilen Direktor. Dieser Direktor, dem mehrere Baustellen und Schächte unterstanden, war ein ganz dicker Mann, der in einem schlecht geschnittenen Anzug, ohne Schlips, die Hände in den Taschen, auf einem Lastwagen angefahren kam. Er versuchte kurz vor dem Eintreffen von Kommissionen mit uns auf gutem Fuße zu stehen. Waren diese aber abgefahren, dann machte er nur Krach. Unsere verantwortlichen deutschen Bauleiter wußten genau, daß er keine Ahnung hatte. Sie ließen ihn das auch fühlen. Er wurde manchmal angeschnauzt, wie ein Rekrut. In der ersten Zeit unseres Daseins in dem Lager Brijanka wurde sehr oft sonntags gearbeitet, um den Bau voranzutreiben. Am Sonnabend vor einem solchen Tage, kamen wir mittags von der Arbeit zurück und sahen an dem Brunnen einige Fässer Bier stehen. Erstaunt fragten wir die Alteingesessenen, was das zu bedeuten habe. Das Bier stiftet der Direktor für das Lager, hieß es dann. Samstagabend um 17.00 Uhr wurde das Faß angestochen und dann ging eine ziemliche Sauferei los. Nach den ersten Gläsern erschien der Direktor persönlich und stellte sich zu dem „Volk" hin. Im Sommer kam er in Hemdsärmeln, die Hände tief in den Taschen und trank ein Bier. Dann zog er einen Hering aus der Tasche, der in Zeitungspapier eingewickelt war, und verzehrte ihn mit den Händen, ohne Instrumente. Gut gelaunt zog er von dannen. Er bildete sich ein, die Stimmung der Truppe sei gut und er könne jetzt wohl mit dem Kommandanten über den Einsatz der Sklaven am Sonntag verhandeln. Wir erfuhren anschließend, daß das gestiftete Bier von uns selber bezahlt werden mußte. Ich habe ein- oder zweimal auch ein Glas getrunken, das Bier war gut und schmeckte, wenn man jahrelang so etwas nicht getrunken hatte. Aber bei dem Trinken des Bieres hatten wir meist ein schlechtes Gewissen, weil doch immer mindestens 70 bis 80 Invaliden in dem Lager waren, die kein Geld verdienten und auch gerne ein Glas getrunken oder sich ein Stück Wurst für dieses Geld gekauft hätten. Bei dieser Gelegenheit zeigte sich, wer sich beherrschen konnte. Als später die Leute aus dem Lager Woykutta kamen, gab es nur noch einmal Bier. Bei diesem einen Mal fand eine Schlägerei statt, ein Selbstmordversuch und eine Ausschreitung, die den ganz besonderen Zorn der Russen hervorrief. Ein Mann, der bei jeder Gelegenheit haltlos war, - er hatte sich übrigens auch einen falschen Namen und das Ritterkreuz zugelegt - betrank sich sehr und ging dann im Lager herum und sang das Horst-Wessel-Lied. Das ging natürlich zu weit und von jetzt ab gab es kein Bier mehr.

Die zweite Person, die ich besonders erwähnen möchte, war die Innenarchitektin, ich glaube sie hieß Luba. Ein nettes, gutgewachsenes, blondes Mädchen. Sie war die Tochter des Direktors. Luba hatte in Moskau auf Staatskosten studiert, mußte dann die ersten Jahre in einem vom Staat bestimmten Gebiet arbeiten, um das Studium abzuverdienen. Sie kam in der ersten Zeit immer in sehr netten Kleidern. Aber wie der Bau höher wurde, mußte sie oft auf den Leitern in die Höhe steigen. Bei diesen Gelegenheiten waren alle Kavaliere und ließen ihr den Vortritt. Bald merkte sie aber, daß die Männer von unten hinter ihr her in die Höhe schauten, sie besorgte sich Hosen. Samstag war sie meist schon in ihrer Ausgangsgarderobe. Ein nettes Kleid, einen großen Hut und dezent geschminkt. Von weitem sehr nett anzusehen! Man hatte an ihrem Anblick wenigstens eine kleine Freude. Luba war im übrigen für uns Kriegsgefangenen unnahbar. Wir waren doch Kriegsverbrecher! Im Herbst 1950 wurde ein neues Objekt eröffnet. Wir mußten nach dort etwa 1 Stunde mit dem Auto fahren. Diese Fahrten waren immer eine Qual und eine Gelegenheit, bei der man uns besonders gerne schikanierte. Es mußten 25 Mann auf einen offen Lastkraftwagen. Man saß dort zunächst ohne irgend eine Unterlage auf den Planken, des meist sehr dreckigen Fußbodens. Damit wir überhaupt alle hereinkamen in den Wagen, mußten wir uns auf einmal und auf ein Kommando hinsetzen. Wer eine lange Leitung hatte und nicht gleich mit runterging, der kam nicht auf den Boden und hatte die ganze Fahrt über Höllenqualen auszustehen. Um die Bordwände des Wagens waren undurchsichtige Gitter, damit die Zivilbevölkerung uns nicht sehen konnte. Man behauptete allerdings, daß es zu unserer Sicherheit sei!

An der Rückwand des Führerhauses war eine kleine Nische abgetrennt und da standen immer 2, manchmal 3 Posten, mit Gewehr und aufgepflanzten Bajonetten. Auf der Fahrt durfte nicht gesprochen und nicht geraucht werden. Morgens, auf dem Weg zur Arbeit, kamen die Fahrer immer pünktlich, aber abends zur Heimfahrt waren sie oft sehr unpünktlich. Wir mußten vor allem samstags, wenn die Kerle Schwarzfahrten mit den Wagen machten, oft lange warten. Häufig waren die Fahrer auch betrunken und machten unterwegs eine Wettfahrt. Unser Leben hing wirklich manches Mal an einem seidenen Faden.

Auf dieser neuen Baustelle wurde ein Kühlhaus errichtet. Die vorgesehenen Anlagen, waren sehr modern. Die Arbeiten auf diesem Objekt wurden 10% schlechter bezahlt, weil es eine städtische Anlage war, während die bisher gebauten Fabrikanlagen staatlich waren.

Ich hatte jetzt ein neues Gewerbe angefangen und zwar wurde ich Maurer. Zunächst als Handlanger, und nach 2 Monaten hatte ich so viel gesehen und „gelernt", daß ich selber mauern durfte. Meine Kelle schlecht und verbogen, der Maurerhammer unmöglich, das Lot selber gemacht, keine Wasserwaage. Man kann sich vorstellen, wie da gemauert wurde. Die Normen sind für die Maurer sehr hoch und um etwas zu verdienen, muß man sich ranhalten und pfuschen! Der Mörtel wurde daher nicht mit der Kelle, sondern gleich mit dem Spaten aufgelegt und in einem Zuge lagen mindestens 10 Steine drauf. Einmal vorne und einmal hinten geklopft und fertig war die Schicht. Nun war um diese Zeit der Frost schon ziemlich stark, die Steine froren gleich fest. Es bestand also einstweilen keine Gefahr des Einsturzes! Die Unebenheiten in der Fläche wurden beim Verputzen oder Stukkadieren ausgeglichen. Der Speis für die Maurer wurde von unseren Leuten gemacht, wie die Mischung dann ausfiel, läßt sich denken. Damit nun der Speis auf der Fahrt zu seiner Verwendung nicht festfror, es waren mittlerweile 10 bis 15° Minus draußen, wurden die Karren mit einem Deckel versehen und bei noch größerer Kälte mit einer Schutzwand verkleidet, in die heißer Sand gefüllt werden sollte! Solche Maßnahmen erfolgten aber nur, wenn der Meister da war. Dieser war aber meist unterwegs, um das Baumaterial irgendwo zu erbitten oder zu klauen.

Ein Mann spielte in unserem derzeitigen Lager eine besondere Rolle. Es war ein großer, starker Oberstleutnant, der bei uns den schönen Namen „Kolchosbauer" trug. Einst war er in der roten Flotte auf dem schwarzen Meer als Matrose gewesen. Dann hatte er in der Landwirtschaft gearbeitet. Seit dem Kriege gehörte er der Roten Armee an. Ein echter Russe, bei dem man niemals wußte, wie er sich verhalten würde. In einer Minute konnte er umschalten, von dem freundlichsten Lachen auf einen Wutanfall, so daß man am besten verschwand. Die Arbeiter unter uns behandelte er im allgemeinen gut, aber die Invaliden haßte er und behandelte sie gemein. Wo er sie erwischen konnte, da schikanierte er sie. Er hatte einfach kein Verständnis für Menschen, die nicht arbeiten konnten. Außer Dienst lief der „Kolchosbauer" immer in einem Hemd ohne Kragen, oder wenigstens ohne Schlips, ziemlich schlampig angezogen, herum. Im Dienst dagegen, war er tadellos angezogen. Mit dem deutschen Lagerkommandanten, einem üblen Mann, steckte er unter einer Decke. Sie verschoben gemeinsam die Kohle des Lagers und wahrscheinlich vieles mehr.

LII.
Lebensgefährlich erkrankt

Im Januar 1951 wurde ich plötzlich von einer Furunkolose befallen. Dauernd hatte ich neue Geschwüre am Hals, was bei der Arbeit sehr unangenehm war. Die von der Ärztin angeordnete Heilmethode bestand darin, daß die Geschwüre jeden Abend, nach der Arbeit, ausgekratzt wurden. Herrliche Gefühle! Die dauernde Arbeit, die mangelnde Sauberkeit der Wäsche und vor allem die Kälte, förderten die Entzündung so, daß ich eines Tages ziemlich hohes Fieber hatte und in das Lazarett eingewiesen wurde. Der deutsche Arzt wollte sofort schneiden, aber die Ärztin brachte ein neues Mittel mit und meinte, wir sollten es damit noch einmal versuchen. Am nächsten Morgen hatte ich eine Blutvergiftung, mit hohem Fieber und bereits roten Streifen am Hals. Man entschloß sich jetzt endlich zu einer Operation. Mit einer Evipanspritze durfte ich einschlummern und in wenigen Minuten hatte der deutsche Arzt mir zwei anständige Schnitte im Nacken verpaßt. An den Folgen dieser Operation lag ich etwa 2 Monate im Lazarett und versäumte, erfreulicherweise, die kältesten Wochen des Jahres. Meine Wunden wollten nicht heilen. Alle paar Tage hatte ich wieder Fieber. Ich fühlte mich elend und schlapp. Unser deutscher Lazarettarzt tat alles, was bei der miserablen Ausrüstung möglich war, um uns Kranken zu helfen. Offensichtlich mochte er mich gerne. Ich spürte, daß er jede Gelegenheit ausnutzte, um unseren Aufenthalt im Lazarett zu verlängern.

In dem Lazarett Brijanka waren drei russische Ärztinnen. Chefärztin war eine kleine, niedliche Person, die uns sehr wohlwollend gegenüberstand und daher den Namen „Klein Erna" oder auch „Sonnenschein" trug. Sie stammte aus Galizien, konnte etwas Deutsch und war bestimmt keine echte Russin. Diese Frau wußte, daß sie nicht viel konnte und nahm bei dem deutschen Professor, der in dem Lazarett als Chirurg tätig war, Unterricht, in dem sie viel lernte. Sie wollte Chirurgin werden und konnte so ihr Wissen billig vervollständigen. Für die Kranken hat „Klein Erna" immer gut gesorgt. In schweren Fällen lief sie oft zu Fuß zur nächsten Stadt, um Medikamente zu holen. Aber der NWD beschattete sie so, daß es am Schluß nicht mehr ging, sie wurde als Chefärztin abgesetzt und erhielt eine junge, unsympathische Person vor die Nase gesetzt.

Die zweite Ärztin mit dem Spitznamen „Dornröschchen" war weniger nett und konnte gar nichts. Außerdem war sie faul und immer müde, daher ihr Spitznahme. Sie war dick und hatte einen kugelrunden Kopf, mit einer starken Brille darauf, einen Bubikopf und immer sehr kurze Kleider. Eines Tages fand in dem Lager eine Gemäldeausstellung statt, bei der auch Märchenbilder gezeigt wurden. Sie ließ sich alles erklären und entdeckte auch Dornröschchen. Die Erklärung ihres Spitznamens gefiel ihr sehr.

Die dritte im Bunde war Frau Neumann, Frau eines österreichischen Emigranten. Auch diese Frau konnte nicht viel, aber sie sorgte gut für die Kranken. Ihr Vertrauen zu den Deutschen war sehr groß. Wenn sie einmal abends länger zu tun hatte und im Dunkeln nach Hause gehen mußte, dann ließ sie sich einen Verband um ihre Uhr machen, damit diese unterwegs nicht geklaut wurde! Einmal gab sie sogar dem deutschen Arzt abends ihr volles Portemonnaie, weil sie Angst hatte damit durch die Dunkelheit zu gehen. In ihren Augen waren wir offensichtlich keine Verbrecher, zu denen wir doch sonst immer wieder gestempelt wurden.

In dem Lazarett lagen wir zu viert in einem Zimmer. Mein Nachbar war Gustav aus Eldena in Mecklenburg, mit dem ich schon in Susdal und Oranki täglich Holz gesägt und gehackt hatte. Unsere Freundschaft wurde erneut gefestigt. Sie hat bis heute, auch über die Zonengrenze hinweg, gehalten. Gustav unterhielt die ganze Stube mit Witzen und Anekdoten aus seiner früheren Tätigkeit als Viehhändler. Wenn er mit einem Gemisch von mecklenburgischem Dialekt und russischen Brocken der Ärztin den Hof machte, schüttelten wir uns vor Lachen. Unsere besondere Freude war, die Nachtwache zu ärgern. Die Nachwache wurde dargestellt durch einen langen, dürren Mann, von Haus aus Wissenschaftler, links orientiert, eine dicke Brille vor den Augen, eine hohe Pelzmütze auf dem Kopf. Dieser Nachtwächter kam im Dunkeln herein, mußte uns zählen, den Puls fühlen, evtl. zudecken und die Bettflaschen ausleeren. Die Bettflasche wurde versteckt, er mußte unter die Betten kriechen und suchen. Einmal hatten wir einen Faden an die Bettflasche gemacht und zogen sie auf der Erde von Bett zu Bett. Der Nachtwächter kroch hinterher. Wieder ein Grund zu schallendem Gelächter.

Der Bademeister im Lazarett war Oswald, ein Landwirt aus Mecklenburg, 1,92 m groß, breit und gemütlich. Bei Oswald durften wir länger baden als andere und bekamen außer der Reihe heißes Wasser, um heimatlichen Nescafé zu bereiten. Auch unsere Freundschaft dauerte fort, nach der Heimkehr, bis er an einem mitgebrachtem Leberleiden, Ende der 60iger Jahre, in Schleswig verstarb. Als Masseur war in dem Lager ein Polizeibeamter aus Flensburg tätig, der sich unserem Dreierbund anschloß. Dieser Dreierbund war ein wirklicher Lichtblick in unserer dunklen Zeit.

Langsam ging es uns besser und es kam der Tag, an dem ich als geheilt entlassen wurde. Ich verabschiedete mich mit herzlichem Dank von der Ärztin „Sonnenschein". Ihr Abschiedswort lautete: „Morgen wird es besser!" Der Gedanke, nun in ein anderes Zimmer zu ziehen, mein bisheriger Platz war unterdessen besetzt, und am nächsten Morgen bei großer Kälte wieder zur

Arbeit zu müssen, bedrückte mich sehr. Immerhin hatte ich mich 2 Monate von der Arbeit abgesetzt, während die Kameraden, bei bis zu 20° Kälte, teilweise ohne Pelze, täglich zur Arbeit gefahren waren.

Ich zog jetzt in den Block 5, Zimmer 21, zwölf Quadratmeter groß, vorgesehen für 8 Mann; das einzige kleine Fenster dieses Zimmers war durch zwei Betten übereinander, zugestellt. In dem unteren dieser Betten, quer zu dem Fenster, durch das es natürlich ewig zog, sollte ich liegen, 40 cm über dem Fußboden. Mein Lager war außerdem, am Kopf- und am Fußende, von den Nachbarbetten teilweise zugebaut. Es war fast wie ein Hundezwinger.

Die Stubenkameraden waren bei meinem Eintreffen natürlich auf der Arbeitsstelle, bis auf einen. Dieser eine, genannt Alex, ein Original, wird in einem späteren Kapitel behandelt.

LIII.
Im Lager Krasnopolje

Im Frühjahr 51 tauchten plötzlich Gerüchte auf, daß das Lager verlegt werden solle, in eine neue Wohnsiedlung, die von uns gebaut wurde. Hier schossen die Häuser wie Pilze aus der Erde. Der Pleni, sprich der Kriegsgefangene, ist sehr konservativ und haßt jede Veränderung. Wir wollten nicht fort und hofften, daß es nichts würde. Aber es wurde doch etwas. Am 1. Oktober 1951 zogen wir in das Lager Krasnopolje, etwa 13 km weiter nach Nordwesten. Unsere Möbel, das klingt feudal, es waren nur die selbstgezimmerten Tische und Bänke und das Gepäck, wurden mit Autos gefahren, wir selber marschierten. Die neue Unterkunft fanden wir recht nett. Man hatte genügend Platz und wir konnten uns so zusammenlegen, wie es uns gefiel. Darauf nahm keiner mehr Einfluß. Eine große neue Stube mit 6

Mann. So etwas hatte ich, in fast 7 Jahren, nicht erlebt. Wir durften Bilder aufhängen, machten uns eine gemütliche Ecke mit einer Bank und hatten sogar Dampfheizung, die allerdings aus Mangel an Kohlen, nicht sehr wärmte. Die Kohlen wurden auch hier von unserem Lagerkommandanten verschoben. Auf der Stube stand ein kleiner Ofen, den der schon erwähnte Alex gebaut hatte, und der prima heizte. Da solche Öfen verboten waren, hatten wir zur Tarnung einen Nachtkasten über den Ofen gestellt. Auf dem Nachtkasten stand immer ein selbstgebautes Schachspiel mit einer angefangenen Partie. Da die Russen fast alle leidenschaftliche Schachspieler sind, war das Schachbrett für jeden eintretenden Russen ein Blickfang. Andere verbotene Dinge im Zimmer wurden übersehen. Die Attrappe mußte natürlich beim Heizen abgenommen werden.

Ein großer Speisesaal, ein Lesezimmer, ein großes Lazarett, eine saubere Kantine, mit einer netten Verkäuferin, ein Sportplatz, ein Bad mit Duschen und eine brauchbare Wäscherei, verschönten den Aufenthalt in diesem Lager. Nach einem halben Jahr aber kam eine Kommission aus Moskau und besah das Lager. Sie fanden alles sehr schön, aber zu schön und sagten, so könnten vielleicht zur Not freie Menschen wohnen, aber für Verbrecher, wie wir es doch seien, sei die Unterkunft zu schön. Sofort mußte alles von den Wänden genommen werden. Keine Bilder, keine Lampenschirme, keine Stühle oder Bänke, keine Tischdecken und was uns am meisten traf, es durften auch keine Fotografien, die wir unterdessen aus der Heimat bekommen hatten, aufgestellt oder aufgehängt werden.

LIV.
Ich hatt' einen Kameraden

Immer wieder erkrankten Kameraden in unserem Lager an Gelbsucht und quälten sich lange Zeit mit dieser häßlichen Krankheit und den folgenden

Leberschäden. Es fehlten die notwendigen Medikamente. Auch einer meiner Freunde, der ostpreußische Oberst v.B., aus meiner Division, der mit mir gleichzeitig im November 49 in Gorki vor Gericht gestanden hatte, wurde von der meist ansteckenden Gelbsucht befallen. Er lag im Lazarett und siechte langsam dahin. Ich durfte ihn nicht mehr besuchen, wurde aber laufend über sein Befinden unterrichtet und konnte Grüße bestellen. Wie habe ich in diesen Wochen den Himmel bestürmt und um Heilung für ihn gebeten. Sein letzter Wille wurde mir durch einen Kameraden aus dem Lazarett übermittelt. Ich sollte seine Frau informieren und seinen Nachlaß – einige Schachteln aus Birkenrinde, kunstvoll, aus Knochen gearbeitete Serviettenringe, Anhänger und Broschen und ein Zigarettenetui – an mich nehmen und nach Hause bringen. Er hatte einige Dinge dreifach – für seine Frau und für die zwei Töchter – angefertigt.

Die zwei Töchter, 15 und 16jährig, waren auf der Flucht aus Ostpreußen, von den Russen verschleppt worden und sind nie wieder aufgetaucht. In seinen letzten Lebenstagen sprach mein Freund noch mit einem Geistlichen und starb, soweit ich weiß, am 14. oder 15. Juni. Mit 8 Mann trugen wir den guten Kameraden zu Grabe. Er war einer der Besten. Eine allgemeine Trauer herrschte im Lager.

LV.
Ein Unfall mit Folgen

Ein tragischer Vorfall gab Veranlassung, zu den immer schärfer werdenden Bestimmungen des Lagers.

Am 31.10.1951 fuhren wir mit unserer Autokolonne, wie jeden Morgen, zu der Fabrik, in der ich nun als Transportarbeiter für Maschinen arbeitete. Auf dieser Fahrt hatten wir zwei unbewachte Bahnübergänge zu überqueren. Ich saß auf dem dritten Wagen und sah bei dem zweiten Übergang eine Lokomotive von rechts nach links, unter lautem Tuten, ankommen. Mit einem komischen Gefühl fuhr ich über die Schienen. Der nächste Wagen folgte mit etwa 30 m Abstand und versuchte, leichtsinnigerweise, noch über die Schienen zu kommen. Die Rechnung des Fahrers ging leider nicht auf. Sein Wagen wurde genau in der Mitte von der Lok erfaßt. Ich konnte von meinem Sitz verfolgen, wie der Wagen umschlug und der Kasten mit den Menschen, etwa 30 m vor der Lok hergeschoben wurde. Bretter und Glas flogen durch die Luft, ein lautes Kreischen und die Lokomotive stand. Unsere Wagen hielten an. Ehe noch die Posten sich von dem Schreck erholt hatten, waren wir schon aufgestanden, hatten die Lkw hinten aufgeklappt und sprangen, ohne auf die Drohungen der Posten zu achten, in hohem Bogen herunter. Mit wenigen Sprüngen waren die 30 m zurückgelegt und wir standen mitten unter unseren verunglückten Kameraden. Wie hoft hatten wir es im Kriege erlebt, daß eine Granate in unserer Mitte einschlug und Verwundete und Tote um uns lagen. Hier war das gleiche Bild. Während einige törichte Leute, darunter vor allem ein bekannter Boxer, der immer den mutigen und starken Mann markierte, sich voller Wut auf den Lokomotivführer und den Fahrer des Lkw's stürzte, ergriff ein ostpreußischer Feldwebel die Situation und nahm die Führung in die Hand. Er konnte gut Russisch und sagte dem völlig ratlos dastehenden russischen Oberleutnant, daß er für Ordnung sorgen würde und den Abtransport regeln wolle. Er brüllte den Mann so an, daß dieser gehorchte! Einige Autos wurden an die Stelle gefahren. Die russischen Fahrer mußten ihre Wagen abgeben und unsere Leute setzten sich ans Steuer. Die Seitenschilder der Wagen benutzten wir als Tragen für die Verletzten, um sie zu den Autos zu bringen. In wenigen Minuten war das Feld geräumt. Herumliegende Mützen, Handschuhe und Brotbeutel flogen auf die letzte Maschine. Einer gab das Zeichen zum Antreten und wir erklärten dem Offizier, wir gingen nicht zur Arbeit, sondern in das Lager zurück. Er gehorchte zitternd. In dem Moment, als wir zu Fuß abmarschieren wollten, erschien der stellvertretende Lagerkommandant, mit einem Heer von Posten und Hunden. Einige von uns waren darüber sehr erbost. Ich sah darin gar nichts besonderes. Wenn in einem russischen Lager so etwas passierte, dann wurde mindestens einer oder zwei totgeschlagen oder einige rückten aus. Sie behandelten uns eben genau wie ihre eigenen Leute.

Als wir im Lager eintrafen, erfuhren wir schon die ersten Untersuchungsergebnisse. 5 Kameraden waren tot, zwei starben innerhalb einer Stunde und 13 waren mehr oder weniger schwer verletzt. Tief erschüttert gingen wir in unsere Unterkünfte zurück. Auch ich hatte zwei sehr gute Bekannte verloren. Was sollte nun geschehen? Wir riefen aus eigener Initiative eine Lagerversammlung zusammen und stellten unsere Forderungen auf:

1. Ein feierliches Begräbnis der Kameraden.
2. An dem Tage der Beisetzung arbeitsfrei.
3. Postkarten, um die Angehörigen der Toten zu benachrichtigen.
4. Verbesserte Sicherheitsmaßnahmen auf den Lastwagen.

Diese Forderungen sollten dem Lagerkommandanten sogleich an Ort und Stelle unterbreitet werden. Sollte er sie nicht erfüllen, wollten wir streiken. Eine Delegation ging auf die Wache, um den Kommandanten zu holen.

Der Kommandant, ein Oberstleutnant, erklärte, er käme nicht, da er diese Versammlung nicht einberufen habe. Die Delegation kam zurück und wurde nun durch einen oder zwei besonders starke Männer verstärkt. Diese Gruppe begab sich erneut auf die Wache und nahm unter lautem Geschimpfe eine drohende Haltung ein. Da wurde der kleine Oberstleutnant weich und folgte, begleitet von seinem Adjutanten. Man legte ihm die Forderungen vor. Nach langen Hin und Her, verlangte er 3 Stunden

Bedenkzeit. In dieser Zeit wollte er wohl die Genehmigung des Kommissars einholen, vor dem er natürlich Angst hatte. Die ersten drei Forderungen gingen durch. Was die Sicherheitsmaßnahmen betrifft, wurde genehmigt, daß kleine Bänke, für je 5 Mann, auf die Autos gestellt werden durften, von denen aus man gerade über die Bordwand schauen konnte. Nach 4 Wochen wurden diese Bänke um 3 cm erniedrigt und nach weiteren Wochen um erneute 3 cm. Jetzt konnten wir nicht mehr herausschauen. Man streikte, streikte noch einmal und der Russe machte getreu von dem Wahlspruch Lenins, 2 Schritte vor und einen zurück, Gebrauch. Wieder war der alte Zustand erreicht. An den Bahnübergängen stand jetzt immer – d.h. die nächsten Wochen – ein Offizier, oder ein Sergeant und gab das Zeichen zum Überqueren.

An dem Tage nach den geschilderten Ereignissen, fand tatsächlich ein feierliches Begräbnis statt. Die 7 Särge wurden in einer Nische aufgebaut, das ganze Lager trat davor an. Das Orchester spielte einen Choral. Ein Pfarrer, ein Major und der Lagerkommandant sprachen. Der Major hielt eine sehr gute Rede, die merkwürdigerweise nicht vorher eingereicht zu werden brauchte. Der Russe mit Dolmetscherin erschien, bekam aber nicht viel von dem mit, was gesagt wurde. Erst einige Tage später hatten dann die Spitzel alles zusammengetragen. Es vergingen Wochen mit Vernehmungen, in denen die Leute gefragt wurden, was sie verstanden hätten und was sie von dem Redner hielten. Nachdem alles geklärt war, wurde der Major endlich zur Vernehmung gerufen, aber die Sache blieb ohne Folgen. Wenigstens äußerlich! Eine besondere Überwachung dieses Mannes setzte natürlich ein. Nach der Trauerfeier wurden die Särge durch ein Spalier des ganzen Lagers getragen, auf einige Lastkraftwagen verladen und mit einer geringen Begleitung zum Friedhof gebracht. – Dieser Friedhof war im Sommer 1951, gleichzeitig mit allen anderen Friedhöfen in dieser Umgebung, in Ordnung gebracht worden. Hierzu erschien ein Offizier aus

Moskau, mit einer genauen Liste der Gräber. Die Gräber mußten nach diesem Plan in Ordnung gebracht werden, auch wenn sie ursprünglich anders gelegen hatten, was einige von uns bestätigen konnten. Was diese Aktion sollte, wußten wir natürlich nicht. Vermutlich sollten die Friedhöfe aus Propagandagründen geknipst werden.

Die Freunde und Bekannten der Verunglückten erhielten Postkarten, um an die Angehörigen zu schreiben. Auch ich erbat eine Karte, um an die Frau, des von mir bereits erwähnten im Juni 1951 verstorbenen Oberst zu schreiben. Trotz vorsichtiger Ausdrucksweise ist keine der geschriebenen Karten jemals angekommen. Es gelang mir trotzdem, auf getarnte Weise, die Nachricht vom Tode meines Kameraden an meine Eltern zu bringen. Mein Vater fuhr zu seiner Frau und informierte diese. Ich konnte den letzten Willen meines Kameraden erst 1954, nach meiner Heimkehr, erfüllen. Seitdem sind wir mit seiner Witwe freundschaftlich verbunden. Wir bemühen uns immer wieder, ihr Trost und Hilfe zu bringen.

Interessanterweise konnten wir anläßlich dieser traurigen Ereignisse feststellen, daß die Nachrichtenübermittlung auch in der Sowjetunion sehr gut ist. Leute von uns, die zu dieser Zeit irgendwo in dem weiten Rußland im Gefängnis saßen, haben über den Unfall von Russen erzählen hören. Überhaupt sickerten erstaunlicherweise sehr oft Nachrichten von einem Lager in ein anderes, wenn sie auch meist entstellt waren.

Unser kühnes Verhalten bei diesem Trauerfall hatte den Russen doch zu denken gegeben. Wir erwarteten eine unangenehme Folge. Wie uns bekannt war, hatte der Russe ein bestimmtes Verfahren, um irgendwelche Aufstände, die in seinen ungezählten Straflagern immer wieder zur Anwendung kamen, zu behandeln. Er ließ einige Leute, die er aufgrund von Spitzelaussagen für die Schuldigen hielt, oder sonst Leute, von denen er wußte, daß sie einen Einfluß im Lager hatten, verschwinden und suchte die nächste Gelegenheit, um die Einheit des Lagers zu sprengen. Erst ein 3/4

Jahr später bekamen wir die Folgen für dieses Ereignis zu spüren. In der Zwischenzeit, ich glaube es war Anfang April 1952, trat ein anderes Ereignis ein, daß uns sehr viel zu denken und noch mehr zu reden gab. Ein Mann unseres Lagers, er war evangelischer Geistlicher, verschwand innerhalb von 24 Stunden, neueingekleidet reiste er, wie wir einige Zeit später erfuhren, als Einzelreisender nach Deutschland. Was sollte das nun wieder bedeuten? Er war politisch nicht weiter hervorgetreten, wenigstens wir wußten es nicht, er hatte wohl auch sonst keine Verdienste, die uns bekannt waren. Die Sache blieb ungeklärt und gehört zu einem der vielen Rätsel, die uns der Russe aufgab. Aber Unterhaltungsstoff und Stoff für die wildesten Auseinandersetzungen gab dieses Ereignis. Vor allem setzte ein Sturm der Entrüstung ein, als allmählich Nachrichten aus der Heimat kamen, die Heimkehrer über unsere Verhältnisse dort ausgestreut hatten.

Frühjahr und Sommer in diesem Lager waren ganz besonders schön. Das Lager wurde nett zurecht gemacht. Vor allem der Sportplatz fand reges Interesse. Fußballspieler erwachten. Jeden Sonntag, oder sogar an schönen Abenden, fanden große Spiele statt, an denen selbst die Russen Interesse zeigten. Außerdem hatten die Russen uns die Genehmigung erteilt, kleine Gärten anzulegen. Es entstand ein edler Wettstreit um den schönsten Garten. Die Samen bekamen wir durch die Pakete aus der Heimat.

LVI.
Ein Rückschlag im Lager Gunderowka

Wie angedeutet, erwarteten wir seit Monaten die Reaktion auf unser Verhalten am 31.10.1951.

Es war am 16.7.1952, ein Sommerabend mit glühender Hitze. Sonnabend hatten wir im allgemeinen wenig Lust zu arbeiten und heute sollten wir um 14.00 Uhr noch eine neue Arbeit beginnen. Nach einigem Hin und Her entschlossen wir uns, nichts mehr zu tun, sondern lieber etwas zu träumen und die Sonnabendwäsche bereits im voraus auf der Arbeitsstelle zu tätigen. Als wir um 17.00 Uhr im Lager eintrafen und den Speisesaal betraten, hörten wir, ein Transport sei in Vorbereitung und ein Bekannter, der Beziehungen zu der Schreibstube hatte, sagte, daß ich auch dabei sei. Wie immer kochte die Gerüchteküche! Wohin mag die Reise nun wieder gehen? Die Optimisten meinten, es ginge nach Hause. Pessimisten aber, es ginge nun doch noch nach Sibirien. Spät am Abend wurden die Namen der Reisenden verlesen. Aus unserer Brigade waren es 4 Mann. Eine kleine Abschiedsfeier konnte schnell arrangiert werden. Ich erntete noch die gerade reif gewordenen Erbsen aus meinem Garten und eine Handvoll Radieschen. Meinen Garten vermachte ich zwei jungen Kameraden, die sich mir etwas angeschlossen hatten und öfter geholfen hatten. Diese beiden hatten, wie ich später hörte, noch viel Freude daran. Als auch wieder deutsche Frauen in das Lager kamen, die sehr nett und anständig waren, konnten sie diesen einige Freude mit deutschen Kornblumen, die ich gesät hatte, bereiten.

In der Nacht ging noch ein sehr übler Kuhhandel mit dem deutschen Lagerkommandanten vor sich. Dieser etwas fragwürdige Herr hatte dicke Freundschaft mit allen Russen geschlossen und lud sie öfter zu sich ein. Bei solchen Treffen wurde zunächst einmal anständig getrunken und ohne Zweifel manches von uns ferngehalten, aber leider auch über uns verhandelt. Diese Feste kosteten natürlich Geld. Ein Kommandant verdiente nichts, war er doch mit einem festen, sehr kleinen Gehalt, von den Russen bezahlt. Das übrige Geld erhielt er aus Bestechungsgeldern. Er war nämlich gleichzeitig auch Arbeitseinsatzleiter und wer etwas spendierte, bekam eine bessere oder besser bezahlte Arbeit. In dieser Nacht gingen nun einige Leute hin und kauften sich für größere Summen von dem Transport los. An ihre Stelle wurden dann ärmere Kameraden gesetzt, die entweder zu anständig waren, etwas zu unternehmen, oder die kein Geld hatten und dafür nun büßen mußten. Hier hörte die Kameradschaft auf. Geld ist eben doch eine Krankheit. Am 17.7., früh um 5.00 Uhr, wurden wir, nach einer widerlichen Filzung, verladen und rollten mit unbekanntem Ziel wie die Heringe, in einem Lastkraftwagen eingepreßt, nach Süden.

Etwa 10 Stunden waren wir unterwegs. Es ging über Woroschilowgrad bis in das Kohlenrevier des oberen Donez, in Richtung auf Schachty. Die Entfernung betrug nur 160 km, aber wir fuhren sehr langsam und niemand kannte den Weg. Gemeinerweise wurden für solche Verlegungen grundsätzlich Sonntage genommen, damit wir Sklaven ja keinen Tag ausfielen. So sahen wir also unseren Sonntag, den man immer heiß ersehnte, langsam verrinnen. Endlich tauchte ein ganz verlassenes Dorf, mit armseligen Häusern und vielen Schächten in der Umgebung, auf. Die Kolonne hielt an. Vor einem kleinen Tor und einem Häuschen, das offensichtlich die Wache war, saßen und standen eine Schar von Russen in Zivil und in Uniform, die uns erwarteten.

Ein Lagerkommandant, Dienstgrad Major, in einer schlampigen Uniform, mit einem verlebten Gesicht, aus dem uns ein paar satanische Augen entgegenblitzen. Dieser Mann war in den 18 Monaten, in denen ich mich in dem Lager Gunderowka aufhielt, nur selten zu sehen, aber, wenn er erschien, dann war er betrunken. Woher hatte er das viele Geld?

Der Regimer (verantwortlich für Disziplin und Ordnung) ein großer, breiter Mann, ohne Haare, mit Schlitzaugen und einem brutalen, runden Gesicht. Er war in Zivil, das heißt er war in Hemdsärmeln und hatte einen Handstock in der Hand.

Der Kommissar, ein kleiner Kapitän, mit einer hängenden Schulter, einer großen Mütze auf dem Kopf, tiefen Falten im Gesicht und tief heruntergezogenen Mundwinkeln. Dazu Schlitzaugen, aus denen uns ein Haß entgegenstrahlte, wie er nicht gemeiner sein konnte. Dieser Mann hat in der ganzen Zeit unseres Aufenthaltes nicht gelacht oder gelächelt. Kurz vor meiner Heimkehr waren in dem Lager Streitigkeiten wegen der Arbeit gewesen. Bei dieser Gelegenheit, ließ dieser „Herr" einige Leute zu sich kommen und sagte zu ihnen: „Die SU hat 1 Million Kriegsgefangene bereits unter die Erde gebracht und es macht ihr gar nichts aus, noch dieses ganze Lager unter die Erde zu bringen!" Wenn wir auch wußten, daß so eine Äußerung ohne Bedeutung war, so hat sie doch alle sehr getroffen und die gereizten Gemüter unnötig erregt.

Sein Gehilfe mit dem Namen Plotnikow, ohne Dienstgradabzeichen, war im Gegensatz dazu ein Riesenmann, mit Schultern wie ein Boxer. Er war ein Intrigant schlimmster Sorte, der immer ausspionierte, wie die Stimmung war und dann eine Partei gegen die andere ausspielte. Schon die alten Römer haben gesagt: „Divide et impera!" Das heißt: „Teile und herrsche!" Dieser besagte Mann hatte auch die Post unter sich und verstand es, mittels der Postausgabe, Druck auf uns auszuüben. Der Betreuungsoffizier des Lagers hatte den Spitznamen „Texasbill". Der war, wie man so sagt, saudumm. Dazu sah er aus, als ob er gerade aus dem Urwald entsprungen wäre.

Der Wirtschaftsoffizier trug den Spitznamen „Matschauge", weil er nur ein Auge hatte. Ein Verbrecher, wie er im Buche steht, so schien es uns. Verlebt und meist betrunken, verstand er es, aus uns und aus den uns zustehenden Sachen – Bekleidung und Verpflegung – das Höchstmaß zu veräußern und das Mindeste uns zu geben.

In keinem Lager sind wir so betrogen worden, wie in Gunderowka. Außerdem hatte dieser Kerl 2 Frauen, wie die meisten in diesem Lager.

Die Ärztin: Ich erwähnte schon einmal, daß die Ärztinnen immer ganz nett zu uns gewesen waren. Diese neue Ärztin aber, war alles andere! Größe 1,85 m, Kleidung unmöglich und ein Gesicht wie eine alte Puppe, mit langweiligem Ausdruck, dazu faul und schmutzig, launisch wie eine Diva.

Wo sie uns schikanieren konnte, da tat sie es. Wie weit sie unter dem Einfluß der NWD stand, weiß ich nicht. Sie war, wie wir feststellten, zunächst mit einem Oberleutnant, einem Wachoffizier des Lagers, verheiratet. Diesen entließ sie und wechselte jetzt mit ihren Verehrern. Sie hieß Ludmilla, aber wurde im Lager, aufgrund ihres Ganges, der „Schreitbagger" genannt.

Die Feldscherin des Lagers wird ganz einfach mit den Worten „Öffentliche Hure" am besten geschildert. Dazu war sie noch dreckig und konnte nichts. Auf der Wache saßen 3 Hauptposten, die wirklich ganz gemeine Schießhunde waren. Zwei von ihnen, gelbe, schlitzäugige Asiaten und der dritte, ein kleiner gerissener Russe, der recht gut Deutsch konnte. Dieser Kerl benutzte seine Sprachkenntnisse nur, wenn er allein mit einem von uns war, oder, wenn er etwas hören konnte, was er nicht hören sollte. Er war wohl auch als Spitzel tätig. Diese 2 Männer wurden jeden Tag auf uns losgelassen und filzten uns zwei Mal am Tage. Manchmal durchsuchten sie in unserer Abwesenheit unsere Sachen. Wir liebten sie sehr!

Von dem ersten Eindruck des neuen Lagers waren wir reichlich erschüttert. Nach dem Absitzen wurden wir in den sogenannten Schafstall gesperrt und dann einzeln aufgerufen, zur Verlesung der Namen und zur Filzung. Bei dieser Filzung wurde uns alles Geld, über 200 Rubel, kleinste Messer und Rasierklingen, abgenommen. Als die ersten 3 untersucht waren, weigerten wir uns weiterzumachen und blieben, trotz wiederholten Rufens, auf der Erde liegen. Da wanderten die ersten 10 Mann des Alphabets für 10 Tage in den Karzer. Wir blieben liegen. Es folgten Drohungen. Wir blieben, auch Versprechungen nützten nichts. Jetzt folgte die übliche Politik, die ich vorhin schon einmal erwähnte: „Divide et impera"! Mit einer Katzenfreundlichkeit begaben sich der Kommissar und sein Gehilfe in unsere Mitte und griffen sich, mit geradezu unwahrscheinlicher Geschicklichkeit, oder ich möchte sagen, mit dem Instinkt eines geschulten Menschenhändlers, einige Weichmänner heraus und setzten ihnen zu. Schnell hatten sie die Richtigen gefunden. Ein Mann, den ich bisher immer für einen prima Kerl hielt, der stets sein Soldatentum hervorkehrte, stand auf und hielt eine Rede an die Russen, in der er sich und uns entschuldigte und bat, uns anständig zu behandeln. Er sagte so ungefähr: „Wenn Ihr uns anständig behandelt, dann wollen wir auch ganz lieb sein!" Ich hätte in den Boden versinken können, vor Scham. Nach kurzen Verhandlungen gingen die ersten durch das Tor und wir mußten folgen. Alleine konnte man ja nichts machen. Unsere armen Kameraden mußten die 10 Tage strengen Arrest absitzen.

Eine kurze Beschreibung des Lagers: Alte, ungepflegte Baracken, mit Massenbelegung. Ein Speisesaal, dunkel und verkommen, den man besser „Speisestall" genannt hätte. Eine Bruchbude als Bad, dazu kein fließend Wasser. Das gesamte Wasser mußte mit Autos gebracht werden. Wenn kein Benzin da war, und das war sehr oft der Fall, gab es eben auch kein Wasser. Man mußte sich daher bis zu einer 50 m entfernten Zisterne bemühen. Dort standen dann 50 bis 60 Mann Schlange und warteten, bis sie dran waren. Im Sommer ging das alles, im Winter aber war es eine Qual. Die Ordnung in diesem Lager war miserabel, weil der deutsche Lagerkommandant ein Hanswurst und außerdem ein Russenknecht war. Er hatte keinerlei Organisationsgabe. Wenn die Russen zufrieden waren, war er es auch. Unsere Interessen vertrat er nie. Wir boykottierten ihn daher und er mußte gehen. Sein Nachfolger aber, der ein anständiger Kerl war, setzte sich noch weniger durch.

An dem ersten Abend wurden wir gleich in Arbeitsgruppen eingeteilt. Meine schöne alte Transportbrigade war in Krasnopolje geblieben und so kam ich wieder dahin, wo ich angefangen hatte: Erdarbeiter in einem Schlammbecken. Die nächsten vier Wochen habe ich bis zum Umfallen in einer Grube Erde gehackt und geschaufelt. 40° im Schatten, kein Baum, kein Strauch in der ganzen Gegend und dazu kein Wasser zum Trinken oder zum Waschen. Täglich wurden wir weniger, bis es eines Tages nicht mehr ging. Da kam mir ein Kamerad zu Hilfe und ich wurde durch seine Vermittlung in die Elektrikerbrigade eingereiht. Erich, ein Elektromeister aus Schwerin, sagte dem Russen, daß ich ein Spezialist sei und er mich dringend brauche. Mein Spezialistentum bestand darin, daß ich, wie jeder andere normale Bürger, nur Birnen eindrehen und knipsen konnte! Bevor ich nun von meinem neuen Beruf berichte, will ich noch einiges über Erlebnisse in diesem Lager erzählen.

Die Behandlung in diesem Lager wurde von Tag zu Tag schlechter. Man wollte uns mit Gewalt mürbe machen! Eines Tages ließ uns der Regimeoffizier antreten und verkündete einige neue Maßnahmen. Wir fingen, in Lausbubenmanier, an zu lachen und uns über den Mann lustig zu machen. Er wurde wütend und sagte, er wolle uns das Lachen schon austreiben! Erfolg: Die Zügel wurden täglich strenger angezogen.

Alle Invaliden, bis auf 10, kamen fort, und alle Arbeiten zur Instandsetzung des Lagers, mußten von uns noch nach den 8 Stunden Arbeit im Werk, gemacht werden. Reinigen des Lagers, Wasserfahren, Holzhacken, Kohle abladen und vor allem Kartoffelschälen. Alle drei Wochen war man dran und mußte 1 bis 2 Stunden in der Küche sitzen und schälen. Ich fand gegen Bezahlung immer einen Vertreter für diese Arbeit. Die Schneider und Schuster, vor allem aber die Wäscher, wurden auf ein Mindestmaß beschränkt, so daß diese lebensnotwendigen Arbeiten oft lange liegen blieben. Die Wäsche wurde immer schlechter, die Sachen rissen immer mehr entzwei.

Für über 6000 Mann war nur ein Friseur da, der Haare schneiden und rasieren sollte. Wir durften war Rasierapparate haben, aber keine Klingen. Die Klingen gab es bei dem Friseur und diese wurden nur alle 14 Tage erneuert, bei einem täglichen Gebrauch von mindestens 5 Rasuren. Es waren Qualen, sich selber zu rasieren. Wir mußten zu einer Notmaßnahme greifen und baten die Russen, mit denen wir draußen arbeiteten, uns Klingen zu besorgen. Sie taten es gerne. Wir aber hatten ständig Sorge, daß man erwischt wurde. Wer erwischt wurde, erhielt 3 Tage Karzer. Im Speiseraum waren für das ganze Lager keine 50 Messer. Alle mußten ziemlich zur gleichen Zeit essen. Wir waren daher gezwungen, uns eigene Messer anzufertigen. Nur mit gemischten Gefühlen gingen wir täglich von unserer Arbeitsstelle in das Lager zurück. In der Baracke durfte nichts mehr aufgehängt werden. Kleiderkammern gab es nicht. Regale und Borde, ja Schränke, gab es auch nicht. Erst nach langem Kampf glückte es uns, für 4 Mann ein Regal zu erwirken. Wir mußten es aber selber bauen. In der Kantine gab es Kölnisch Wasser zu kaufen. Eines Abends mußte alles Kölnisch Wasser innerhalb von 2 Stunden abgegeben werden. Angeblich hatten sich einige Leute, in einem anderen Lager, damit betrunken! Dann mußten auf einmal alle Kopierstifte abgegeben werden, dann war die Tinte verboten. Dann wurden plötzlich alle kompletten Anzüge abgenommen und gegen Quittung eingeschlossen. Eines Tages wurden uns die Schlipse, die wir unterdessen aus der Heimat bekommen hatten, abgenommen. Warum, haben wir nie erfahren.

Der Speiseraum faßte nur 200, der Frühstücksraum nur 20 Mann. Beide waren kaum beleuchtet und im Winter völlig ungeheizt. Wir waren also gezwungen, auf den Stuben zu essen. Das war aber verboten, wer erwischt wurde, ging in den Karzer. Kaum hatte man gerade eine Schnitte geschmiert und den Tee eingegoßen, erschien ein Russe. Unser eingeteilter Warndienst gab das Signal. Man packte ein und rannte, mit dem Karton unter dem Arm, nach draußen. Auch unsere kleinen Kartons oder Koffer, mit Bekleidung, Toilettensachen, Schreibwaren und Fotografien, durften nicht mehr in der Baracke sein. Sonntag holte man diese Sachen, um sich damit zu beschäftigen und sich zurecht zu machen. Da man den Karton nach der Entleerung nicht gleich wieder zurückbringen wollte, wurde dieser unter das Bett gestellt. Es gab ja keinen anderen Platz. Wieder erschienen die Russen und in Eile rannte man heraus. An einem Sonntag schlichen die Kerle den ganzen Tag durch das Lager, und pausenlos sahen wir die Kameraden mit ihren Sachen raus und rein rennen. So wurden unsere Nerven systematisch zerrieben. Es gehörte schon allerhand Energie dazu, wenn man in solchen Situationen den Kopf hochhielt und nicht alles von sich warf. Im Dezember 52 nahmen uns die Russen wieder alle Uhren ab. Warum, haben wir ebenfalls niemals erfahren. Innerhalb von 24 Stunden mußten alle Uhren, gegen Quittung, abgegeben sein. Bis dahin war es erlaubt, Uhren in Paketen zu empfangen. Viele ließen sich Uhren schicken. Sie mußten sie sofort, wenn die Pakete eintrafen, wieder abgeben. Mir hatte man eine Uhr im Gefängnis Gorki, eine aus dem Paket und eine, die ich mir von einem Kameraden kaufte, abgenommen. Ich hatte 3 Quittungen in der Tasche. Alle drei Uhren erhielt ich am 22.12.1953, vor der Heimfahrt, wieder zurück.

Im Juni hörten wir auf Umwegen und durch verschlüsselte Post, daß am 17. Juni in der Ostzone eine Art Aufstand stattgefunden habe. So sehr wir den Mut unserer Landsleute bewunderten, so sehr fürchteten wir die Konsequenzen für uns. Nachdem im August des Jahres 53 die SU sich bereiterklärte, die Masse der verurteilten Kriegsgefangenen zu entlassen und Anfang September die Nachricht von dem Abgang des ersten Heimattransportes zu uns drang, ging natürlich die Stimmung wieder in die Höhe. Der Russe aber verstärkte die Wachen, vermehrte die Hunde, die nachts um das Lager liefen und baute an den Wachtürmen neue Alarmsignale ein. Außerdem wurde um das Lager ein weiterer Stolperdraht gezogen. Meisterhaft verstand es der Russe immer wieder, nach seiner Methode, mit Zuckerbrot und Peitsche, zu arbeiten. Lange Zeit kamen keine Pakete, es gab kein Geld, die Kantine hatte keine Butter, keine Wurst und keine Zigaretten. Das Barometer fiel, die Arbeitsleistung ließ nach. Dann gab es wieder „Zucker“, innerhalb von 2 Tagen war alles da und noch ein

Kino dazu. Die meisten unter uns waren leider schon so materialistisch eingestellt, daß sie bei solchen Gelegenheiten jubelten und begeistert den Film ansahen und die gemeine Methode der Russen, uns zu quälen, gar nicht merkten oder merken wollten. Der Offizier für geistige Betreuung meldete nach oben, d.h. nach Moskau, daß die Stimmung im Lager gut sei. Kam eine Kommission aus Moskau, um das Lager zu überprüfen, wurde diese im allgemeinen gar nicht bis zu uns vorgelassen. Wenn aber einmal eine solche Kommission zu uns gelangte und nach unseren Wünschen oder nach unseren Klagen fragte, dann wurde ihnen zuerst gesagt, es gäbe schon lange keine Pakete mehr, in der Kantine fehle dies und jenes und die Arbeits- und Geldlage sei gespannt. Diese Kerle waren geschult im Lügen, versprachen und gebrauchten den berühmten Spruch „Bald wird es besser!" Merkwürdigerweise fanden diese Kommissionen immer die richtigen Laumänner heraus, die sie befragten. Wir vertraten den Standpunkt, daß man mit den Kerlen überhaupt nicht reden, sondern nur die Frage an sie richten solle: „Wann kommen wir endlich nach Hause?"

Ein besonderes Kapitel in diesem Lager war die Paketausgabe. Sie wurde, wie in allen Lagern, unbedingt korrekt durchgeführt, aber die Russen versuchten, uns bei diesen Gelegenheiten stets besonders zu ärgern, in dem sie die Sachen lange liegen ließen, die Ausgabe möglichst in die Länge zogen und dann, bei der Ausgabe, so kleinlich wie möglich waren. Oft wurde einem ein großer Teil der Freude schon beim Auspacken, durch die rücksichtslose Behandlung der Dinge, genommen. Die Ausgabe verschiedener Gegenstände hing von der Laune der Ausgeber ab. Waren sie alleine und fürchteten keine Beaufsichtigung durch ihre Landsleute, dann ging es meist glatt. Waren sie aber zu zweit, dann hatte der eine vor dem anderen Angst. Besonders hart traf uns stets die Behandlung von Fotografien. Im allgemeinen wurden sie ja ausgegeben, aber, wenn der Ausgeber schlechter Laune war, dann zerriß er die Bilder und warf sie unter den Tisch. Ich habe es nicht fertiggebracht, wie einige Kameraden, bei der Paketausgabe zu jammern, oder um dies oder jenes zu betteln.

Wenig Menschen, die in der Heimat so in den Tag hineinleben und oft gar nicht mehr wissen, was der Sonntag bedeutet, können sich vorstellen, wie bei uns in dem Lager ein Sonntag ablief.

In der SU war es zu unserer Zeit gesetzlich festgelegt, daß jeder Kriegsefangene, jeder Sträfling und die meisten Arbeiter, nur vier freie Tage im Monat haben. Hat der Monat 5 Sonntage, so wird an einem Sonntag gearbeitet. Der 5. Sonntag und evtl. Feiertage rechnen nicht zu den freien Tagen. Die Feiertage, wie z.B. der 1. und 2. Mai, werden im allgemeinen wieder eingearbeitet, an dem Sonntag vorher oder nachher. In dem Lande also, das für sich in Anspruch nimmt, das sozialste der Welt zu sein, werden selbst die Staatsfeiertage eingearbeitet.

Die Entscheidung, welcher Sonntag frei sei, traf der jeweilige Lagerkommandant, im Einvernehmen mit den Unternehmern, bei denen die Kriegsgefangenen arbeiteten. Die Folge davon war, daß man die ganze Woche im ungewissen schwebte, ob der Sonntag frei sein würde, oder nicht. Man machte sich ein Vergnügen daraus, die Kriegsefangenen zu beunruhigen und die Nerven der einzelnen Leute während der Woche auf die Folter zu spannen. Trotz alledem, haben wir grundsätzlich den Samstagnachmittag schon so eingeteilt, daß wir bei Arbeitsschluß die Wäsche gewaschen hatten, rasiert und viele sogar schon gebadet waren. Wobei unter baden natürlich kein Wannen- oder Duschbad zu verstehen ist, sondern lediglich das Abseifen in einer dunklen Ecke, unter ständiger Sorge, daß einer der russischen Vorgesetzten vorbeikommt. Zu einem solchen Behelfsbad stand im Höchstfalle ein Eimer Wasser zur Verfügung. Dieses Wasser wurde mit einem „Supertauchsieder", der selbst hergestellt war, unter Außerachtlassung aller Sicherheitsbestimmungen, in wenigen Minuten zum Sieden gebracht. Zwei badeten immer zusammen. Einer paßte auf, der andere seifte sich ab. Nur der Rücken wurde in Gemeinschaftsarbeit gereinigt. Rasieren war auf der Arbeitsstelle streng verboten. Wenn wir aber rasiert durch die Wache kamen, hat niemand etwas gesagt. Um 16.00 Uhr nachmittags war offiziell Arbeitsschluß. Fast alle standen sonnabends schon 30 Minuten vorher in den Startlöchern zum Antreten. Das Signal ertönte: Aus allen Erdlöchern und hinter den Häusern kamen wir herausgeschossen. Jeder wollte der erste sein. Der Postenführer erschien und zählte. Dann wurden wir in den sogenannten Schafstall eingesperrt, bis die Posten von den Türmen herunter waren und uns umstellt hatten. Das Tor öffnete sich; es folgten je nach Intelligenz des betreffenden Postenführers, eine, zwei oder sogar drei Zählungen. Die Kolonne setzte sich in Bewegung. Am Lager angekommen, noch einmal ein, zwei oder drei Zählungen und das Tor ging auf. Das Lager glich dann einem Ameisenhaufen. Wie die Wilden stürzten wir nach allen Seiten. Jeder hatte einen eigenen Weg. Die ersten zur Kantine, um zu fragen, ob es endlich Butter oder Kekse zum Sonntag gäbe oder Wurst oder Zigaretten. Sofort stand eine lange Schlange. Die Verkäuferin, eine nette und saubere Frau, kam, wann es ihr paßte, und so mußte man öfter 1 Stunde und länger warten. Abwechselnd stand man dort. Es gab sogar Großeinkäufer, die gegen ein geringes Entgelt alle Einkäufe erledigten. Oft stellten sich auch Schwindler für diese Aufgabe zur Verfügung und glaubten ein kleines Geschäft dabei machen zu können.

Die nächste Gruppe stürzte zum Bad. Wer überhaupt noch warmes Wasser haben wollte, mußte sich sehr beeilen. Ein abscheuliches Gewühle nackter Männer spielte sich ab. Jeder war rücksichtslos und wollte schnellstens fertig werden. Im Sommer stellte man sich einfach nackt vor die Tür und wusch sich draußen, um Zeit zu sparen. Die Russen schüttelten die Köpfe und sagten: „Nichts Kultura!“

Im Anschluß an die Badegäste erschienen dann die Wäscher. Teilweise Leute, die nur ihre eigenen kleinen Sachen wuschen, teilweise Leute, die gegen Bezahlung mehrere Stunden hier standen und die Wäsche von Kameraden wuschen. Von dem Bad stürzte man zum Essen. Bis 18.00 Uhr mußte es eingenommen sein. Mittagessen gab es nur sonntags, sonst wurde Mittag und Abend zusammen eingenommen. Es gab aber deswegen nicht mehr!

Dank der schönen Pakete, die wir laufend aus der Heimat erhielten, konnten wir uns nun etwas besser in Schale werfen. Fast jeder hatte mindestens ein eigenes Hemd, viele hatten Hosen, Pullover und Jacken. Langsam wurde man wieder Mensch. Aber erst wenn der Läufer durch die Unterkünfte ging und ansagte, daß am Sonntag frei sei, kam die richtige Stimmung auf. Jetzt wurden Pläne gemacht. Was mache ich heute Abend, was mache ich morgen? Wen möchte ich einladen, bei wem kann ich abstauben? (Abstauben heißt sich freihalten lassen, oder sich etwas schenken lassen)

Zu der Ausgestaltung des Tages brauchten wir unsere Vorräte. Alle Konserven lagerten in einem verschlossenen Raum und wurden abends, unter Aufsicht des Russen, ausgegeben. Auch hier mußte man wieder Schlange stehen. Warten, warten, Geduld haben! Entweder kam der Offizier nicht pünktlich oder man hatte einen jener krankhaften Sammler vor sich, die einen ganzen Karton voll Büchsen gespart hatten und sich nicht von einer Büchse trennen konnten. Es gab Leute, die aus krankhafter Angst, eines Tages doch noch verhungern zu müssen, über 100 Dosen hatten! Wenn man ihnen sagte, daß noch immer Kameraden da seien, die nichts hätten, oder für einen Geburtstag etwas erbat, dann erhielt man eine lächerliche Kleinigkeit. Krankhafter Geiz!

In den meisten Lagern stand ein selbstgebauter Herd im Freien, auf dem man kochen konnte. Hier wurden, für unsere Begriffe, die herrlichsten Gerichte bereitet. Teilweise erlebte man dort tolle Bilder. Einen Kameraden habe ich erlebt, der jeden Sonntag seinen Pudding kochte und immer wieder nach dem Rezept fragte. Das Holz zum Kochen mußte man natürlich selber liefern. Das bedeutete, man mußte es klauen und von der Arbeitsstelle mitbringen. Wer nicht selbst kochen wollte, konnte seine Produkte mit seinen Wünschen bei dem Nachtkoch abgeben und erhielt alles am nächsten Morgen bestens zurück! Was dieser nette, bescheidene Mann, manche Nacht geleistet hat, ist unwahrscheinlich. Es war wirklich nicht einfach, für 50 und 60 Leute, Wünsche nach Rezepten zu erfüllen. Der Nachtkoch war zu Hause bei der Straßenbahn beschäftigt gewesen. Er hatte Geduld und Erfahrung im Umgang mit Menschen! An warmen Sommertagen stellten wir abends kleine Tische nach draußen und aßen im Freien. Auch Schemel und Tische bauten wir uns selber, aus geklautem Holz, geklauten Nägeln und mit geklauten Beilen bzw. Hammern. Auf Grund eines Befehls aus Moskau durften in dem ganzen Lager, kein sichtbarer Nagel und kein Stein, größer als 20x20 sein. Das Klauen und Hereinbringen ins Lager von Nägeln und Werkzeugen, war dementsprechend sehr gefährlich. In den Abendstunden gab es in der Küche heißes Wasser, womit wir unseren Tee, Kakao oder Kaffee aufgießen konnten. Alkohol war natürlich verboten. Es ist verständlich, daß auch der Wunsch auftauchte, sich zu berauschen oder möglichst sich zu betrinken, um das Elend und Heimweh zu vergessen. Also wurde der Tee so stark gemacht, daß er wie Kaffee aussah und den Namen „Karbolineum" erhielt. Einige Herzanfälle waren der Erfolg. Es gab auch Kameraden, denen es gelang, sich Hefe zu besorgen und die nun mit Brot, mit Hefe und mit Rosinen, einen selbstgemachten Schnaps herstellten, an dem sie sich furchtbar betrunken haben. Nachdem so am Abend alles zur Ruhe gekommen war, konnte man 3 Kategorien von Leuten im Lager beobachten: Der größte Teil saß nett beisammen und beging, mit den Gaben aus der Heimat, den Sonnabend und Sonntag in aller Ruhe. Eine weitere Gruppe saß verbittert auf der Pritsche und legte sich früh schlafen. Eine dritte Gruppe, lernte russische oder englische Vokabeln oder las die russischen bzw. rußlandhörigen Zeitungen aus der SBZ.

War die Stimmung infolge einer Postpaketausgabe und infolge des guten Wetters besonders gut, so wurde auch musiziert. Mundharmonika und Laute- bzw. Gitarrespieler waren oft zu hören. Beim Einschlafen hörten wir manchmal, ganz leise noch die Heimatklänge. Das große Heimweh sollte überspielt werden! Einer der Kameraden spielte immer wieder, auf seiner Mundharmonika: „Es stand ein Soldat am Wolgastrand, hielt Wache für sein Vaterland". Wenn ich dieses Lied heute hörte, berührt es mich immer noch ganz eigenartig und versetzt mich zurück in jene furchtbare Zeit.

Am Sonntag war um 7.30 Uhr Appell. Diese Morgenzählung machte keine Freude, die meisten hatte keine Disziplin mehr im Leibe und es dauerte oft eine Stunde, bis der letzte aus dem Bett gekrochen kam, um manchmal auch ungewaschen, zu erscheinen. Der Russe ließ uns ruhig stehen. Er hatte seine Freude daran, uns verärgert, möglichst im Regen und Wind, stehen zu sehen. Nach dem Frühstück nahm jeder für sich den Sonntagvormittag in Anspruch. Die meisten schliefen und es herrschte eine Totenstille im Raum. Einige lasen, einige nähten, einige lernten und einige wuschen Wäsche. Zu den härtesten Schlägen, die der Russe in den letzten zwei Jahren gegen uns austeilte, gehörte das völlige Verbot der Gottesdienste, die uns früher manchen Sonntag verschönt hatten und viel Trost gegeben hatten.

Als wir im Mai 1950 aus dem Gefängnis zur Strafvollstreckung in den Raum am oberen Donez kamen, hatten wir keine Geistlichen mehr unter uns. Der Kreis der Verbitterten war größer und die Zahl der Leute, die nach einem Sonntagsgottesdienst verlangten, war sehr gering geworden. Trotz alledem haben wir uns wieder zusammengetan, mit gleichgesinnten Kameraden. Ein sehr gebildeter, tiefgläubiger Stabsoffizier übernahm es an Sonntagen, beide Konfessionen zu versammeln und nach einer kurzen Lesung, uns einige Gedanken der Betrachtung mit auf den Weg zu geben. Im Herbst 1950 erschienen mit einem großen Transport, ein junger Theologiestudent – ein Novize der Steyler Missionare – und zwei evangelische

Geistliche, die ganz prächtige Männer waren. Beide Baltendeutsche und deshalb dem Russen besonders lieb! Nun konnte zunächst, völlig ungestört, wieder ein sehr reges religiöses Leben beginnen. Ausgezeichnete Predigten gaben uns Trost und Kraft. Gottesdienste beider Konfessionen, gemeinsam mit Chor und Orchester, eine besonders würdige Weihnachtsfeier und ein religiöser Zirkel vereinten uns im Gebete, in Glaube, Hoffnung und Liebe.

Eine Weihnachtsfeier, in der einer von den baltischen Geistlichen sprach, hatte zum Thema: „Die christliche Familie, die deutsche Frau, das christliche Abendland." Unser kleiner Abendzirkel, den wir im Bad abhielten, hatte zum Thema: „Wir müssen unter dem Kreuz stehen!" (Johannesevangelium Kapitel 13 und folgende). Dieses Thema behandelte der baltische Pfarrer v.H., den ich auch nach meiner Heimkehr, öfter wiedergetroffen habe und sehr schätzte. In diesen Abendgesprächen konnte man wirklich viel lernen und einiges zum Nachdenken mitnehmen.

Der Russe merkte natürlich, was uns diese Dinge bedeuteten. Im Zuge der allgemeinen Verschärfung aber, die ab 52 einsetzte, wurden uns jegliche Gottesdienste verboten. Alle Proteste blieben ohne Erfolg. Ich schrieb einen Rapport und wies auf die Verfassung hin, da ich wußte, daß man in diesem Punkte sehr empfindlich war. Aber der Kommissar rief mich und sagte, mit dem scheinheiligsten Gesicht der Welt, weil wir hier im Lager keinen würdigen Raum hätten, müsse es verboten werden. Wir wissen aber, daß das gleiche Verbot auch in anderen Lagern bestand, obwohl dort würdige Räume zur Genüge da waren. Es half alles nichts, wir mußten eine Abhilfe finden. Das war allerdings nur in ganz kleinem Rahmen und nur an höheren Feiertagen möglich. Wir setzten uns nach dem Motto: „Wo Zwei oder Drei in meinem Namen zusammen sind ..." zu einer Kaffeetafel zusammen, wo wir unter dem Tisch den Schott hatten und unser kleiner Novize vorlas und einige Gedanken mit auf den Weg gab. Wieder waren wir auf dem Niveau der ersten Christen in den Katakomben angekommen. An den

Sonntagnachmittagen sah man immer die gleichen Gruppen tagen. Ich hatte zwei Kreise, mit denen ich mich ziemlich regelmäßig traf. Einmal die Landesgruppe Schleswig-Holstein (6 Landsleute, die gemeinsam über ihre Heimat, über ihre Familie sprachen) und zum anderen einen Reiterverein ohne Pferde! Hier hatten sich eine Reihe passionierter Reiter zusammengefunden und sprachen über die lieben Pferde und über ihre Reiterlebnisse in früheren Jahren.

In einem Nachbarlager befand sich ein Fußballplatz. Dort fanden sonnabends und sonntags große Wettspiele statt.

Ab 19.00 Uhr sank die Stimmung wieder und mit gemischten Gefühlen sah man der neuen Woche entgegen. Immer wieder die bange Frage: „Wird es endlich die letzte sein?"

Ich selber benützte jede freie Stunde, um allein zu sein, nachzudenken und mit mir ins reine zu kommen. Ich fragte, wo mein Platz in dieser Zeit und wo meine Aufgaben wären. Aber je beharrlicher ich mich fragte, um so tiefer tappte ich im dunkeln. Beschämt, manchmal verzweifelt, stellte ich fest, daß so viele Gedanken, die im ersten Augenblick eine Klärung der Situation versprachen, mit den Worten begannen: „Ja, nach meiner Heimkehr, was werde ich dann alles tun!" Fest stand für mich schon damals, sollte ich gesund heimkehren, möchte ich alles tun, um Menschen, die sich in Not befinden, zu helfen. Wer diese meine kurze Sonntagsschilderung liest, der mag evtl. auf den Gedanken kommen, daß es doch noch ganz erträglich drüben gewesen sei. Ja, ein oder zwei Jahre mochte es gehen, aber wenn es dann 6, 7 oder gar 10 und 11, wie für die Stalingrader Gefangenen, wurden, dann ging die Geduld langsam zu Ende.

LVII.
Mein neuer Beruf

Wie bereits berichtet, wurde ich im August 1952 Elektriker. Die Elektrikerbrigade bestand damals aus etwa 15 Mann, von denen die Hälfte gelernte Elektriker und Schlosser waren, die andere Hälfte aber ungelernte Leute, die, wie ich, keinerlei handwerkliche Kenntnisse hatten. Unsere Aufgabe war es, in dem bereits erwähnten Kohleveredlungswerk, die gesamte elektrische Anlage zu bauen. In sieben Etagen wurden 400 Motoren aufgestellt und die dazugehörigen Kabelwege montiert. Die Anlage wurde von einer zentralen Stelle gesteuert. Diese sehr schwierige Führungszentrale bauten wir mit 4 Mann, unter denen auch ich war. Ein guter deutscher Meister wurde mein Lehrer. Mit Feilen und Sägen fing meine Arbeit an und am Schluß habe ich nach seiner Weisung und unter seiner Aufsicht, die schwierigsten Anschlüße und eine komplette Telefonanlage selber gebaut. Unser Brigadier, ein Saarländer, war in dem ersten Weltkrieg auch schon einige Jahre in Rußland zu „Gast" gewesen und kannte die Russen ganz genau. Er verstand sie glänzend zu nehmen und setzte teilweise im Ernst, teilweise im Spott und Hohn, bei unseren Vorgesetzten alles durch. Hierbei kam ihm zu Hilfe, daß der Meister und die übrigen Russen, mit denen wir zu tun hatten, von keinerlei Sachkenntnis getrübt waren und sich freuten, daß sie jemand hatten, der alles für sie erledigte. Am Ende steckten sie ja doch den Ruhm ein. Meiner Gruppe war ein 20jähriger Russe zugeteilt, der bei uns, den „Verbrechern", lernen sollte. Sein Vater war anscheinend ein guter PG gewesen und auf ihn hatte man auch große Hoffnungen gesetzt. Er lernte schnell Deutsch, aber technisch lernte er nicht viel, weil er zu faul war. Während der ganzen Bauzeit, an diesem Werke, sahen wir täglich die glänzende Organisationsgabe der Russen! Nur einige Beispiele: Zuerst wurden alle Decken stukkatiert und fertiggemacht. Dann kamen wir und wollten unsere Leitungen legen. Alles wurde wieder zerstört. Die Fußböden erhielten den Estrich, dann kamen wir und mußten einen Motor aufstellen und die Zuleitung legen. Alles wurde wieder aufgehauen. Die Fenster wurden eingesetzt und kaum waren sie drinnen, als ein großer Motor durch das Fenster hereingezogen werden mußte, dazu kam das Fenster wieder heraus. Natürlich gingen bei diesen Arbeiten auch die Scheiben entzwei. Die tollsten Stücke leisteten sich die Russen mit der Heizung. Den ganzen Sommer über hat unser Ingenieur gewarnt und gebeten, zuerst die Heizungsanlage fertigzumachen, aber das Material hierzu traf nicht ein. In letzter Minute wurde die Heizungsanlage fertig, konnte aber nicht mehr erprobt werden. Unerwartet früh kam die Kälte. An einem Sonntag, an dem noch keine Kohlen da waren, obwohl die Fabrik in unmittelbarer Nähe des Schachtes lag, fror die ganze Heizungsanlage ein. Als wir am Montagfrüh kamen, haben wir uns herzlich gefreut. Nun wurde einfach unter den Stellen, an denen die Rohre gefroren waren, ein großes Feuer gemacht, mit dem Erfolg, daß die Rohre platzten und außerdem die frisch geweißte Decke wieder schwarz war. Diese und ähnliche Dinge passierten öfter.

Auf der letzten Arbeitsstelle haben die Russen ein grenzenloses Vertrauen in uns gesetzt. Wir konnten eigentlich alles so machen, wie wir es für richtig und praktisch hielten. Hoffentlich haben die Herren, die jetzt dort regieren, keine Freude daran! Im November 1953 wurden die Russen immer wilder mit der Arbeit, weil der von ihnen in Moskau gemeldete Termin der Fertigstellung, nicht eingehalten werden konnte. Jetzt kam eine Nachtschicht der Russen, die mehr kaputt machte, als sie arbeiteten. Vor allem klauten sie ständig das ganze Gerät und Handwerkszeug. Wir merkten natürlich, daß unsere Tage gezählt waren und bummelten weitgehend. Allmählich schleppten wir alles Werkzeug, daß für uns lebensnotwendig war, mit in unser Lager, damit wir es für die neue Arbeitsstelle mitnehmen konnten. Anfang Dezember wollten die Russen uns nicht mehr haben. Sie fürchteten wohl Sabotageakte und wir kamen an eine andere Arbeitsstelle. Mein Meister und ich sollten eine Telefonanlage in dem Verwaltungsgebäude des Schachtes bauen. Eine nette Aufgabe, aber ich habe sie Gott sei Dank nicht mehr zu Ende führen müssen! Am 16. oder 17. Dezember kam der russische Meister zu mir und sagte ganz im Vertrauen: „Du fährst nach Hause!" Ich glaubte es nicht, da wurde er wütend und sagte: „So wahr ich ein Russe bin, du fährst!" Das durfte er nicht sagen; denn ich habe wirklich nur wenige Russen getroffen, die es mit der Wahrheit ernst nahmen. Aber dieses Mal hat es gestimmt!

LVIII.
Zwei Typen

In jeder größeren Gemeinschaft, schälen sich im Laufe der Zeit bestimmte Typen heraus, die die Aufmerksamkeit der Kameraden auf sich ziehen. Unter den vielen tausend Menschen, die mir in der langen Gefangenschaft über den Weg liefen, sind mir zwei besonders in Erinnerung geblieben. Ich habe ihnen bereits in dem Lager gesagt, sollte ich einmal ein Buch schreiben, so werden sie darin besonders mit einem Kapitel bedacht.

1. Der Herr Professor

1944/45 in dem Lager 27 in der Nähe von Moskau, beobachtete ich täglich einen kleinen Mann, der stets im eifrigen Gespräch war. Er trug einen Mantel, und zwar einen Mantel mit nur einem Ärmel. Sein Äußeres war ungepflegt, seine Taschen stets sehr voll. Wenn er durch das Lager ging, hatte er seinen Schemel und einige Bücher unter dem Arm und zwar: Werke von Lenin, Stalin und Engels. Auf dem Kopf trug er eine Offizier-Feldmütze alter Art, die so klebrig war, daß sie bestimmt an der Wand hängengeblieben wäre, hätte man sie dagegen geworfen. Von den reichlich verkommenen Offizierstiefeln war ein Absatz abgerissen. Der persönliche Verkehr dieses Herrn erstreckte sich nur auf ein oder zwei Leute im Lager.

Die erste Zeit habe ich diesen Herrn nicht beachtet, im Gegenteil, ich glaubte, er sei nicht ganz normal. Die einen sagten, er sei Professor, die anderen, er sei Oberstleutnant. Beides erschien mir, nach seinem Äußeren unmöglich. Sein Name fing mit einem M. an. Als wir in dem nächsten Lager eintrafen, wurde ein Bibliothekar und ein Gehilfe für diesen gesucht. M. stellte sich zur Verfügung. Niemals nahm er einen Posten in verantwortlicher Stelle ein, weil er nicht mit den Russen in Berührung kommen wollte. Selbst, wenn seine Vorgesetzten primitive Menschen waren, ordnete er sich unter, um nicht in die Verlegenheit zu kommen, mit einem Russen sprechen zu müssen. Bei meinen häufigen Besuchen in der Bibliothek stellte ich fest, daß dieser Mann ein unwahrscheinliches Gedächtnis hatte. Er kannte in kurzer Zeit sämtliche Leute mit Familien- und Vornamen. Er konnte über jedes Buch Auskunft geben, und zwar nicht nur über den Inhalt und Verfasser, sondern auch über seinen Wert. Auf diese Weise lernte ich diesen Mann näher kennen und schätzen. Immer noch wußte ich nicht, was er eigentlich war. Ich hörte, wie man sagte, „Herr Doktor", oder „Herr Professor". Nun nannte ich ihn auch Professor und erlaubte mir die Frage, warum er nur einen Ärmel am Mantel und einen Absatz am Stiefel habe. Schallend mußte ich lachen, als ich nun den Grund erfuhr: M. hatte sich vor der Gefangennahme genau überlegt, was man tun müsse, um sein bißchen Hab und Gut vor den Russen zu retten. Bei diesen Überlegungen, war ihm der Gedanke gekommen, wenn ich an meinem Mantel einen Ärmel und an meinen Stiefeln einen Absatz abtrenne, dann nimmt der Russe mir nichts davon ab. Er hatte recht und war so ziemlich der einzige der Gruppe, der alles behielt. Gleichzeitig mit meiner Frage, erlaubte ich mir den Vorschlag, doch die beiden Sachen einmal in Ordnung bringen zu lassen, was erstens nichts kostete und zweitens keinerlei Gefahr in sich berge. „Nein" sagte er, „das bleibt so!" Seine Stubenkameraden griffen nun zu dem Mittel, daß sie ihm eines nachts seine Sachen wegnahmen und diese zu den Handwerkern trugen. Ehe er sich versah, waren sie in Ordnung. Zuerst war M. sehr böse, dann aber ergab er sich in sein Schicksal. Bei einem weiteren Gespräch erfuhr ich etwas über die Vergangenheit dieses Mannes. Er war in einem Vorort von Leipzig, als Sohn eines Tischlermeisters, im Jahre 1896 geboren. Nachdem der Vater bereits starb, als er noch zur Schule ging und die Mutter völlig mittellos war, mußte er, als Kind schon schwer arbeiten und der Mutter helfen. Er verdiente sich sein Geld für die Schule und später für das Studium. Als Freiwilliger ging er in den ersten Weltkrieg und wurde Leutnant. Nach dem Kriege studierte er Geographie und Geschichte. Dann machte er seine Doktorarbeit in Geschichte und zwar über das Thema „Alte römische Münzen". Seine Geschichtskenntnisse waren bewundernswert. In allen Jahrhunderten wußte er wirklich gut Bescheid. Aus den Kriegen von 1870/71 und von 1914/18 kannte er jede Schlacht mit allen Einzelheiten; mit Beginn und Ausgang, mit Truppenteilen und Führern. Ja, er wußte genau, zu welcher Stunde die Signale zum Angriff gegeben wurden und wann die Schlachten zu Ende waren. Oft kam er zu mir und fragte mich: „Wissen Sie was heute in dieser Stunde einmal los gewesen ist?" Ich wußte es natürlich meistens nicht! Vor allem in den Jahren 51/52, als ich mit M. als Maurer arbeitete, habe ich viel Freude an den Gesprächen gehabt und auch manches gelernt. Lange Jahre war er als Assistent an der Universität Leipzig tätig und arbeitete an einem wissenschaftlichen Institut. Später wurde er Privatdozent in Leipzig. Professor wurde er nicht, weil er ein großer Gegner des Dritten Reiches war. Nach der Heeresvergrößerung im Jahre 1934 machte M. sofort eine Reserveübung und ließ sich kurz vor dem Kriege, als er seine Hoffnung auf eine Professur in Leipzig schwinden sah, reaktivieren. Bei seiner Gefangennahme, im Herbst 1944, war er wirklich schon Oberstleutnant und Kommandeur einer Korpsnachrichtenabteilung.

Außer seinen Fachgebieten, hatte M. noch eine große Leidenschaft und zwar das Fotografieren. Er besaß angeblich zu Hause mehrere Apparate und eine Filmkamera. Sein Hauptforschungsgebiet war der Buntfilm. Jeder russische Film, der in das Lager kam und jedes Bild, das wir von zu Hause gesandt bekamen, mußte er sehen, um es auf seine Fototechnik zu untersuchen. Er kannte jede Filmart und jedes Papier.

Unser guter Professor hatte noch eine Schwäche: Er liebte die Frauen über alles, aber er hatte Angst vor ihnen. Er war sehr klein und von schlechter Figur. Deswegen und weil er wohl nie Zeit hatte, fand er auch keine Frau. Mehrere Male war er unsterblich verliebt und fand leider nicht den Absprung zu fragen. Er studierte gern die Leidenschaften der Frauen und ihren Geschmack, um sie dann verwöhnen zu können. Der kannte die Frauen, mit all ihren Größen und Schwächen. Er wußte was sie gerne aßen, tranken, rauchten und welche Kleider, ja sogar, welche Wäsche sie bevorzugten. Als ich M. einmal fragte, warum er eigentlich nicht heiraten wolle bzw. nicht geheiratet habe, da erzählte er mir ein Erlebnis aus seinem Leben, welches den Ausschlag gegeben hätte, für sein Verhalten: „Ich hatte einst einen guten Freund, der mit einer ganz reizenden Frau verheiratet war. Bei der Geburt des Kindes starb die Frau und wurde in Hannover beigesetzt. Auf der Beerdigung stellte ich fest, daß der Schwiegervater meines Freundes diesen sehr schlecht behandelte und ich hatte das Gefühl, daß er meinem Freund die Schuld an dem frühen Verlust seiner Tochter zuschrieb. – Das hat mich so ergriffen, daß ich beschloß, niemals zu heiraten, damit mir so etwas nicht passieren würde." Laut und schallend lachte ich über diese Ausrede und meinte, dann könnte ja niemand mehr heiraten, wenn alle Männer solche Sorgen hätten. Noch kurz vor meiner Heimreise sprach ich mit M. über dieses Thema und wir einigten uns, daß er doch noch heiraten müsse und zwar um der genannten Gefahr zu entgehen, am besten eine Witwe mit Kind. Mit diesem Vorschlag war er sehr einverstanden.

Leo Tolstoi hat unter der Überschrift: „Das dritte Mal sehr verliebt in diesem Winter" einen Mann geschildert, der sich leidenschaftlich zwei Mal in eine Dame mit sehr üppigen Körperformen verliebte und jede Gelegenheit nutzte, um diese zu beobachten, ohne selbst gesehen zu werden. Als man ihn der Dame vorstellen wollte, rannte er Hals über Kopf davon. Er fürchtete, daß seine Angebetete etwas von seinen Gefühlen erfuhr. Dieser, so geschilderte Mann, hätte unser Professor sein können.

Der Herr Professor konnte nicht ohne Arbeit sein und so war auch sein Tagewerk. Er stand immer sehr früh auf. Dieses allerdings aus anderen Gründen; denn er genierte sich vor anderen Menschen und niemand durfte ihn nackt sehen. Sein Waschen war sowieso nur angedeutet. Später wurde es etwas besser. Er verzichtete lieber drei Wochen auf das Bad, als daß ihn einer nackt gesehen hätte. Wenn die Untersuchung, durch die Ärztin, vor der Tür stand, mußte er sich gründlich waschen! Bereits vor dem Frühstück hatte er ein wissenschaftliches Gespräch mit irgendjemand. Dann wurde das Frühstück: Brot, Zucker, Fett, ab und zu auch ein Stück Fisch und Tabak in der Baracke verteilt. Hierzu mußte jeder ein Gefäß bei ihm abgeben. M. hatte ein Marmeladenglas, in dieses kam Zucker, Fett und Fisch zusammen! Das Glas, sein Brot und der Tabak, kamen in eine Tasche seines bereits erwähnten einärmeligen Mantels. In der anderen Tasche hatte er einen Lappen, der gleichzeitig Handtuch und Taschentuch war. Dazu zeitweilig ein Stück Seife. Wenn M. die Baracke verließ, dann trug er im Sommer und im Winter den Mantel und unter dem Arm den Schemel mit seinen Büchern. Mehr besaß er nicht, mehr wollte er nicht, mehr brauchte er nicht. „Omnia mea mecum porto", d.h. alles was ich habe, trage ich mit mir, war sein Grundsatz. „Dann kann mir niemand etwas klauen, dann kann ich nichts verlieren". Er besaß keinen Becher und kein Kochgeschirr. Eine ver-

rostete Konservendose und das Marmeladenglas waren sein ganzer Besitz. Wenn am Tage nichts geboten wurde, dann suchte er sich irgendeine Arbeit. Er schrubbte für andere Leute die Buden, reinigte die Bibliothek, band Bücher ein, sammelte Bilder, schnitt aus Zeitungen Romane heraus und klebte sie zusammen usw.. War etwas los im Lager, dann war M. immer da und zwar als einer der ersten. Wenn 5 Vorträge nacheinander stattfanden, dann war er in jedem der Vorträge. Seine Anwesenheit war aber nicht nur äußerlich, sondern auch innerlich. Selbst später in den Zeiten, in denen wir 8 Stunden schwer arbeiten mußten, ging M. in jeden Vortrag und gab mir hinterher mit kritischen Worten den Inhalt des Vortrages wieder. Einmal erlebte ich, daß er auf der Schwelle, zwischen zwei Speiseräumen, in denen je ein Vortrag über Landwirtschaft und über Jugenderziehung gehalten wurde, stand und beiden Vorträgen gleichzeitig lauschte. Ich sagte mir, da wird er bestimmt nicht viel mitbekommen. Aber als die Vorträge zu Ende waren, stand er schon in der Tür und gab mir ein derartiges Urteil über beide Vortragenden und über ihre Leistungen, daß ich staunen mußte. Witzig war, daß er bei solchen Veranstaltungen niemals saß, sondern immer stand, mit der Begründung, ich will niemand einen Platz wegnehmen. An Sonntagen traf ich meinen Professor in dem Gottesdienst und sah, daß er beide Konfessionen besuchte. In dem gleichen Raum fand anschließend eine politische Veranstaltung statt, anschließend ein Konzert. Alles wurde mitgenommen und abends erhielt ich die Kritik. Auch die Bibel war sein Steckenpferd. Eine zeitlang hatten wir eine neuapostolische Gemeinde im Lager. Auch hier erschien M., um zu vergleichen.

Obwohl unser lieber Professor eine wahnsinnige Angst vor den Russen hatte, hat er sich niemals politisch betätigt, hat nie eine Resolution unterschrieben. Ja, als man ihm anbot, im Jahre 48, in die Ostzone zu gehen, um eine Professur in Leipzig oder an einer anderen Universität zu übernehmen, hat er es strikt abgelehnt und so blieb er da, wo er war.

Die Vernehmungen und die Verurteilung im Winter 49/50 haben natürlich diesen Mann besonders mitgenommen. Zitternd ging er meist aus seiner Zelle. Genau hat er von Anfang an unseren Leidensweg vorausgesehen und sagte immer: „Die lassen uns nicht weg". Als wir im Sommer 1950 im Donezbogen alle zur Zwangsarbeit eingesetzt waren, habe nicht nur ich, sondern viele andere, über die Tatkraft und Energie dieses Mannes gestaunt. Trotz seines Alters und seiner Gelehrsamkeit, war er ein geschickter und fleißiger Arbeiter, der den Jüngeren in keiner Weise nachstand. Wenn man ihn schonen wollte, war er eingeschnappt. Wir haben gemeinsam gemauert, M. war mein Handlanger. Niemals gingen Speis und Steine aus. Im Gegenteil, ich wurde überschüttet mit Material und wenn die Steine unten lagen, um mit dem Aufzug heraufgezogen zu werden, dann rief er herauf: „Was brauchen Sie noch, Herr?" Er sagte niemals „Du" oder den Vornamen. In den Pausen, in denen wir saßen und rauchten, arbeitete er unentwegt und machte das Gerät zurecht. Brach ein Stiel ab, oder wurde eine Schaufel gebraucht, M. verschwand, ohne ein Wort zu sagen und holte ein neues Gerät. Alle auf der Arbeitsstelle kannten diesen Mann und schätzten ihn. Kam eine Russin (Architektin oder Geräteausgeberin) war er begeistert und erkannte sofort, wie man mit ihr umgehen mußte, damit sie zufrieden sei. Hierzu ließ sich M. von den Dolmetschern die nötigen Worte sagen, wie z.B.: „Golobuschka", mein Täubchen! Ein typisch russischer Kosename.

Abends in dem Lager, lagen wir erschöpft auf unseren Brettern, da ertönte der Ruf: „Brot oder Zucker oder Wäsche holen". M. stand auf und holte alles. Wenn wir aufstanden zum Abendbrot, lag alles verteilt und abgewogen sauber auf dem Tisch. In unserer Lagerkantine war eine sehr hübsche Verkäuferin, die wir alle schätzten, bei der wir gerne kauften, auch mein Professor schwärmte von ihr, aber er konnte kein Wort Russisch und hatte meist kein Geld (zeitweilig verzichtete er auf das wenige Geld, weil er glaubt, daß seine Leistungen nicht entsprochen hätten, oder gab es den Leuten, die nach seiner Auffassung mehr gearbeitet hätten, als er. M. bot sich an, für uns die Einkäufe zu machen, oder er stellte sich in die Schlange der Einkäufer, nur um die Verkäuferin zu sehen.

Wenn ich so alle Erlebnisse mit diesem Mann betrachte, so stelle ich fest, daß er einer der besten Kameraden war, die mir in den fast 10 Jahren begegneten. Schade, daß er so bescheiden und äußerlich so verkommen war. Als ich Ende Dezember 1953 auf Transport ging, fragte ich M., was er tun würde, wenn er jemals nach Hause käme. Er wußte es nicht. Ich sagte ihm: „Ich habe meine Heimat behalten und komme in ein gemachtes Bett. Bitte kommen Sie zu mir. Ich werden Ihnen helfen". Seine Antwort lautete: „Wenn ich komme, dann nur als Arbeiter oder Diener!" Dann folgte der witzige Satz: „Einmal in meinem Leben, möchte ich mit einer Prinzessin tanzen!" Als ich versprach, daß ich auch das vermitteln würde, war er selig.

Im Herbst 55 kam unser M. nach Hause. Meine Versuche, ihn zu mir zu holen, mißglückten. Er fand in Süddeutschland eine Aufgabe als Dozent, erlag aber dann sehr bald einer mitgebrachten, sehr heimtückischen Krankheit.

2. Alex.

Am Ende des Kapitels LIV. habe ich den Namen „Alex" genannt. Über ihn gibt es viel zu berichten.

Alex war damals ein Mann von 42 Jahren, gut gewachsen und etwa 1,75 m groß, dunkelblonde Haare und einem leichten Silberblick. Als er das Zimmer 21 betrat, warf er einen sehr kritischen Blick auf mich, den Neuankömmling. Wir stellten uns vor. Es wurden weiter keine Worte gewechselt. Er begab sich an den Ofen, um erneut ein Stück Holz aufzulegen. Dann holte er unter seinem Kopfkissen sein Kochgeschirr hervor und stellte es auf den Ofen. Die Öfen hatten alle eine kleine Herdplatte. Was mag er jetzt kochen, fragte ich mich. Während ich nun meine Lagerstätte kümmerlich einrichtete und vor allem versuchte, meinen kleinen Koffer an dem Fußende des Bettes und meinen Mantel unter der Matratze zu verstauen, musterte mich Alex unentwegt. Dann hatte er anscheinend einen Entschluß gefaßt, stand auf, kam auf mich zu und fragte: „Darf ich Ihnen eine Tasse Bouillon anbieten?" Ich glaubte nicht richtig zu hören und erkundigte mich noch einmal; denn so ein Angebot hatte ich seit 6 Jahren nicht gehört. „Da staunen Sie", sagte Alex, „ich trinke jeden Tag zum Frühstück, 1 bis 2 Tassen Bouillon. Sieht das nicht lecker aus, Sie können es ruhig versuchen, es ist bestimmt ganz sauber und außerdem gibt es Kraft!" Nun mußte ich natürlich fragen: „Wie machen Sie denn das mit der Bouillon?" Er sagte: „Ich gehe morgens früh um 5 Uhr oder abends spät in die Küche und hole mir dort die Rinderknochen, die in eine Kiste geworfen und meist nicht mehr verwendet werden. Die Knochen spalte ich und entnehme das Mark, daraus mache ich 1. Brühe und 2. schöpfe ich das Fett ab, um mein Brot zu bestreichen; denn ich verdiene kein Geld und bekomme keine Pakete." Nun ließ ich mir von A. seinen Lebenslauf erzählen. Er war 1909 in Münster i.W. geboren, als der Sohn eines Eisenbahnbeamten. Nach Verlassen der Schule, hatte er als kaufmännischer Angestellter gearbeitet und zwar in einer Öl- und Fettfirma. Hier geriet A. in schlechte Hände, er wurde zum Schmuggler an der holländischen Grenze. Sein Vater warf ihn heraus und verbot ihm das Haus. Nur, wenn der Vater abwesend war, kam er zu der Mutter und brachte ihr Kaffee aus seinen „Überschüssen". Seine Einnahmen in dem Geschäft und in dem Schmugglergewerbe waren anscheinend ganz gut und so entschloß sich A. Deutschland kennenzulernen. Mehrere Wandertouren führten ihn nach Süd-, Ost- und Norddeutschland, ja sogar bis nach Kopenhagen. Er wanderte mit dem Zelt, rastete wo es ihm gefiel und besorgte sich seine Verpflegung auf dunkle Art und Weise. Hühnchen waren besonders beliebt. So lernte A. Land und Leute kennen. Ich staunte, was er sich alles angesehen hatte. Beachtliche Menschenkenntnis hatte er sich im Laufe der

Zeit erworben. „Der Krug geht so lange zum Brunnen, bis er bricht" und so brach auch dieser Krug. A. wurde beim Schmuggeln erwischt und kam in das Zuchthaus. Als 1939 der Krieg ausbrach, wurde A. natürlich eingezogen. Bei der Meldung entnahm man seinen Papieren, daß er im Zuchthaus gesessen hatte und erklärte ihn, den Bestimmungen entsprechend, für wehrunwürdig. So wanderte er nach Buchenwald, in das berüchtigte KZ. In diesem KZ lebte unser Freund bis 1945 und ich entnahm seinen Schilderungen, daß er nicht schlecht gelebt hat. In Kürze waren ihm alle Schliche bekannt und er besorgte sich laufend Pöstchen, an denen es außer der Reihe etwas zum Essen und zum Verdienen gab. 1945 wurde das Lager entleert. Die meisten Bewohner, soweit sie noch frontverwendungsfähig waren, kamen in ein Bewährungsbataillon. Dieses Bataillon geriet in Kürze in Gefangenschaft. Es folgten 3 Jahre Gefangenschaft, in einem Lager bei Winniza. Hier arbeitete A. an dem Flugplatz. Die Situation war bald geklärt. A. stand bei jedem ankommenden Flugzeug und bot sich als Gepräckträger an. Er ließ sich stets gut bezahlen und außerdem ließ er einiges mitgehen! Dann kam die Periode der Verurteilungen, und auch A. wurde zu 25 Jahren Zwangsarbeit verurteilt, weil er angeblich in dem KZ den Verbrennungsofen geheizt haben sollte. Er sagte, er habe nie einen Verbrennungsofen gesehen. Mit einem großen Transport von Kriegsgefangenen und Verbrechern wanderte A. nun nach Woykutta in das Eismeergebiet. Auch in dieser schweren Situation fand sich unser Lebenskünstler zurecht. Allerdings hörte ich später, daß er sich dort oben nicht immer anständig benommen hätte. Eines Tages büßte A. einen Finger ein und konnte lange krank spielen. Ob er es freiwillig oder unfreiwillig tat, weiß ich nicht. Im Herbst 1952 verlor er noch einen Finger und war wieder 2 Monate krank. „Ich tue alles, um nicht für diese verfluchten Kanaken arbeiten zu müssen und wo ich ihnen schaden kann, da tu ich es", so sagte er eines Tages zu mir. Im Herbst 1951 ergab es sich zufällig, daß Alex und ich in einer Arbeitsbrigade zusammenkamen. Unser gemeinsames Prinzip war: So wenig wie möglich arbeiten und so oft wie möglich zu Hause zu bleiben. Damals war die Kontrolle der Arbeiter und der im Lager Beschäftigten noch nicht so streng wie später, und so mußte man, mit Fingerspitzengefühl, herausfinden, an welchem Tage Kontrolle war und an welchem nicht. Wer ein so alter Hase in diesen Dingen war, wie unser A., der wußte es genau. Hatte ich keine Lust, so fragte ich ihn, ob ich heute wohl schwänzen könne. Er sagte ja oder nein. Meist stimmte es. Auf diese Weise gelang es mir auch manchmal 3 bis 4 Tage unbeobachtet im Lager zu bleiben. In dem Winter 1951/52 suchten wir uns auf der Baustelle eine ruhige Ecke und saßen oft tagelang, die ganzen 8 Stunden am Feuer. A. sorgte für Holz, und wenn er die besten Balken und Bretter oder gar Kisten und Schränke zerschlug und verschwinden ließ. Unsere Bude war die einzige in dem Bau, die den ganzen Winter warm war. A. hatte auf der Arbeitsstelle, in der Schlosserei, einen kleinen Kanonenofen bauen lassen, den er mit in das Lager nahm. Am Tor wollte der Posten ihm den Ofen abnehmen, weil es verboten war, Baustoffe mit in das Lager zu bringen. A. erklärte mit dem frechsten Gesicht von der Welt: „Der Ofen gehört dem Lazarett und ich habe ihn heute heilgemacht". Er kam durch! Eines Tages kam eine große Kommission aus Moskau, um unsere Unterkünfte zu besichtigen. Öfen waren verboten. Alex war zufällig an diesem Tage wieder einmal zu Hause. Als die Kommission den unteren Flur des Gebäudes, wir wohnten im ersten Stock oben, betrat, ergriff Alex den Ofen, riß ihn aus der Wand und tauchte den glühenden Körper in das Feuerwehrfaß auf dem Flur. Der ganze Flur war ein Dampf. Die Kommission war erstaunt über den Geruch, konnte aber nichts feststellen. In unserer Stube fand sie vor dem Schornsteinloch einen sauberen Tisch mit einem Tischtuch und man zog befriedigt wieder von dannen. A. holte sein Öfchen wieder aus dem Wasser, stellte es vor den Schornstein und kochte weiter.

In unserem Lager waren viele Invaliden, die kein Geld verdienen konnten. Diese gaben Gegenstände aus ihren Paketen, welche sie nicht unbedingt benötigten, an Alex. Er hatte sie schnellstens im Lager oder draußen bei den Russen umgesetzt. Obwohl er kaum Russisch konnte, verstand A. es glänzend, den Frauen bei der Arbeit einen Artikel anzubieten. Das ging etwa so: „Ein paar Strümpfe, hat Mann kalte Füße?, hier gucken", dabei machte er die Geste des Anziehens von Strümpfen. – „So, jetzt nicht mehr kalt, gute Ware. Du nicht mehr abends Strümpfe stopfen, ein Jahr nicht mehr stopfen und Mann gesund, deutsche Ware, gute Ware!" So und ähnlich brachte Alex alle Dinge, die im Lager entbehrlich waren, an den Mann bzw. an die Frau. Für das Geld konnte man sich dann Butter oder Weißbrot oder sonstiges besorgen.

Schuhe waren immer sehr knapp und jeder von uns hatte den Wunsch nach 8 Stunden Arbeit, einen leichteren Schuh am Fuß zu haben. Unsere Schuster kamen auf den Gedanken, Hausschuhe zu bauen. Sie entwickelten ein nettes Modell. Da wir kein Bargeld hatten, wurden diese Halbschuhe gegen Zucker gehandelt. Sie erhielten daher den Namen „Zuckerschuhe". Das Material für die Schuhe mußte, wie alles, geklaut werden. Die Sohlen waren aus dem Gummi der Förderbänder. Alex ging in das Magazin und schnitt sich, in einem unbewachten Moment, einige Stücke aus dem Reserveförderband. Es reichte für mehrere Paar Schuhe. Für jede Sohle bekam er 10 Rubel. Auf diese Weise hat er wohl einige Meter Förderband mit in das Lager gebracht. Obwohl Alex die Arbeit nicht schätzte, hatte er immer Bargeld.

Als die Erntezeit kam, waren wir auf unserer Stube immer reichlich mit Kartoffeln, Zwiebeln und Möhren versorgt. Eines Nachts wachte ich auf und sah das Lager meines Gegenübers leer. Eine Stunde später hörten wir das Geräusch von rollenden Kartoffeln. Alex kniete unter seinem Bett, hatte ein Brett des Fußbodens gelüftet und schüttelte eine große Menge

Kartoffeln in das Loch. Getragen hatte er diese in seinem Kopfkissenbezug, der uns allen ein wichtiges Transportmittel war. Abends kam A. dann zu mir oder zu einem anderen Kameraden und sagte: „Sie essen doch gerne Bratkartoffeln? Wenn sie aus Ihrem Paket etwas Fett geben, dann gebe ich die Kartoffeln und mache alles fertig". Eine Stunde später waren die Bratkartoffeln serviert und zwar in erstklassiger Weise. „Schmecken doch gut, nicht wahr? So können Sie es jeden Tag haben". So und ähnlich verlief dann die Unterhaltung. Im übrigen benahm sich unser Freund bei solchen gemeinsamen Essen immer einwandfrei. Manch anderer, hätte sich davon eine Scheibe abschneiden können. Viele von uns ließen sich in der Gefangenschaft sehr gehen.

Jeden Morgen, ob Winter oder Sommer, stand ich eine halbe Stunde vor dem Wecken auf, begab mich zu einem gewissen Ort, der meist weit entfernt lag und machte auf dem Rückweg einige Freiübungen. Eines Tages, es war ein besonders schöner Wintermorgen, mit viel Schnee, kam ich in die Unterkunft zurück und traf auf der Treppe Alex, der sonst im allgemeinen in der letzten Minute erst aufstand. Er knipste mit dem rechten Auge, wie ein Russe, und sagte: „Sie essen doch gerne mal einen guten Braten? Kommen Se mal mit!" Wir gingen durch den tiefen Schnee, auf einem kaum eingetretenen Pfad, um die Hausecke. Alex scharrte im Schnee und beförderte einen Braten, in Form eines Hasen, der bereits abgebalgt und aufgebrochen war, an das kümmerliche Licht, einer über uns hängenden Lampe. „Na, da staunen Sie wohl? Ja, ich habe heute Nacht den Hund des Kochs aus der Küche geholt und geschlachtet! Er ist reif und auf unsere Kosten gemästet. Sieht das nicht lecker aus?" „Nein" sagte ich, „Alex, den essen Sie bitte alleine, ich kann das nicht". Er lachte laut und meinte: „Sie werden sehen, es sieht aus wie Kalbfleisch". Abends, etwa um 20.00 Uhr, kam er mit der Pfanne und dem darin liegenden Hündchen zu mir und erneuerte sein Angebot. Natürlich wieder ohne Erfolg. Dann hat Alex seinen Braten mit zwei anderen Kameraden verzehrt. Als er weiteren Hundebesitzern anbot, einen Stubenhund zu verspeisen, erhielt er eine Abreibung!

Eine Zeit arbeiteten wir in einer Transportbrigade. Unsere Aufgabe war es große und kleine Maschinen und Motoren ab- und aufzuladen und an einen bestimmten Platz zu bringen. Diese Transportgüter kamen aus der SBZ. Es galt in solchen Situationen, mehr mit dem Kopf, als mit der rohen Kraft zu arbeiten. Waren wir doch alle geschwächt und mußten unsere Kräfte schonen. Unsere Hilfsmittel waren Brechstangen, Rollen, Winden und selten ein Kran. Die Russen machten, bei derartigen Arbeiten, kurzen Prozeß und warfen die Dinge auf dem kürzesten Wege von dem Auto oder aus der Luke und sagte dazu das berühmte Wort: „Nitschewo", d.h. das macht nichts. Wir Deutschen, wenigstens die meisten von uns, konnten das nicht, weil es uns gegen den Strich ging, einen Wertgegenstand mutwillig zu zerstören. Unser Alex konnte es. Ehe man sich versah, hatte er in einem unbeobachteten Moment der Maschine oder was es gerade war, einen Stoß gegeben, so daß sie unten war, bevor wir unsere weisen Berechnungen gemacht hatten. Meist ging es gut, aber ab und an zerbrach etwas und man sagte auch: „Nitschewo!" Schnell verschwanden wir vom Ort der Tat und ließen uns die Arbeit bezahlen. Wurde man nicht erwischt, war alles gut.

Selten habe ich aus dem Munde eines ungebildeten Mannes, der sich früher vermutlich nicht mit Politik befaßt hat, ein so gesundes Urteil über die politische Situation der Sowjetunion gehört. Keiner haßte die Russen so wie er. Auf Schritt und Tritt war er bedacht, ihnen in den Fabriken, in den wir arbeiteten, zu schaden.

Unser Kohleveredlungswerk ging seiner Vollendung entgegen. Eine wichtige Kommission aus Moskau wurde erwartet. Wir Elektriker wurden bei Arbeitsbeginn in die obere Etage geschickt, um überall starke Birnen einzudrehen. Die Besichtigung sollte oben beginnen. Als wir fertig waren, gingen wir mit dem gleichen Auftrag abwärts, in die nächste Etage. Während die Kommission im Aufzug nach oben fuhr, klaute Alex eine Tüte voll Birnen und fuhr in den Keller, um sie dort an die russische Bevölkerung zu verkaufen. Die Kommission tobte, als sie oben das Fehlen der Birnen feststellte.

Alex sagte zu mir: „Wenn ich nicht jeden Tag etwas klauen oder zerschlagen oder zerstören kann, werde ich krank". Unzählige der großen Fenster in unserem Werk hat Alex im geheimen zertrümmert.

Eines Tages fingen die Kameraden an, wie bereits erwähnt, aus Brotteig, Rosinen und Hefe, Schnaps zu brauen. Nachdem bei einem Gelage, einige von uns im Suff die Nationalhymne des Dritten Reiches sangen, wurden die Russen sehr böse und durchsuchten ständig das Lager nach Schnaps. Die Spitzel gaben Hinweise, die Suche hatte Erfolg. Alex wurde nicht entdeckt. Er nahm unseren Braukübel und stellte diesen auf der Lagerstraße in einen Kanalschacht. Nur unser Schnaps blieb dieses Mal verschont. Eines Tages sagte Alex zu mir: „Ich möchte gern einige Zeit im Lazarett Urlaub machen und mich pflegen lassen!". Natürlich antwortete ich: „Du bis doch kerngesund". „Trotzdem", war seine Antwort: „ich weiß, wie man Tbc-verdächtig wird!" Er meldete sich krank, wegen ständiger Müdigkeit, Gewichtsverlust, Schwitzen und Husten. Im Lazarett wurde Alex geröntgt, er hatte einen Schatten auf der Lunge und verschwand 4 Wochen im Lazarett. Angeblich hatte er, durch eine besondere Stellung und Bewegung vor dem Bildschirm, eine Art Schatten hervorgerufen. Alex war eben ein Genie!

Von Juli 1952 bis zu unserer Heimreise, waren wir beide getrennt. Als ich am 20. Dezember 1953 in das Sammellager kam und dort sämtliche Räume kalt, leer und schmutzig waren, da erschien in dunkler Nacht unser Alex und sagte zu mir: „Herr, kommen Sie, ich habe schon ein Quartier für Sie vorbereitet, wo es warm ist und der Tee auf dem Feuer steht". Ich fand ein gemachtes Bett vor und brauchte 3 Tage lang nicht zu frieren und hatte, im Gegensatz zu vielen anderen, keinen Hunger. Alex zerschlug Tische und Bänke und heizte und kochte die besten Sachen.

Während der Bahnfahrt nach Westen klaute Alex auf den Bahnhöfen, von stehenden Lokomotiven, die Kohle. Unser Wagen war immer gut geheizt.

In Friedland trennten wir uns dann. Nach etwa 4 Wochen trafen wir uns zufällig im Wartesaal in Hamm. Alex kam auf mich zu, erzählte mir von seinem Empfang und zeigte mir dann einen Zeitungsartikel, den er einem Reporter bei seiner Ankunft diktiert hatte. In diesem Artikel brachte er klar und eindeutig zum Ausdruck, daß er bereit sei, jedem Kommunisten in Deutschland unter 4 Augen zu erzählen, wie es in dem von ihm erträumten „Paradiese", dort drüben aussähe. Das war unser Alex!

LIX.
Kriegsgefangene lachen

Auch hinter Stacheldraht, bei den Ärmsten der Armen, gab es ab und zu Gelegenheit zum Lachen. Gott sei Dank! Ich habe mir einen Teil der lustigen Ereignisse gemerkt, um sie hier am Ende meiner Aufzeichnungen noch einmal zum besten zu geben.

Ein Leutnant der Feldgendarmerie wurde wiederholt zur Vernehmung gerufen und gefragt, wie die ihm unterstellten Feldgendarmen geheißen hätten. Der Krieg war schon einige Jahre vorbei und er wußte es nicht, bzw. wenn er es gewußt hätte, hätte er es nicht gesagt. Mehrfach wanderte der arme Kerl in den Karzer, um zu einer Aussage gezwungen zu werden. Es half nichts. Da kamen die Russen auf eine neue Idee. Eines Sonntags wurden etwa 50 Namen verlesen, alles Personen, die er nicht liebte und angeblich wurden sie auf Transport in ein anderes Lager gesandt. Draußen vor dem Tor hatte man ihnen alles abgenommen, was die Russen gerne haben wollten, vor allem alles Schriftliche. Dann wurden sie schnell wieder in das Lager gesandt. Die Angelegenheit erhielt von uns den Titel „Das Unternehmen Bahnsteig".

Wenige Tage nach diesem Unternehmen begannen neue Vernehmungen, auf Grund der Dinge, die man gefunden zu haben glaubte. Auch unser Leutnant wurde gerufen und erneut nach den Namen seiner Untergebenen gefragt. Wieder konnte er keine Aussagen machen. Ein Leuchten ging über das Gesicht des Kommissars und er sagte: „Sie brauchen gar nicht mehr zu leugnen, wir haben alles". Er zog einen Zettel aus der Schublade und las die Namen: „Wagner, Mozart, Schubert, Beethoven usw." vor. „Na", sagte er stolz, „was sagen Sie nun?". Der Leutnant brach in ein schallendes Gelächter aus und sagte, daß er diese Namen anläßlich eines Musikvortrages notiert habe und sie mit seinen Feldgendarmen nichts zu tun hätten. Wütend entließ ihn der Kommissar und holte ihn niemals wieder.

Ein anderer wurde eines Tages, nachdem es schon längere Zeit Post gab, gerufen und sah bei seinem Eintritt eine Karte von seiner Frau auf dem Tisch liegen. „Nehmen Sie Platz, wer schreibt Ihnen nach hier?" lautete die Frage. Die Antwort: „Meine Frau". – „Wer ist Onkel Fritz?" – „Ein Bruder meines Vaters". – „Was macht dieser Onkel im Berufsleben?" – Er hat ein Lebensmittelgeschäft". – „Sie lügen, er ist bei den Amerikanern angestellt". – „Nein", „Doch, wir wissen es, er handelt mit Bomben und Munition". „Ja wieso denn?" war die Frage. „Hier schreibt es ja Ihre Frau einwandfrei: „Onkel Fritz macht Bombengeschäfte". Nach der Klärung wurde er entlassen. Die Russen waren wütend.

Es gab eine Bestimmung, daß nur nach Deutschland und Österreich geschrieben werden durfte. Ein Holländer brachte keine Karte nach Hause.

Er wandte dann einen Trick an und schrieb auf die Karte: „Amsterdam bei Düsseldorf!" und die Karte kam an.

In unserem letzten Lager war mit der Betreuung der Kriegsgefangenen ein sehr dummer Oberleutnant beauftragt. Er erzählte eines Tages, wo er schon überall gewesen sei. Einer der Kameraden fragte weiter: „Waren Sie schon in Berlin usw.?", immer antwortete er: „Da war ich schon". Schließlich wurde es dem Frager zu dumm, er fragte ihn: „Waren Sie auch schon in Texas?". Die Antwort: „Bill", d.h. auf russisch, da war ich. Von diesem Tage an, hatte er den Namen: „Texasbill". „Texasbill" leistete sich beim Auspacken unserer Pakete eine Reihe von herrlichen Witzen.

Einer erhielt eine Kokosnuß. So etwas hatte er noch nicht gesehen. Die Nuß wurde nach allen Seiten gedreht und dann kam die Frage: „Was ist das?" Bei dem Geräusch der Flüssigkeit ging ein Leuchten über sein Gesicht. Er vermutete Alkohol und den durften wir ja nicht bekommen. Er wollte ihn gerne trinken. Bei der Ausgabe waren meist Messer und Zange zur Hand. „Texasbill" versuchte nun die Nuß zu öffnen, aber vergebens. Es wurde mit einem Nagel und einem Hammer ein Loch geschlagen und vorgeführt, daß nur Milch darin sei. Da der Inhalt der Pakete immer genau aufgeschrieben werden mußte, sagte „Texasbill" zu dem Aufschreiber: „Schreib auf, Milchkonserve!"

Als eines Tages einer einige Bananen geschickt erhielt, war großes Erstaunen. Was ist das, fragte „Texasbill" den Dolmetscher. Dieser erklärte es und zeigte, wie man eine Banane ißt. „Aha", sagte „Texasbill", „so eine Fabrik haben wir auch gehabt bei Leningrad und diese haben die Deutschen zerschossen!"

Die Lagerärztin erhielt eine in Deutschland geraubte Kuckucksuhr und brachte diese ins Lager, um sie auf dem Flur des Lazaretts aufzuhängen. Abends, um 19.00 Uhr, hing sie an der Wand und alle standen davor, um dieses Wunderwerk zu sehen. Am nächsten Morgen kam eine junge

Schwester, die die erste Vorführung nicht erlebt hatte und wollte um 8.00 Uhr die Sache auch erleben. Aber, oh Schreck, die Klappe ging auf und der Kuckuck kam nicht heraus. Traurig fragte sie den deutschen Sanitäter, was da los sei. Dieser, sehr schlagfertig, sagte: „Der Vogel ist heute Nacht fortgeflogen!", wußte aber selber nicht was geschehen war. Nach etwa 3 Wochen kam einer der Wachposten in das Lager und fragte nach einem Uhrmacher. Dieser ging mit, in seine Wohnung, in der Annahme, er solle dort eine Uhr reparieren. Hinter der verschlossenen Tür zog der Soldat, mit dem gerissensten Gesicht von der Welt, den „fortgeflogenen Kuckuck" aus der Tasche und sagte: „Kamerad, Du machen eine Uhr dazu!"

Der Lagerkommandant hatte eine Weihnachtsfeier genehmigt und es wurde ihm, mit dem Programm, auch der Text des Weihnachtsevangeliums vorgelegt. Bei der Übersetzung las er das Wort: „Es sollte eine Zählung stattfinden", nickte mit dem Kopf und meinte, eine Volkszählung sei gut. Er wollte wohl sagen, er sei fortschrittlich. Als er aber dann an die Stelle kam, wo es heißt: „Da in der Herberge kein Platz war, begaben sie sich in einen Stall und dort wurde das Kind geboren ..." schaute er entsetzt auf und sagte: „Schlecht, bei uns hat man Entbindungsheime".

Eines Tages kam in das Lager eine Reihe Pakete von Leuten, die angeblich verstorben waren, mit der Weisung, die Pakete zu verteilen. Ein Mann, der noch lebte, entdeckte sein Paket darunter und ging zu „Texasbill", um ihn um sein Paket zu bitten. Er erhielt es auch, nachdem die Richtigkeit nachgewiesen war. Kaum war der Mann mit seinem Paket draußen, sagte „Texasbill": „So ein Schwein, will doch das Paket eines Toten haben!"

Schöne Fotografien betrachtete er immer gerne. Als ich einst ein Bild von einer Hochzeit erhielt, betrachtete er es lange und sagte dann, mit listigem Gesicht: „Artisten?". Es war ihm unfaßbar, daß Leute sich außerhalb des Theaters so gut anziehen konnten.

Landschaftsbilder waren eine Zeitlang verboten. Als ein Pastor ein Bild seiner Heimatkirche erhielt und „Texasbill" es ihm nicht geben wollte, sagte er: „Das ist mein Haus!". „Gut", meinte „Texasbill", „dann kannst Du es mitnehmen".

Die Geistlichen mußten ihre Predigten meist zur Zensur vorlegen. Als Einleitung stand über einer Predigt: „Aus dem Paulusbrief ...". Die Predigt durfte nicht gehalten werden. Es wurde eine Razzia gemacht, um den Paulusbrief zu finden. Man dachte an den Feldmarschall Paulus, der in der Nähe von Moskau als Gefangener lebte.

Einer von unseren Geistlichen legte großen Wert darauf, bei dem Sonntagsgottesdienst, eine gut gebügelte Hose zu tragen. Die Hose erhielt den unmißverständlichen Namen „Die Gloriahose".

LX.
Die Heimkehr

Mein Elektromeister hatte mir, wie ich bereits erwähnte, Anfang Dezember 1953 gesagt, ich würde nach Hause fahren und ich hatte es nicht geglaubt. Zu oft hatten die Russen uns belogen, man konnte ihnen nichts glauben. Immer wieder hatte es geheißen: „Morgen wird es besser". Trotzdem ging mir der Gedanke nicht aus dem Kopf. Am Sonnabend, dem 19. Dezember, etwa gegen 20.00 Uhr, kam einer meiner Kameraden herein und sagte, soeben sei der Zahlmeister mit einer Liste in das Lager gekommen. Um diese Zeit mußte das eine Bedeutung haben. Eine halbe Stunde später wurde mir im Vertrauen mitgeteilt, daß am nächsten Tage ein Transport mit unbekannten Ziel gehe, und daß ich auch auf dieser Liste stehe. In wenigen Minuten hatten sich die Namen der Reisenden herumgesprochen. Es setzte ein Strom von Besuchern ein, die mir Aufträge für die Heimat mitgaben. Bis über

Mitternacht hinaus, dauerte diese Sprechstunde. Dann sank ich erschöpft auf mein Lager, geschlafen habe ich in dieser Nacht natürlich nicht.

Sonntag, den 20.12. und die folgenden Tage, werde ich niemals vergessen. Um 8.00 Uhr war sonst die Zählung, aber heute fand sie nicht statt. Es erschienen einige Russen mit einer großen Liste und lasen uns 150 Namen vor, unter denen auch ich war. Wir sollten in 5 Minuten am Tor sein, mit allen Sachen. In Windeseile habe ich das, was für mich von Wichtigkeit war oder Traditionswert hatte, in meinen Seesack geworfen. Den Rest, vor allem meine Konserven, habe ich verteilt. Mein Bettzeug trugen die Kameraden, den Sack nahm ich. Wir eilten zumTor, wo ich natürlich, wie immer bei solchen Anlässen, viel zu früh ankam.

Nach einer Stunde begann die Namensverlesung, nach dem russischen Alphabet. Ich war nicht auf der Liste! Erschüttert stand ich da, als vor meinen Augen das Tor wieder zuging. Meine Kameraden, von denen ich mich gerade bewegt verabschiedet hatte, machten genauso betrübte Gesichter wie ich. Da kam der Personalchef auf mich zu und fragte, ob ich nicht verlesen sei. Dann schaute er in seine Liste und sagte, ich sei doch schon verlesen. Der Dolmetscher klärte den Fall und das Tor ging noch einmal auf. Da hätte man mich aber wetzen sehen können! Die Fahrt ging los. 15 bis 20° Kälte, offene Lastkraftwagen und keine Pelze! 160 km auf nicht sehr guten Wegen und mit nicht sehr schnellen Maschinen. Aber wir hatten immer gesagt, sollte es einmal nach Hause gehen, dann laufen wir bis zum Ende und wenn es sein muß, in der Unterhose. Also durften wir auch jetzt nicht klagen. Kaum waren wir aus dem Sichtbereich des Lagers, als die Autos hielten und die Posten ihre Bajonette herunterklappten, um in den Führerkabinen zu verschwinden. Sie wurden außerordentlich freundlich und sagten: wir könnten rauchen und sprechen. Das war ein gutes Zeichen!

Mit Einbruch der Dunkelheit trafen wir in unserem ehemaligen Lager Krasnopolje ein, welches jetzt als Sammellager eingerichtet war. Wie sah das einst so schöne Lager aus! Verkommen, verwohnt und verdreckt. Nichts, außer Banja, war in Ordnung. Vorbereitet für unseren Empfang war natürlich ebenso nichts. Die Stuben kalt und schmutzig. Aber mein ehemaliger Stubenkamerad Alex hatte, wie in dem vorhergehenden Kapitel erwähnt, für mich gesorgt.

Wie die Heringe lagen die Kameraden auf einer winzigen Stube und harrten der Dinge, die kommen sollten. Man traf viele alte Bekannte, die aus anderen Lagern gekommen waren. Die ganze Nacht wurden die Möglichkeiten der kommenden Tage erwogen. Am 21. Dezember wurden im Lager 2 Kantinen eingerichtet und sehr viel Kitsch herangefahren. Außer einigen Fotoapparaten (nachgebauten Leikas) und einigen guten Stoffen, war nicht viel zum Mitbringen da. Viele legten ihr ganzes Geld in Rauchwaren an. Wir erhielten den Befehl, das Geld bis zum 23. Dezember restlos auszugeben. Erfreulicherweise war eine Sammelstelle eingerichtet, wo man Geld und Ausrüstungsgegenstände, die nicht mehr verwendet werden konnten, für die Zurückbleibenden, vor allem für die deutschen Frauen, abgeben konnte.

Am 23. Dezember wurden wir alle gebadet, erhielten neue Wäsche und teilweise neue Wattebekleidung. Ich habe in den 9 Wintern nur zwei Mal neue Winterbekleidung erhalten, obwohl diese uns jedes Jahr zustand.

An dem gleichen Tag boten uns die Russen noch ein besonderes Schauspiel. Im Laufe des Vormittags erschien vor dem Tor ein weiterer Transport. Das Tor wurde geöffnet, herein kamen etwa 250 Menschen: Frauen, Männer, Jungens und Mädchen. Der Älteste war 65, der Jüngste 17 Jahre alt. Sie kamen aus dem Eismeergebiet und waren dort bei 52° Kälte abgefahren. Keiner von ihnen hatte, bis zu diesem Tage, Post oder Pakete erhalten. Die Leute waren z.T. mehrere Jahre dort oben gewesen. Ein Bild des Jammers. Entsetzt wandten wir uns ab. Wie leicht war unser Schicksal gewesen, gegen das, was diese Männer und Frauen durchgemacht hatten! Gegen Abend luden wir verschiedene Landsleute ein, sie konnten sich bei uns sattessen. Gleichzeitig wurde uns so einiges von ihren Schicksalen erzählt.

Im Laufe des Nachmittags waren über 1.000 Pakete in das Lager gebracht worden, die sich im Laufe der letzten Wochen für uns angesammelt hatten. Als die Liste herauskam, stellte ich fest, daß sehr viele von uns über 10 Pakete, ich selber sogar 17 Stück, erhielt. Die Heimat hatte sich wieder gewaltig angestrengt!

Gegen 21.00 Uhr abends begann die Ausgabe der Pakete. Allein konnte man das nicht schaffen. Ich nahm mir drei junge Leute, bewaffnet mit einem Strohsack mit, und wir empfingen gemeinsam die Pakete. Einige Dinge, die für den Transport notwendig waren, entnahm ich und mit dem ganzen Strohsack voller schöner Sachen, zogen wir in die Unterkunft der am Morgen angekommenen Landsleute. Alles lag in tiefem Schlaf, froh der Hölle entronnen zu sein. Schnell hatten wir einen Tisch organisiert und nun wurde eine kleine Weihnachtsbescherung aufgebaut. Kaum war alles fertig, weckten wir die Schlafenden mit den Worten: „Aufstehen, Weihnachten!" Sie schauten uns mit verglasten Augen an und glaubten wohl zu träumen. Dann kamen sie einzeln an. Eine unvergeßliche Szene spielte sich ab. Diese armen Menschen, die seit Jahren nichts mehr aus Deutschland gehört und gesehen und gegessen hatten, krochen von ihren Lagern herunter und standen um den Tisch. Jedes einzelne Stück wurde bewundert, gestreichelt und teilweise geküßt. Ich sehe noch einen alten Professor der Universität Königsberg, der gar nicht mehr stehen konnte, – er hatte 8 Jahre im Gefängnis gesessen – wie er einen kleinen Kuchen in die Hand nahm, ihn küßte und sagte: „Das hat eine deutsche Frau gebacken". Die einfachsten Dinge wurden wie der größte Schatz an das Herz gedrückt. Es war ergreifend.

So verlief die letzte Nacht in dem Lager, in dem wir so manchen Schweißtropfen vergossen hatten, als wir es uns selbst bauen mußten.

Am 24. Dezember, früh 8.00 Uhr, begann die Filzung des Gepäcks. Eine Reihe von Gegenständen durften wir nicht mitnehmen, vor allem schriftliche Aufzeichnungen. Wir hielten uns natürlich daran; denn keiner wollte in letzter Minute sein Glück verscherzen. Die ganze Durchsicht ging sehr schnell. Mir glückte es sogar, den Nachlaß meines Freundes v.B. und eine Schnitzarbeit durchzubringen, ohne, daß sie jemand sah. Das Gepäck rollte ab und wir marschierten etwa 11.30 Uhr ebenfalls zm Bahnhof. Als wir vor das Tor traten und keine Posten mit aufgepflanzten Bajonetten fanden, die sonst unentwegt brüllten: „Nicht rauchen, nicht sprechen, aufbleiben", und dazu noch einige Flüche, war es einem ganz eigenartig zumute. In einer Viertelstunde waren wir schon an dem Bahnhof, an dem mancher von uns schon Kohle oder Gemüse ausgeladen hatte.

Der Zug stand fertig eingerichtet dort. Güterwagen, mit eingebauten Pritschen. Ich glaube, wir waren zu 50 Personen in einem Waggon und hatten 40 Liegeplätze. Das reichte uns vollkommen; denn einige waren ja immer auf den Beinen. In jeder Hälfte des Riesenwaggons stand ein Kanonenofen, der uns während der sehr kalten Fahrt genügend Wärme spendete. Feuerung wurde auf dem Ausgangsbahnhof geliefert, und unterwegs hatten wir einen eigenen Waggon mit Kohle, wo wir immer bunkern durften. Wenn die Halte zu kurz waren, um bis an das Ende des Zuges zu laufen, so stiegen wir auf einen der vielen, meist neben uns haltenden Kohlezüge und holten dort unseren Bedarf. Außer den Pritschen und den Öfen, waren noch einige Bänke die einzige Aussteuer unseres Waggons. Am 24.12., also am Heiligen Abend, ging unsere Reise los.

Viele von uns hatten sich für diesen Tag bzw. diesen Abend Kerzen eingesteckt, um wenigstens etwas Weihnachten feiern zu können. Mit Einbruch der Dunkelheit wurden die ersten Kerzen angesteckt. Ich glaubte, wir würden im Waggon eine kleine Weihnachtsfeier erleben, aber nachdem eine Strophe von dem Lied „O Du fröhliche" gesungen war, verstummte das

Lied. Niemand brachte es fertig, weiter zu singen. In einer Ecke hockte ein ganz primitiver masurischer Fischer, der begeisterter neuapostolischer Prediger war, und hielt vor 2 oder 3 Zuhörern eine Predigt. Nur in wenigen Waggons hörte ich Weihnachtslieder. Es ging eben nicht mehr! Die Menschen waren durch das namenlose Elend der Jahre so abgestumpft und konnten nach den vielen Enttäuschungen der letzten Zeit noch nicht an die wirkliche Heimkehr glauben.

So bestand die Heilige Nacht für mich nur darin, daß ich die Meinen im Geiste bei der Feier des Festes und auf ihrem Gang zur Kirche begleitete. Heiß und inbrünstig habe ich in dieser Nacht gebetet, daß wir nicht wieder enttäuscht werden würden.

Als wir am 1. Morgen, dem 25.12.1953 merkten, daß die Sonne hinter uns, also im Osten, aufging, ging sie auch in unseren Herzen auf!

Mit Erstaunen stellten wir am 25. morgens fest, daß unsere Waggontüren nicht zugeschlossen waren, daß wir nicht bei jedem Halt gezählt wurden und daß die Posten – es waren nur 10 Mann – sehr höflich und freundlich waren. In Brest-Litowsk fanden wir bereits einen Heimkehrerzug vor und ein weiterer rollte nach uns ein. Es gab große Begrüßung. Am ergreifendsten war, wie eine Diplomatenfrau, die mit uns fuhr, in dem folgenden Zug ihren Mann fand, den sie viele Jahre nicht gesehen hatte und von dem sie nur über Deutschland gehört hatte. Im Triumph wurde diese Frau von den Männern in den Waggon gehoben und ihrem Manne zugeführt. Vor allen Augen lagen die beiden sich dann gerührt in den Armen. Vielen von uns liefen die Tränen herunter.

In Brest-Litowsk wurden wir in deutsche Güterwagen aus der SBZ umgeladen. Auch hier hatte man uns einen sehr guten und sauberen Zug, mit fast neuen Wagen, hingestellt. Die etwas kleineren Wagen faßten nur die Hälfte und so wurde unsere Belegschaft geteilt.

Weiter ging es über Warschau in Richtung Deutschland. Der

Grenzübergang ging schnell und reibungslos. Pässe hatten wir ja noch nicht! Das Gepäck wurde gar nicht geprüft, wir selber wurden nur gezählt.

Frankfurt/Oder! Jahrelang hatte man sich den Empfang auf deutschem Boden ausgemalt und konnte es gar nicht erwarten, wieder deutsche Menschen zu sehen. Jetzt traf uns alle eine große Enttäuschung. Auf dem Bahnhof standen zwei Rote Kreuz-Schwestern, die unsere Kranken betreuen sollten. Wir hatten zwei Sterbende unter uns. Außerdem fanden wir einige schlank aussehende Volkspolizisten und drei Herren in ziemlich einheitlichen Zivilanzügen, die den Eindruck von Spitzeln machten. Die treuen Schwestern gaben schon bei dem Einlaufen unseres Zuges mit dem Finger vor dem Munde das Zeichen zumSchweigen! Uns war alles klar. Auf dem Bahnhof erhielten wir heißen „Kaffee" und fanden dann einen sehr gut aussehenden D-Zug, mit fast neuen Wagen vor, in den wir einsteigen durften. Aus unserem ganzen Transport, von etwa 1.000 Mann, gingen keine 50 in die SBZ. Noch in letzter Minute, entschlossen sich einige weiterzufahren, nachdem sie erkannten, daß dies ohne Schwierigkeiten möglich war.

Während unserer Wartezeit auf dem Bahnhof, kam ganz vereinzelt einmal eine Frau angekrochen und fragte, wo wir herkämen und ob wir evtl. ihren Sohn oder ihren Mann gesehen hätten.

In den frühen Nachmittagsstunden ging die Reise weiter. Der nächste Weg lief über Berlin, aber wir wurden umgeleitet, über Cottbus. Zunächst standen auf den Bahnhöfen nur wenige Leute, aber mit zunehmender Dunkelheit kamen mehr Menschen, um uns zu begrüßen, aber auch um uns um Hilfe zu bitten. Nach kurzer Zeit hatten wir die Situation erkannt und jetzt flogen die Dinge, die entbehrlich waren, aus den Fenstern. Ganze Bekleidungsstücke, Schuhe, Strümpfe und vor allem Lebensmittel gaben wir gerne ab. An einer Stelle standen zwei alte Mütterchen mit Handwagen an der Bahn und fuhren mit vollen Wagen wieder ab. Auf einem Bahnhof wagte der Beamte auf dem Stellwerk, durch den Lautsprecher einige freundliche Begrüßungsworte zu sagen. Bei dem Auslaufen unseres Zuges beobachteten wir, daß der arme Kerl von der Volkspolizei abgeführt wurde. In Dresden und Leipzig standen ungezählte Menschen auf den Bahnsteigen und begrüßten uns herzlich. Wir wurden ausgefragt, man erzählte uns, wir dürften Telegramme aufgeben. Diejenigen unter uns, die ihre Familie in der SBZ ließen, gaben Ankunftszeichen an diese auf. Etwa um 23.00 Uhr liefen wir in Eisenach ein. Ein kurzer Fußmarsch und wir waren in einem Lager. Hier ging es zu, wie in einem Ameisenhaufen. Wir wurden verpflegt, erhielten neue Wäsche, Anzüge und Schuhe. Frauen des Roten Kreuzes übergaben uns diese Dinge mit viel Liebe. Alles war gut organisiert. In Eisenach erlebten wir aber noch eine große Enttäuschung. Es war uns aus der ostzonalen Presse bekannt, daß man unsere Verurteilungen für richtig gehalten hatte und man uns tatsächlich für Verbrecher hielt. Als aber in einer offiziellen Begrüßung in Eisenach, der Vertreter der Behörde, nach einigen freundlichen Worten und Wünschen, sagte: „Sie werden jetzt als vollwertige Mitglieder in die deutsche Gemeinschaft wieder aufgenommen ...", da platzte uns doch der Kragen, wie man so schön zu sagen pflegt, und mit einem lauten Pfeifen wurde die Rede dieses Herrn beendet. Sicher hat der betreffende Mann so reden müssen, aber, daß man uns nach all dem Leid bei der Heimkehr solche Worte sagte, das war uns zuviel.

In der Nacht vom 30. auf den 31. Dezember 1953 wurden noch eine Reihe Kameraden zu einer Vernehmung gerufen und bearbeitet, doch in der SBZ* zu bleiben. Sie blieben aber hart.

In dieser letzten Nacht haben wir, genau wie in den vorangegangenen, kein Auge geschlossen und konnten die Stunde des Aufbruchs nicht mehr erwarten. Ich glaube, in den letzten Minuten vor einem Großangriff habe ich nicht so oft auf die Uhr gesehen, wie in dieser Nacht.

* Die Funktionäre sprachen natürlich von der „DDR"

Endlich war es 9.00 Uhr morgens und in einer festgelegten Einteilung wurden wir in Omnibusse verladen, die uns über die Zonengrenze bringen sollten. Nur mit Mühe gelang es, die Ordnung aufrechtzuerhalten. Jeder wollte der erste sein und hatte Sorge, nicht mitzukommen.

Ich glaube, wenn nicht die Namen verlesen worden wären und kein Mann in den Bus hineingelassen worden wäre, der nicht verlesen war, hätte es u.U. noch Tote gegeben! Endlich war der Buchstabe H. dran. Mit klopfendem Herzen bestieg ich den etwas altmodischen und nicht ganz zuverlässig aussehenden Bus. Kaum waren wir aus dem Sichtbereich des Lagers, als der Fahrer, anscheinend ein alter Soldat, anfing auszupacken. Man merkte es richtig, wie er die Gelegenheit, endlich einmal wieder ohne Gefahr für sein Leben sprechen zu können, ausnutzen wollte. In der knapp einstündigen Fahrt haben wir fast alles erfahren, was sich in den letzten Monaten im Grenzgebiet zugetragen hatte. Was der arme Mann an Fragen dümmster Art beantworten mußte, läßt sich vorstellen; kamen wir doch aus einer anderen Welt.

Ein strahlender Wintertag, keine Wolke am Himmel. Langsam glitt der Omnibus den Höhenweg herunter, bis zu dem berühmten Strich. Nach einer scharfen Kurve, sahen wir plötzlich eine große Kolonne schönster Omnibusse an der Straße stehen und in der Sonne leuchten. Nur noch 1 km. Der Fahrer sagte: „Da seht Ihr, Adenauer hat wieder seine besten Omnibusse geschickt. Solche haben wir gar nicht". Ein Zollhaus steht am Wege. Wir erhalten den Befehl auszusteigen und zu Fuß unter dem Schlagbaum und über einen, auf der Autostraße gezogenen Strich zu gehen. Als ich, als junger Soldat, das erste Mal in Potsdam am Grabe Friedrich des Großen und später im Sommer 1940 am Grabe Napoleons stand, hatte ich gewaltiges Herzklopfen, aber dieses Mal war es fast noch stärker. Ich glaubte, mein Herz würde zerspringen. Nur die Menschen, die einmal eine Freiheitsberaubung in dieser oder ähnlicher Form mitgemacht haben, können sich ausmalen, was diese letzten Schritte „in das Licht" bedeuten. Der Scheinwerfer bei einer großen Blitzlichtaufnahme hätte mich nicht so blenden können, wie die Sonne in diesen Minuten der wiedergewonnenen Freiheit. Ich faltete, genau wie meine Kameraden, die Hände und blickte zum Himmel. Jetzt erst wußte ich, wie oft man im Leben leichtsinnigerweise das Wort „Gott sei Dank" gebraucht hat, ohne sich etwas dabei zu denken. In diesem Moment, kam es aus vollem Herzen. Ich summte sogar vor mich hin: „Großer Gott, wir loben Dich" und betete dann den Satz: „Es ist in Wahrheit würdig und recht, Dir immer und überall zu danken, Herrgott".

In einem Psalm heißt es: „Als der Herr die Gefangenen Zions heimführte, da waren wir alle Träumende. Da war unser Mund voll Lachen und die Zunge voll Jubel".

Auf dem Wege bis zu dem Omnibus begrüßten uns einige DRK-Schwestern und ein katholischer Geistlicher. Schnell ging es in den Bus. Das Radio spielte auf vollen Touren, und nach wenigen Minuten hörten wir die Meldung unserer eigenen Ankunft mit den Lagernummern. Natürlich überlegten wir sofort, was wird jetzt zu Hause los sein, wird heute am Sylvester überhaupt jemand Radio hören, was werden die für Gesichter machen, wenn sie unsere Namen hörten. Ein Gedanke jagte den anderen.

Die Busse setzten sich in Bewegung. Eine lange Schlange schönster Omnibusse, nach Landsmannschaften geordnet, rollte in Richtung auf die Zollstation. Ich hatte das Glück, daß Schleswig-Holstein ziemlich an erster Stelle fuhr. An der Grenzstation des Zolls war ein großes Zelt aufgebaut, in das wir geleitet wurden. DRK-Schwestern und Kinder überreichten den ersten Gruß der Heimat in Gestalt von Tüten mit Gebäck, Süßigkeiten, Zigaretten und Obst, dazu gab es einen Becher Kakao.

Leider mußten wir mit dem Becher der Freude auch gleich einen Tropfen Wehmut mit herunterschlucken, bei dem Anblick der zahlreichen Mütter und Väter und Angehörigen, die vergeblich nach ihren Lieben fragten. Sei es, daß sie vermißt waren, oder daß sie nicht mit uns gekommen waren. Bilder von Frauen und Männern, die eine Fotografie in der Hand oder vor der Brust trugen, verließen uns in den nächsten drei Tagen nicht. Gerne hätte man geholfen!

Nach einer kurzen Stärkung stellten wir uns draußen auf und wurden offiziell zum ersten Mal von Vertretern der Landesregierung begrüßt. Am Schluß einer kurzen Feier spielte eine Kapelle des Bundesgrenzschutzes das schöne Lied: „Nun danket alle Gott".

Weiter ging die Fahrt und der Wurm von Omnibussen schlängelte sich mühsam durch die lange Reihe der Ortschaften. An den Straßen und Plätzen stand die Bevölkerung in langen Reihen und jubelte uns zu. Der Platz im Omnibus wurde immer enger, weil wir so viele Geschenke erhielten, die Männer und Frauen und vor allem Kinder hereinreichten. Wie manches Kind hatte schnell von seinem Weihnachtstisch etwas geholt, um es uns zu schenken. Kleine Mädchen brachten Gebäck, das sie selber gebacken hatten. Wieviele dieser netten Kinder wurden von uns an das Herz gedrückt und in Liebe umfangen. Als Vater von 4 Kindern, malte ich mir immer wieder aus, wie wohl meine eigenen Kinder aussehen würden. Welch herrliches Gefühl, Menschen zu sehen, die einen strahlend und mit offenen Augen, vor allem aber in ehrlicher Liebe und Freude ansahen. Oft mußten wir halten und aussteigen, um all die vielen Hände zu drücken. Endlich, es muß etwa 20.00 Uhr gewesen sein, waren wir in Friedland.

Dumpf und mahnend drang die Heimkehrerglocke an unser Ohr. Für uns ein Zeichen der Freude, des Jubels, aber auch der Mahnung an die Armen, die wir zurückgelassen hatten.

In einer Viertelstunde waren wir alle im großen Heimkehrerzelt versammelt. Mit herzlichen Ansprachen, wurden wir begrüßt. Zwei Fragen richtete man an uns: „Ihr kommt aus dem Land, wo die wahre Freude verbannt ist und strahlende Augen in einem wiedererwachten Deutschland erwarten

Euch, seid Ihr bereit, für den Frieden und ein freies demokratisches Deutschland zu arbeiten und uns zu helfen?" Ein donnerndes „Ja" folgte. Zweite Frage: „Ihr kommt aus dem Land, aus dem der Herrgott verbannt ist und die Familie ausgeschaltet ist und habt gesehen, wie das aussieht! Wollt Ihr ein Deutschland mit Gott, oder ohne Gott?" Ein donnerndes „Mit Gott!" folgte.

Die Feier wurde beendet mit einem Choral und endlich dem Lied: „Deutschland, Deutschland über alles ...". Kann jemand diese unsere Nationalhymne mit mehr Freude und Überzeugung singen, als ein Mann, der fast 10 Jahre in Rußland unter schwersten Umständen gelebt hat? Alle Strophen des Liedes erklangen! Das Lager war überfüllt, ein Teil von uns mußte außerhalb untergebracht werden. Mein Omnibus und noch drei weitere, fuhren nach Hannoverschmünden, wo wir in der Polizeischule, einer alten Kaserne, untergebracht wurden. Vor der Wache stand ein Polizeibeamter und präsentierte sein Gewehr. Wie konnten wir, die wir mit Leib und Seele Soldat gewesen waren, schöner empfangen werden? Gab es einen geeigneteren Ort für die erste Nacht in Freiheit, als eine Kaserne! Wie ich diesen Schmuckkasten von Kaserne besichtigte und die tadellose Disziplin erlebte, da wurde ich ganz krank in dem Gedanken, daß ich meinen schönen Beruf verloren haben sollte. Ohne Übertreibung muß ich sagen, am liebsten wäre ich gleich zu dem Kommandeur der Schule gegangen und hätte mich gemeldet!

Auch hier ein netter und herzlicher Empfang. Jeder erhielt einen kleinen Beutel, Waschsachen und Rasierzeug für die erste Nacht. Mit 4 Mann wohnten wir, wie früher in einem Zimmer, nein, in einer Stube, muß ich hier wohl sagen. Dann aber, in eiligen Schritten, ging ich zu der extra für uns eingerichteten Vermittlung, um zu telefonieren. Es dauerte etwa eine halbe Stunde, bis ich mein Elternhaus an der Strippe hatte. Ich konnte den Hörer kaum halten, so zitterten meine Hände, meine Stimme zitterte noch mehr, als dann mein Bruder seinen Namen nannte und ich antwortete: „Ja, hier auch

Hobe". Wir stotterten uns einige Freudenlaute zu und er rief: „Ich fahre sofort los, um Dich zu holen!" Ich lehnte es ab, da Glatteis war und ich nicht aus der Rolle tanzen wollte. Alle sollten ja noch einige Tage in Friedland bleiben. Mein Bruder holte meine Frau an den Apparat, die natürlich noch weniger sprechen konnte. Schnell war abgemacht, daß wir uns in Hamburg treffen wollten. Erleichtert begab ich mich in den Speisesaal, wo ein reichliches Abendbrot, unter zwei brennenden Tannenbäumen, bereitet war. Ich konnte nichts essen und zitterte an allen Gliedern. Zur Beruhigung begab ich mich an die frische Luft. Draußen standen viele Leute, die uns zu einer Sylvesterfeier einladen wollten. Sie waren alle so herzlich, aber ich merkte gleich, es waren Leute, die noch Angehörige drüben hatten oder Angehörige suchten. So nett und herzlich die Einladungen gemeint waren, heute war es mir unmöglich, diesen armen Leuten Rede und Antwort zu stehen und ihnen evtl. eine enttäuschende Antwort geben zu müssen.

Am 1. Januar 1954 war unser Entlassungstag in Friedland. Die Organisationen: Deutsches Rotes Kreuz, Evangelisches Hilfswerk und Caritas hatten in Friedland einen Apparat aufgezogen, der schnell und reibungslos klappte. Tausende von Fragen wurden schnell geklärt. Vom Kamm bis zur Schuhsohle konnte man sich erneuern, auch die Seele kam nicht zu kurz. Beide Konfessionen hielten feierliche Neujahrsgottesdienste. Ich begab mich alleine in die katholische Lagerkappele und betete, beichtete, jubelte meinem Herrn und Gott zu. Ganz leise legte der katholische Lagerpfarrer seine Hand auf meine Schulter und schenkte mir das Buch „Familienbrevier", das mich bis heute begleitet hat.

Auto über Auto brauste heran, gesucht wurde den ganzen Tag. Der Sprecher der Suchstelle rief pausenlos Namen aus. Begrüßungsszenen am laufenden Band. Lachen und Weinen. Dieses Mal aber vor Freude. Väter fanden ihre Kinder, die sie nicht mehr kannten oder noch nie gesehen hatten. Schwiegertöchter oder Schwiegersöhne sahen den Schwiegervater zum ersten Mal. Ein Vater von 4 Kindern saß mit mir am Tisch und schrieb eine Karte, da tat sich die Tür auf und die Kinder mit der Mutter und einer Schwiegertochter traten ein. Ich kannte sie nicht und nahm keine Notiz von ihnen. Der Vater konnte sie nicht sehen. Da legte die Frau die Hand auf seine Schulter und sagte seinen Namen. Dann lagen sich mitten in dem Lokal Mutter und vier Kinder und die Schwiegertochter weinend in den Armen. Ich weinte auch!

In der Nacht vom 1. auf den 2. Januar fuhren wir von Friedland in Richtung Hamburg. Am 2. Januar 1944, um 6.00 Uhr morgens, hatte ich meine Frau das letzte Mal auf dem Hauptbahnhof in Hamburg gesehen.

Am 2. Januar 1954, wenige Minuten vor 6.00 Uhr sahen wir uns, auf dem gleichen Bahnsteig, wieder. Gerührt lagen wir uns in den Armen, Worte gab es keine. Im Hintergrund verborgen standen meine jüngste Schwester und mein Schwager, den ich noch nicht kannte. Es entstand ein edler Wettstreit, wer mich vom Bahnhof in die Wohnung meiner Schwester bringen sollte. Dort stieg ich zum ersten Mal, nach 10 Jahren, wieder in eine Badewanne. Welch ein Gefühl! So langsam wurde man wieder Mensch. In einem gepflegten Friseursalon, in der Nachbarschaft, ließ ich mir die Haare schneiden. Den ganzen Vormittag ging das Telefon, alle Freunde und Verwandten in Hamburg wollten meine Stimme hören oder kamen, um mich zu sehen.

Unser Heimkehrerzug fuhr wegen der Urlaubszeit und der großen Kälte mit mehreren Stunden Verspätung von Hamburg in Richtung Flensburg. Meine Frau und ich saßen verträumt beieinander, in dem warmgeheizten Zugabteil. Immer wieder schauten wir uns voller Freude und Dankbarkeit an. Die Spannung nahm von Minute zu Minute zu.

In dem Philipperbrief 3/8-14 heißt es: „Ich vergesse, was hinter mir liegt und strecke mich nach dem aus, was vor mir ist". Das war meine Situation in diesen Stunden.

Auf dem Bahnhof in Flensburg war „großer Bahnhof". Voller Rührung schloß ich meine alten Eltern und meinen Bruder in die Arme. Meine ersten Worte lauteten: „Gott sei Dank. Ich bin jung und gesund!"

Auf dem Gute Ohrfeld, wo meine Frau mit den Kindern seit 1949 eine Unterkunft gefunden hatte, war vor dem Haus eine große Versammlung. Auf dem Turm wehte die Fahne. Traktoren strahlten das Haus an. Meine vier Kinder, unter denen der jüngste Sohn, damals 9 1/2 Jahre alt, zum ersten Mal seinen Vater sah, meine vielen Geschwister, die Belegschaft des Hofes, die Nachbarn, der Heimkehrerverband und viele Freunde und Bekannte, standen im Halbkreis auf dem Hofplatz. In dem Wohnzimmer meiner Frau war, ohne Übertreibung, ein Meer von Blumen und Geschenken. So viel Blumen, Telegramme und Geschenke, hatten wir nicht bei unserer Hochzeit!

An diesem Abend hatte ich den 2. Januar 1954 zu meinem zweiten Geburtstag ernannt. Dieser Tag wird seitdem immer feierlich begangen.

Wie es in meinem Inneren in den ersten Tagen aussah, schildert am besten eine Notiz mit dem Titel „Der ungeöffnete Brief" von Otto Gillen, die ich mir aus einer Zeitung einmal ausgeschnitten habe.

„Alle Bitternis, alles Leid und alle Entbehrungen trägt wie einen süßen Kern im harten Gehäuse ihren Lohn in sich geschlossen. Wer äße nicht mit sonderlichem Genuß, wenn er zuvor hungerte, wer tränke nicht, da er gedürstet, frisches Wasser wie Wein? Wer freute sich nicht einer Heimkehr mit einer Freude, die der Daheimgebliebene nicht kennt. Warum ist uns der Frühling so überaus kostbar? Tat dies nicht der Winter, der uns zuvor frierend machte? Lieben wir nicht die Geselligkeit, nach der Einsamkeit und die Einsamkeit nach der Geselligkeit? Wie atmet der Mensch auf, nach einer Krankheit, und alles um ihn ist neu und gut und wie zum ersten Mal geschenkt! Nimm, was Du willst, wir haben alle große Freude. Überraschung, Ergriffenheit, alles was uns das Herz höher schlagen läßt, nicht aus Sattheit, wir haben es aus Entbehrung. Schon davon zu träumen ist süß, es erwarten, es herankommen sehen. Und wenn wir es schon halten, möchten wir es manchmal noch ein wenig hinausschieben, wie einen lieben Brief, den wir, seine Freuden verkostend, eine Weile ungeöffnet in der Hand halten."

Die ersten 8 Tage lebte ich wie im Traum. Ständig hatte ich das Gefühl, als ob alle mich wie ein Wundertier anstarrten. Immer wieder war ich vor neue Situationen gestellt. Jeder wollte mich sehen, jeder wollte mir die Hand drücken, jeder wollte mir etwas Gutes tun. Liebe begegnete mir auf allen Wegen und das war gut so; denn fast 10 Jahre ohne Liebe, sind eine harte Probe für jeden Menschen.

Nachwort

Die fast 10 Jahre Kriegsgefangenschaft in der Sowjetunion waren eine harte Schule – und doch möchte ich diese Jahre nicht missen. Obwohl es uns wirklich sehr schlecht ging, hege ich keine Abneigung gegen das russische Volk, aber ich bete zu meinem Herrgott, daß wir vor dem Kommunismus bewahrt bleiben mögen, und daß unsere Politiker die großen Gefahren des Kommunismus noch rechtzeitig erkennen mögen. Nur eine Politik der Härte, auf der Basis des christlichen Glaubens, kann uns vor dem Untergang bewahren. Wenn es „Morgen besser werden soll" muß sich vieles ändern.

Daß ich gesund heimkehren durfte, ist ein unfaßbares Geschenk Gottes gewesen, aus dem mir große Verpflichtungen erwachsen sind.

Ich gedenke der Kameraden, die nicht mehr heimkehren durften.

Ich danke allen, die unaufhörlich für unsere Heimkehr gebetet und die uns durch Pakete dort drüben unterstützt haben.

Herzlich danke ich meinem Kameraden J. von Amsberg, der unterdessen verstorben ist und Herrn J. von Massow, für die Ausschmückung des Textes durch passende Zeichnungen.

Gelting, den 2 Januar 1981